EL BIEN COMÚN, EN LA POLICÍA, LA JUSTICIA Y LA GOBERNABILIDAD

EL BIEN COMÚN, EN LA POLICÍA, LA JUSTICIA Y LA GOBERNABILIDAD

(Una aproximación jurídico-política desde Santo Tomás de Aquino)

JOSÉ LUIS RUIZ

Número de Control de la Biblioteca del Congreso de EE. UU.:   2012916048
ISBN: Tapa Blanda   978-1-4633-3790-2
                   Libro Electrónico   978-1-4633-3789-6

Este libro fue impreso en los Estados Unidos de América.

Para pedidos de copias adicionales de este libro, por favor contacte con:
Palibrio
1663 Liberty Drive
Suite 200
Bloomington, IN 47403
Llamadas desde los EE.UU. 877.407.5847
Llamadas internacionales +1.812.671.9757
Fax: +1.812.355.1576
ventas@palibrio.com
426597

"El conocimiento se lleva a cabo en el pensar enunciativo, pensar que, en cuanto representación del ente, impera en todos los modos de la percepción sensible y de la intuición no sensible, en todo tipo de experiencia y sensación." Heidegger. Nietzsche I.

ÍNDICE

INTRODUCCIÓN IX

EL ANTES Y DESPUÉS DEL PENSAMIENTO
JURÍDICO-POLÍTICO EN TOMÁS DE AQUINO XVIII

CAPITULO I.   DE LA LEY

1.1   La Ley General. 1
1.2   Ley Y Esencia. 5
1.3   Tipos De Ley. 12
1.4   Ley Eterna. 14
1.5   La Ley Natural. 18
1.6   La Ley Humana. 20
1.7   El Poder De La Ley Humana. 23
1.8   Conclusiones. 28

CAPITULO II.   DE LA JUSTICIA

2.1   Del Derecho. 30
2.2   Del Juicio. 34
2.3   La División De La Justicia. 36
2.4   Aproximación Y Castigo A La Delincuencia Organizada. 37
2.5   El Homicidio. 39
2.6   Muerte En Defensa Propia. 42
2.7   La Flagrancia O El Caso Urgente. 47
2.8   El Delito De Robo En El Pensamiento Jurídico De Santo
        Tomás De Aquino. 52
2.9   Robo Por Necesidad. 55
2.10 La Injusticia En Los Juicios. 56
2.11 La Absolución Del Juez. 61
2.12 La Acusación. 64
2.13 La Defensa Del Reo. 67

2.14 La Apelación Del Reo..69
2.15 La Injusticia De Los Abogados En El Juicio..................70
2.16 Las Injurias..74
2.17 El Fraude..76
2.18 Hacer El Bien Y Evitar El Mal.......................................77
2.19 Resistencia Civil..79
2.20 Conclusiones..82

CAPITULO III

3.1   El Contexto Político Mexicano A La Luz Del Pensamiento
      Político De Tomás De Aquino...85
3.2   La Gobernabilidad..93
3.3   El Control Político..115
3.4   Delitos Contra La Seguridad De Las Instituciones Del
      Distrito Federal..125
3.5   El Juicio Político...130
3.6   La Constitución Política De Los Estados Unidos Mexicanos. 131
3.7   La Ambición Política..141
3.8   El Arte Y Responsabilidad De Gobernar.......................154
3.9   El Consejo Político Mundial..157
3.10 Actualidad Jurídico-Política De Santo Tomás De Aquino. 169
3.11 Conclusiones..173

CONCLUSIONES GENERALES. 195
BIBLIOGRAFÍA. 199
FUENTES PRIMARIAS. 199
FUENTES SECUNDARIAS. 199
FUENTES GENERALES..200

INTRODUCCIÓN

El fenómeno social, político y económico en el mundo contemporáneo, tiende a minimizar la espiritualidad humana y a fortalecer el mundo material, el consumismo, la violencia, los excesos sexuales, entre otras acciones generadas por la misma dinámica del sistema capitalista.[1] Este hecho genera vacíos en las personas, creando conflictos existenciales de pobreza y desesperación, violencia, alcoholismo y drogadicción, ansiedad, depresión y muerte, por falta de principios humanos de calidad sólidos como pueden ser la responsabilidad, la ecuanimidad, la prudencia, la tolerancia y la búsqueda permanente de la excelencia a través de acciones con calidad.

Al hablar de pobreza me refiero al hambre, la falta de una vivienda digna, la insalubridad, la educación deficiente, la contradicción, la injusticia y sobre todo, la pobreza espiritual e intelectual; es decir, la falta de valores y fortaleza interna que se manifiesta por medio de actos buenos en beneficio personal y de la humanidad. Con respecto a la soberbia, los comportamientos mezquinos, con tintes de avaricia, mentira, injusticias e hipocresía, los cuales deterioran la dignidad y potencialidad humana[2] de las personas. Esto, en el fondo significa que es necesario regresar a nuestro ser interno para darnos cuenta de esas deficiencias que se presentan como consecuencia de una vida inmersa en las dinámicas socio-culturales contemporáneas. Por ende, lo que buscamos en esta obra es encontrar algún mensaje que nos fortalezca espiritual y mentalmente para que por medio de esa convicción podamos asumir los retos desgastantes y rutinarios de la vida cotidiana.

---

[1] En este sentido encontramos que Maritain considera que, **"... el hombre se centra más en los sentidos que en el espíritu."** Cf. Maritain, Jacques. *Humanismo integral.* Lohlé-Lumen. Argentina, 1996., p. 18.

[2] Lo que sería importante preguntarse es si ¿el ser humano es por naturaleza bueno o las circunstancias naturales y sociales lo encaminan a ser una persona conflictiva?

Parte de esos mensajes espirituales y racionales que podremos rescatar del **pensamiento tomista**, intentaremos dejarlos manifestados en esta obra con el fin de enriquecer, en su máxima expresión, la existencia humana.

Por ende, este vacío espiritual-racional, deficiencias y contradicciones en los seres humanos, y en especial, las personas que gobiernan los Estados políticos, deterioran el máximo objetivo de las personas: la felicidad, su seguridad y existencia.

Este vacío, refleja la falta de gobernabilidad y corrupción en algunos Estados nacionales y, por lo tanto, el impulso por un compromiso mundial que frene la desestabilización, la pobreza y la incertidumbre política, es una prioridad. Precisamente porque ese vacío espiritual, lo que ha generado es que las grandes potencias mundiales, se olviden de las personas que viven en países subdesarrollados, que luchan desesperadamente por encontrar mejores niveles de vida personal. A manera de ejemplo, el país más rico económicamente en el mundo, según datos del 2003, es Luxemburgo con un PIB per cápita de 62. 298 dólares y una población aproximada de 500 mil personas del año considerado; mientras que el país más pobre del mismo año, es Sierra Leona con 548 dólares per cápita y una población de cinco millones cien mil personas en el año de 2003. **(Informe sobre Desarrollo Humano, 2005. Organización de Naciones Unidas).**

Como podemos apreciar las diferencias son abismales, no sólo en población sino también en cultura, historia y otras circunstancias que influyen en las estructuras naturales y sociales de cada región del mundo y en consecuencia de la no aplicabilidad del **bien común.** En suma, el problema central es que todos somos seres humanos y, por ende, con derechos a vivir con mayor dignidad y confort, mismo que no se busca permanentemente como una prioridad jurídico-política en algunos países, en especial en aquellos que no han sido afortunados.

Por otra parte, la falta de gobernabilidad y presencia de la corrupción[3], es el resultado de toda una serie de factores económico-políticos y culturales, que se han manifestado como reflejo de la carencia de una buena administración

---

[3]   La información que tenemos es que la corrupción es uno de los 5 delitos más comunes a nivel mundial. El país con mayores índices de corrupción es Mozambique y el menor es Suecia. Por lo tanto, la corrupción es un fenómeno

jurídico-política y, detrás de ella, la no eficacia de las personas que se dedican a gobernar bien y la deficiente consideración o ignorancia del bien común.

Pero, ¿a qué me refiero con la no profesionalización y humanización de la política? Al hecho de que constantemente llegan al poder político, personas que no poseen un mínimo de cultura política, convirtiéndose en auténticos tiranos o mediocres políticos sin atender los problemas comunes de las mayorías. Al grado de que estas personas quieren ejercer el poder político por medio de las elecciones populares o dictatoriales, sin mayor responsabilidad que el simple hecho de ejercer el poder con egocentrismos o por simpatía con los grupos de presión. Estas personas han llegado a ese puesto por intereses de grupos de poder económico; intelectuales, partidos políticos, actuaciones corruptas o populismo, sin un verdadero sustento humano-político; por ende, se actúa con falta de legitimidad e ignorancia política.

Este hecho empobrece y corrompe la esencia de la política y, en consecuencia, posteriormente vienen los problemas agudizándose las contradicciones y diferencias sociales. Mientras que los países con una administración pública eficiente, difícilmente se ven arrastrados por estas tendencias desesperantes de la existencia.

A partir de esta apreciación, hemos optado por encontrar una respuesta a la demanda jurídica-política y la aplicación del bien común, que necesitan ciertos países, en este caso México, con la finalidad de que sus habitantes mejoren sus niveles de vida y, en especial, que prevalezca la felicidad, justicia y el crecimiento y desarrollo humano. Intentaremos con la aportación del pensamiento jurídico-político de Tomás de Aquino, encontrar una respuesta más humana y, por ende, fortalecer esa potencialidad de calidad espiritual-racional que ha sido impregnada de ideas superficiales, materialistas, consumistas y reduccionistas de la existencia humana; al grado de minimizarlos a simples seres que son, en un momento específico, y que tendrán que dejar de ser, es decir, simples mortales, sin mayor trascendencia que una vida animal racional conformista y ordinaria que consiste en crecimiento, desarrollo y muerte. Sin disfrutar mayor rasgo humano que su estado de naturaleza original y limitado.

---

que influye en el profesionalismo del ejercicio político. Op. cit. Informe Sobre Desarrollo Humano, 2005.

Por lo tanto, es una vida demasiado superficial y vacía, cuando la potencialidad humana rebasa los esquemas naturales de vida básica.[4] El ser humano por dignidad de la humanidad, debe ejercer su racionalidad con la finalidad de no quedarse encuadrado bajo los esquemas ordinarios de vida conformista; debe aprender y esforzarse en desarrollar su inteligencia[5] para buscar el camino que le genere un bienestar por lo menos mientras viva.

Para lograr algunas respuestas a estas demandas de las deficiencias, políticas y jurídicas, las cuales han minimizando las potencialidades y lucidez humana, he acudido a una persona que a través de su humildad, disciplina y fe, dejó un tesoro intelectual por medio de sus obras teológicas, filosóficas, jurídicas y políticas, se trata de Santo Tomás de Aquino.

De la obra de Tomas de Aquino[6], intentaremos recatar aquellos principios, políticos y jurídicos que devuelvan la calidad humana, social y política a las

---

[4] Aquí vale la pena rescatar una hipótesis de uno de los mayores representantes del pensamiento filosófico contemporáneo Martín Heidegger, quien exige ir más allá de la racionalidad para percibir otras posibilidades de crecimiento intelectual. Sus palabras son: "… **allí donde se trata de la nada y de la muerte se piensa del modo más profundo el ser, y sólo él, mientras que aquellos que presuntamente sólo se ocupan de lo real se mueven en la más completa inanidad.**" Cf. Heidegger, Martín. *Nietzsche*. Destino. España, 2001, p. 378.

[5] En este sentido, encontramos que para Tomás de Aquino, **la inteligencia no se corrompe, sino más bien se perfecciona al recibir las formas de todos los cuerpos; pues se perfecciona al entender; y entiende en cuanto tiene en sí las formas de las cosas entendidas.** De esta forma, la inteligencia en el santo padre, es una perfección que se alimenta constantemente. Cf. De Aquino Tomás. *Suma contra los gentiles*. Porrúa, México, 1998., p. 183. Asimismo, **la potencia de la inteligencia es en cierta manera infinita en su entender; pues entiende independientemente las especies, aventurando su número, e igualmente las especies de las figuras y de las proporciones; conoce también los universales, que son infinitos potencialmente, según su alcance; y contiene también los individuos, que son infinitos en potencia. Luego la inteligencia no puede ser corpórea.** Ibid., p. 184. Por consecuencia, la inteligencia es una facultad compleja, es infinita, pero también deja de ser cuando el ser humano termina su ciclo de vida.

[6] Cf. De Aquino, Tomás. *Tratado de la ley. Tratado de la Justicia. Gobierno de los príncipes*. Porrúa, México, 2000, Colección "Sepan cuantos...", No. 301. Cabe destacar que el santo padre nació en 1225 en Roccasecca provincia de Nápoles, Italia. Y muere en 1274; 49 años de vida consagrada a la búsqueda de la verdad., pp. XXVII-XXI.

personas que trabajan en la administración pública y, por ende, fortalezcan la dimensión personal,[7] espiritual y material de los ciudadanos que depositaron su confianza en ellos y, en este sentido, preocuparse por la aplicación del bien común.

Pero, ¿por qué hemos escogido a Tomas de Aquino como el filósofo a considerar? Precisamente porque en su obra encontramos dos premisas básicas de toda propuesta de conocimiento jurídico-político y sapiencial:

1. La verdad y,
2. El bien.

Con estas dos tendencias de conocimiento, se puede penetrar en la realidad del mundo social, y encontrar aquellas posibilidades de conocimiento que nos llevan indudablemente, al bienestar de las personas, buscando el **bien común**.

Estas dos palabras que en sí mismas proyectan toda una filosofía pragmática, han dejado de ser la base de los sistemas políticos contemporáneos; descuidando con este hecho, la estructura fundamental de todo Estado político, la cual es, la seguridad, trascendencia y felicidad de sus habitantes.

Sin la aplicación de este **bien común,** los Estados no tienen razón de ser y se cae en los estados leviatescos, donde "el hombre es el lobo del hombre."[8] Por lo tanto, el recordar y fortalecer en los gobernantes actuales y posteriores, los principios que dieron origen a los Estados nacionales y hoy post-nacionales, es fundamental para consolidar una buena política y excelente gobierno.[9]

Sin duda, el dominio de las virtudes cardinales: fortaleza, templanza, prudencia y justicia en Tomas de Aquino, permitieron que su agudeza intelectual trascendiera el conocimiento ordinario y se desenvolviera en los diferentes niveles de conocimiento sin mayor problema, con la intención de atender

---

[7] Cf. Ocampo Ponce, Manuel. *Las dimensiones del hombre. Un estudio sobre la persona humana a la luz del pensamiento filosófico de Santo Tomás de Aquino.* Edicep, España, 2002.

[8] Cf. Hobbes, Thomas. *Leviatán. O la materia, forma y poder de una república eclesiástica y civil.* FCE, México, 1984.

[9] Cf. López Portillo y Pacheco, José. *Génesis y teoría General del estado moderno.* Joaquín Porrúa, México, 1982.

aquellas circunstancias sociales y espirituales vacías de significado humano. Estamos hablando del conocimiento empírico, científico y filosófico; en otras palabras de una conciencia rigurosa mental como lo diría Popper.[10] El cual permitirá entender y aplicar las construcciones jurídico-políticas, que mayor alcance produzcan en una sociedad. Estas virtudes cardinales, llevadas a buen término por los gobernantes, soportan una construcción e interacción política más humana y con mayor fortalecimiento en sus instituciones pues, la clase política, consciente de las mismas virtudes, es capaz de reconocer cuando se está actuando mal, se está denigrando la política y por ende, la gobernabilidad.

Éste nivel de conocimiento popperiano, lo encontraremos en la presente obra, precisamente porque así es Tomas de Aquino: un santo, un poeta, un filósofo, un político, en términos generales: un humanista[11]. El manejo de este conocimiento en los políticos pragmáticos, les permitirán lograr un lenguaje y actitud adecuados a los niveles de cultura de las personas con las que interactúan, con la finalidad de llegar y amarrar acuerdos donde el bien común sea imperativo para garantizar la erradicación de la soberbia y mezquindad y así, contribuir al fortalecimiento del Estado político contemporáneo con una visión humanista llena de espiritualidad y crecimiento humano a través de la aplicación eficiente de la política y el derecho, con la intención de crear un ambiente de tranquilidad, cordialidad y entendimiento con base en la libertad, la justicia y la democracia, las cuales, en la existencia humana, permiten desarrollar inteligentemente la transformación en una sociedad que busca, el **bien común** y trascendencia de sus habitantes.

---

[10]   En este sentido Karl Popper afirma que la conciencia humana es una cuestión muy compleja. Su hipótesis es que **"... alcanzamos la plena conciencia -o el estado más elevado de conciencia- cuando pensamos, especialmente cuando intentamos formular nuestros pensamientos en forma de enunciados y argumentos (...) No cabe ninguna duda de que el pensar y el argumentar tiene lugar en el nivel más elevado de conciencia. Al pensar articuladamente (sabemos) realmente que somos conscientes."** Cf. Popper, Karl R. *El cuerpo y la mente.* Paidós, España, 1994., pp. 167-168.

[11]   Asimismo encontramos que Tomás de Aquino, reconoce esos niveles de conocimiento. Su observación es: **"Y cuanto más elevado sea el conocimiento, tanto más capta de manera una lo que es múltiple; en cambio una inteligencia inferior capta las cosas de manera más pluralizada."** Op. cit. *Suma contra gentiles.,* p. 42.

Por lo tanto, en esta propuesta tomista, encontramos un científico de la política, que la trasciende para llegar a una filosofía jurídico-política,[12] llena de humanismo y felicidad. Sus palabras son: *"... porque así lo requiere el conocimiento del arte de vivir."* [13]

El **"arte de vivir"**. ¿Cómo aceptar los políticos que el vivir es un arte? ¿Y que el gobernar bien, implica actuar con el dominio de las virtudes cardinales con la rigurosidad de la inteligencia, con la intención de hacer explícito ese arte del buen gobierno?

¿Cómo entender los gobernantes que la política es procurar el bien de las personas a nivel local, nacional, bilateral, multinacional y, en general de toda la humanidad? Precisamente porque, en la actualidad, un conflicto humano afecta el lado natural y social de las personas a nivel mundial, gracias a la información y su interacción, en cualquier rincón del planeta, como lo afirma McLuhan.[14] En suma, debemos hacer justicia al pensamiento tomista en el sentido de buscar el lado humano de las decisiones y actuaciones jurídico-políticas para, en este sentido, vivir con arte para morir dignamente.

Con estas tres palabras, "arte de vivir", termina su obra jurídico-política "Opúsculo sobre el gobierno de los príncipes." Tomas de Aquino. Filósofo, teólogo y científico jurídico-político. Palabras profundas y conmovedoras. ¿Vivir sin arte o vivir con arte? Esa es la diferencia de la vida ordinaria normal, sin mayor trascendencia que el nacer, desarrollarse, reproducirse y morir o, nacer, cultivarse, reproducirse y morir, sabiendo que el morir es el resultado de toda una vida completa de búsqueda de la verdad, la felicidad y el bien vivir

---

[12] Cf. Strauss, Leo y Cropsey, Joseph. *Historia de la filosofía política.* FCE, México, 2004. En esta obra, en la parte referente a la filosofía política de Tomás de Aquino, observamos lo siguiente: **El fundamento de la filosofía política de Santo Tomás de Aquino es la noción aristotélica de naturaleza. Más que todos los demás animales, el hombre es un ser político y social.**, p. 248.

[13] Op. cit. De Aquino, Tomas. *Tratado de la ley. Tratado de la justicia. Gobierno de los príncipes.* Porrúa, México, 2000. No. 301, p. 393.

[14] Cf. McLuhan Marshall, H. *The Gutenberg Galaxy.* Toronto. University of Toronto Press, 1962., así como McLuhan, M. & Powers, B.R. *La aldea global.* Gedisa. España, 1996. También se afirma que con los *nuevos medios,* se estaba conformando el entorno mundial como resultado de la creciente interacción de la humanidad con los medios electrónicos. Cf. Hernández Franco, Juan Abelardo. *La racionalidad en Marshall McLuhan y la escuela de Toronto.* Universidad Panamericana, México, 2004. Tesis doctoral., pp. 38 y 39.

y, en su caso, la aplicación del bien común. Estas son las enseñanzas de Santo Tomas de Aquino.

En este contexto, gobernar con arte implica responsabilidad, cultura y disciplina. Pasión por la política: por el bien común. Por el bienestar de las mayorías. Por la felicidad humana.

En Tomás de Aquino, observo algunas luces que estimularán nuestra inteligencia, para que las personas que desempeñen un puesto público con capacidad de tomar decisiones, recuerden, que si no hay **orden** y consideración del **bien común** por encima de los intereses particulares, de grupos o elites en la toma de decisiones, la actuación será ilegítima, superficial y apolítica; precisamente porque la política, según Tomas de Aquino **"... tiene firmeza y estabilidad cuando cada uno en su nivel, sea gobernante, sea oficial, sea súbdito, actúe debidamente, como lo requiere su propia condición. Y como no hay ahí contradicción, se seguirá de ahí la mayor paz y la perpetua firmeza del estado..."** [15]

En esta idea, encontramos que para consolidar un auténtico estado jurídico-político, es necesario que el bien común prevalezca sobre los bienes particulares, con el fin de que la mayoría de los habitantes de dicho Estado político viva feliz y dignamente. A partir de la materialización de la dignidad y felicidad de las personas, difícilmente se perturbará la estabilidad y crecimiento de la comunidad política. Que cada persona, trabaje y viva de acuerdo a sus posibilidades, pero buscando siempre, la superación personal y familiar.

Por tal motivo, la disciplina[16] y estabilidad, traducido en orden estatal, permitirá mayor paz y perpetua felicidad en el Estado como lo refiere Tomas de Aquino.

---

[15] Op. cit. Tomás de Aquino. *Tratado de la ley.*, p. 384.

[16] Claro está que es una firmeza para aplicar la ley, así como para actualizar las leyes acordes a las necesidades humanas, pues finalmente las leyes son cambiables de acuerdo a las circunstancias de la evolución socio-política de las personas. Por su parte Friedrich C.J., en esta observación reconoce que **"Sólo si se toman en cuenta todos los distintos tipos de exigencia, podemos dar una imagen del derecho que sea adecuada a la realidad y, al mismo tiempo general."** Cf. C.J, Friedrich. *La filosofía del derecho.* FCE, México, 2002, p. 18. Por lo tanto, el derecho tendrá que irse actualizando de acuerdo a las necesidades que implican

Finalmente, ésta sería la eficiencia política y en consecuencia, crearía felicidad[17] a la clase gobernante y asimismo a los gobernados. En suma, sería un Estado de Derecho Democrático, donde la excelencia en la política, permitiría administrar en forma efectiva a las diferentes instituciones de gobierno así como la plena armonía entre los diferentes poderes de la unión, creando una atmósfera de certidumbre jurídico-política para el desarrollo y crecimiento del país.

¿Pero, cuál es el camino para lograr una política capaz de generar y mantener la felicidad de las personas en los estados políticos contemporáneos? ¿Cómo magnificar la aplicación del bien común en presidentes, gobernantes, secretarios de Estado y de gobiernos, jueces, ministros, fiscales, ministerios públicos, procuradores sociales, de justicia y policías? Esto es lo que intentaremos responder en la presente obra a la luz del pensamiento de Tomás de Aquino.

---

la madurez de las sociedades políticas, para no quedar rezagado y generar más problemas que soluciones.

[17] Aquí encontramos que Tomás de Aquino considera a la felicidad como el máximo bien de toda naturaleza intelectual. La idea es que **la felicidad aquieta todo deseo, porque una vez adquirida, nada queda por buscar, ya que es el último fin.**

EL ANTES Y DESPUÉS DEL PENSAMIENTO JURÍDICO-POLÍTICO EN TOMÁS DE AQUINO

El pensamiento del santo padre, es de un genio, además de teología y filosofía, hay política, propuesta jurídica y antropología, precisamente porque como resultado del trabajo del pensamiento jurídico-político de Aristóteles[18], en este caso, tenía que considerar el estudio del mismo. Pero lo trascendente de esta observación aristotélica, es la forma en que logró meter la política en el ámbito religioso y, por ende, la religión en el ámbito político. Un acercamiento para la integración de lo que se conoce como "teología política". En este sentido, Ernest L. Fortin, menciona que **"La mejor manera de comprender su filosofía política es como modificación de la filosofía política aristotélica a la luz de la revelación cristiana o, más precisamente, como intento por integrar a Aristóteles a una anterior tradición del pensamiento político occidental representado por los Padres de la Iglesia y sus seguidores medievales y compuesta, en su mayor parte, por elementos tomados de la Biblia, la filosofía platónico-estoica y el derecho romano."[19]**

Los caminos que se le han dado a estas relaciones Iglesia- Estado, realmente han sido generados por los responsables de ambos poderes y grupos; instituciones y poderosos que les rodean[20]. Lo cierto es que no se magnificó realmente el

---

18   Op. cit. Aristóteles. *La política.*
19   Op. cit. Strauss, Leo y Cropsey, Joseph., p. 243.
20   Cf. Baptist Metz, Johan. *Dios y tiempo. Nueva teología política.* Trotta, España, 2002. En este sentido Baptist, señala que **"La cuestión de la política en la iglesia no es si ella debe intervenir en política (y, en caso de que intervenga, por qué, para qué, desde qué perspectiva y con qué criterios) o no. (...) La iglesia ha mantenido una determinada opción dentro de la historia política de la humanidad, y también una determinada tendencia en la historia de la política**

hecho de que el ser humano además de ser un animal social-político, es un ser con alma espiritual[21], lo cual va a permitir al ser humano darse cuenta de su potencialidad por medio de su racionalidad, voluntad y fe; es decir, va a reconocer que el ser humano es un misterio, más allá de sus concepciones ordinarias. Por lo tanto, el nuevo compromiso de la Iglesia contemporánea, debe tomar en consideración, las siguientes premisas para seguir cultivando y fortaleciendo su esencia espiritual en el marco de las relaciones teología-filosofía de las necesidades actuales de la humanidad; en otras palabras, las relaciones Iglesia-Estado político.

Estamos consciente de las deficiencias de la Iglesia católica, sin embargo, la misma institución ha evolucionado de acuerdo a las necesidades y circunstancias humanas. Hoy no podemos dejar de valorar su gran peso moral y psicológico que se traduce en la generación de paz, amor y concordia entre las personas. Su mensaje, independientemente de su propuesta escatológica, lleva una buena dosis del bien hacer, del bien obrar y por ende, un mensaje para tranquilizar y suavizar conciencias. Esa es la realidad: el mensaje de la Iglesia te llena de tranquilidad y, esto beneficia a las personas, en el sentido de continuar con su vida a pesar de los grandes problemas que implica llevar una vida agitada y mecanizada en las sociedades políticas contemporáneas.[22]

---

y de la libertad política de los hombres en la época moderna." P. 73. Entonces la Iglesia como institución ha participado directamente en la actividad política de las personas. Desde un simple consejo, hasta un adoctrinamiento en contra de alguna circunstancia que atente contra los intereses o dignidad de la humanidad. Por lo tanto, es una Iglesia politizada. No podemos evadir la responsabilidad de la Iglesia en la coadyuvancia de los problemas de la humanidad, sobre todo si son de carácter personal. La Iglesia se encuentra aquí en la tierra.

[21] Cf. Ocampo Ponce, Manuel. *Las dimensiones del hombre*. Edicep. España, 2002. En este contexto, el doctor Manuel Ocampo afirma que **"la persona humana es unidad substancial de espíritu-cuerpo (autoconsciencia y autopercepción del cuerpo) y, por eso mismo, principio sensitivo-intelectivo-volitivo; todo en unidad sintética total (...) en la que el todo implica cada uno de sus actos."** , p. 62.

[22] Cf. Reyes Heroles, Jesús. *El liberalismo mexicano*. FCE, México, 1988. Tres tomos, donde consideramos la lucha que se generó en México entre liberales y conservadores; entre la Iglesia y el Estado. Asimismo Cf. Eco, Humberto y Martini, Carlo María . *¿En qué creen los que no creen?* Taurus, España, 2002.

En este sentido, hemos considerado el pensamiento teológico de Johan Baptist Metz, quien se ha preocupado por la Teología política, a la cual considera como una ciencia que mira al mundo y a Dios en este tiempo. Sus hipótesis son:

1. Buscar redefinir la relación entre religión y sociedad; entre iglesia y vida pública, entre fe escatológica y práctica social.
2. Toda teología escatológica, tiene que convertirse en teología política en cuanto teología crítica (con la sociedad).
3. Intento de formular el mensaje teológico del cristianismo ateniéndose a las condiciones de nuestra sociedad y fijándose en los cambios estructurales de su vida pública.[23]
4. ¿No ha llegado el momento en que las religiones mundiales deberían implicarse en política, no para hablar en nombre de ideas utópicas o de una política religiosa fundamentalista, sino para apoyar una política mundial concienzuda?[24]

Estas son algunas de las tendencias de la teología política que busca reivindicar la posición de la Iglesia en los reclamos contemporáneos. Una Iglesia más participativa, atendiendo principalmente el "sufrimiento ajeno". En palabras tomistas **el bien común**, por encima de los conformismos socio-políticos. En especial en aquellos países subdesarrollados, que viven en la desesperación, y una esclavitud generada por la misma rutina que se desprende y consolida con el actuar de todos los días. [25]

En este sentido, hemos considerado a la Teología política como una forma de relación y actualización para entender, aceptar y trascender dentro de las nuevas tendencias religiosas, la participación y crítica política; precisamente porque una de sus premisas básicas es la justicia social, que en términos de Tomás de Aquino, abarcaría también la justicia política.

---

[23] Op. cit., Baptist Metz, Johan., p. 32.
[24] Ibid., p. 231.
[25] Una vida mecanicista diría el doctor Juan Abelardo Hernández al referir: **"La fabricación en serie –forma característica de la producción moderna- hace que un hombre pase ocho horas diarias repitiendo automáticamente la misma operación o bien operando bajo los mismos protocolos. Estas acciones llevan a generar ciertos hábitos propios de las máquinas e implican a la vida humana, en una condición dramática de su sentido."** Op. cit. *La racionalidad en Marshall McLuhan y la escuela de Toronto.*, p. 29.

Con la Teología política, podemos entender, en la actualidad, el interés de Tomás de Aquino por generar el bien común desde una posición teológica y política. Precisamente, porque el bien común es el resultado de una justicia política que se ha logrado por la praxis de una política eficiente sin descuidar los principios de paz, amor, generosidad, que han caracterizado a la Iglesia Católica contemporánea.[26]

Por lo tanto, con la observación y consideración de la Teología política, no estamos lejos del interés teológico-político del aquinante por la implementación de la justicia política a través de la aplicación y búsqueda permanente en los gobernantes por el bien común, mismo que es sinónimo de un Estado Democrático de Derecho[27] que busca el bienestar de la humanidad. Precisamente porque el Estado Democrático de Derecho contemporáneo, es el resultado de toda una historia política donde se ha procurado que la inteligencia prevalezca sobre la barbarie. Donde la política, genere horizontes de pensamiento y acción que arrojen acuerdos por el bienestar de las personas. Por lo tanto, el Estado Democrático de Derecho, tiene que ser alimentado con el respeto, participación y respuestas hacia las mismas deficiencias de ese Estado político.

Entonces, si queremos considerar el pensamiento teológico-político de Tomás de Aquino en la actualidad, es necesario revisar con calma las tesis de Metz, para darnos cuenta de que, por encima de sus luchas religiosas y culturales, es necesario que prevalezca la búsqueda del bien común como foco de atención para la implementación de las políticas sociales. De tal forma que, la participación de los principios eclesiásticos contemporáneos, tendrán que tener como eje central, la participación en las personas creyentes o no, del bienestar general de la población, con la finalidad de garantizar la permanencia de la humanidad en la tierra en una atmósfera de paz y racionalidad, por encima de

---

[26] Para Metz, serían: Libertad, paz, justicia y reconciliación. Op. cit., p. 18.

[27] El cual se va a caracterizar por ser la máxima expresión de organización política que existe en la actualidad, pues es el resultado de un proceso de participación libre y racional. En este sentido, Manuel Jiménez Redondo considera que "**La Democracia es la forma de Estado más compuesta de todas, pues se trata en ella de unir primero la voluntad de todos para hacer de ella un pueblo, después la de los ciudadanos para formar una *res publica*, y después de anteponer a esta *res publica* el soberano, el cual es esta voluntad unida misma.**", p. 31., cf. en Habermas, Jürgen. *Facticidad y validez. Sobre el derecho y el Estado democrático de derecho en términos de teoría del discurso.* Trotta, España, 1998.

intereses particulares y mezquinos, desigualdades sociales e indiferencia hacia las grandes diferencias económicas.

En este sentido, con la participación de los principios básicos de la Iglesia, (libertad, paz, justicia y reconciliación considerados por Metz), las posibilidades de la participación de la Iglesia en las relaciones políticas, son un hecho, precisamente porque se está trabajando directamente con los problemas reales de la humanidad en la tierra. En esta idea Metz reconoce que " **... la salvación anunciada por Jesús está referida al mundo no en un sentido naturalista-cosmológico, sino en un sentido social y político.**" [28]

Con esta observación, podemos fortalecer la idea de que la presencia de Jesús en la tierra fue para ayudar a los desprotegidos. A los que sufren. A los desesperados. Luego entonces, era un compromiso directo con los problemas socio-políticos. Por lo tanto, la Iglesia deberá seguir fortaleciendo estas actitudes de Jesús por el bien de la humanidad y de ella misma, como Institución reconocida legítimamente como la sede donde se pueden generar esperanzas de reconciliación humana y avances en la construcción de nuevos esquemas de políticas locales y mundiales, tomando como eje central, el pensamiento tomistas de poner **el bien común** por encima de otras circunstancias sociales.

Han sido estas ideas teológicas-políticas, las que nos iluminan en relación a los vacíos que se pueden llenar por parte de la religión cuando los instrumentos jurídico-políticos ordinarios, no son capaces de avanzar en torno a la parálisis y conflictos socio-políticos. Ante estas situaciones de limitaciones políticas, donde la cerrazón, la ignorancia, la soberbia, la corrupción, la estupidez humana se manifiesta tan crudamente, es cuando se puede hacer uso de los principios eclesiásticos con el propósito de reconocer que el ser humano posee otra posibilidad para solucionar sus problemas y es la fe y racionalidad en torno a la existencia de un ser superior capaz de mantener la armonía en el universo y, por ende, en la humanidad.

Un simple ejemplo, que nos permite esforzarnos en pensar un poco más allá de lo ordinario, serían las siguientes preguntas:

¿Qué es el infinito? ¿Qué es la totalidad? ¿Que es la eternidad? ¿Por qué la naturaleza y el cosmos son perfectos? ¿Qué hay más allá de las potencialidades

---

[28]   Op. cit. Baptist Metz, Johan *Dios y tiempo.*, p. 18.

humanas? ¿Qué hay más allá de la muerte? ¿Qué es la vida? ¿De dónde surge el movimiento? ¿De dónde surge la materia? ¿Qué es la nada? Se puede continuar con este tipo de interrogantes, sin embargo, paramos y decimos que detrás de la inteligencia humana, hay un Ser superior. Un Ser eterno. Un Ser omnipotente que genera energía y movimiento para todo el Universo: Dios.[29] O para los no creyentes como le quieran llamar. El que es, en palabras bíblicas: **"Yo soy el que soy."**[30] En este sentido Edith Stein, señala que **"No existe en Dios –como en el hombre- una oposición entre la vida del yo y del ser. Su *yo soy* es un presente eternamente viviente, sin comienzo ni fin, sin lagunas y sin oscuridad. Este yo viviente posee en sí y por sí toda la plenitud; no recibe nada de otra parte: al contrario, es la fuente de donde todas las demás cosas reciben lo que poseen; condiciona toda cosa y él mismo es el incondicionado. Allí no existen contenidos cambiantes, ninguna emergencia, ninguna desaparición, ningún paso de la posibilidad a la realidad ni de un grado inferior a un grado superior de realidad: la plenitud entera está eternamente presente, es decir, ella es todo ente."**[31]

Entonces el que es, es Dios. Es el Ser. Es el presente eterno. Es el que no tiene principio ni fin. Es el que no tiene espacios ni colores específicos; se manifiesta en lo que es y no es. En lo que es en potencia y actualización. Lo mismo estimula que neutraliza o aniquila. Es toda la plenitud. Sólo da. No tiene condiciones. No hay cambios. Es la eternidad.

Lo que importa ahora, es observar que el hombre está formado por carne y alma o espíritu[32]; en esa unión encontramos la voluntad y la razón como facultades innatas de la persona[33], las cuales pueden ser desarrolladas con

---

[29] En otras palabras, el hombre es creado por Dios. Es quien le da el ser y lo conserva en el ser, pues el hombre es contingente. No se puede hacer el bien sin Dios o contra Dios. Más aún, negar a Dios conduce invariablemente a negar al hombre, a negar su dignidad y su valor inconmensurable.

[30] Cf. Biblia de Jerusalén. Porrúa, México, 1988., pp. 75-76. Revelación del Nombre divino.

[31] Cf. Stein, Edith. *Ser finito y ser eterno. Ensayo de una ascención al sentido del ser.* FCE, México, 2004., p. 361.

[32] Cf. Hugón, Eduardo. *Las veinticuatro tesis tomistas.* Porrúa, México, 1990. Aquí, Santo Tomás de Aquino, destaca que **el alma es una verdadera sustancia, tiene que existir de por sí y ser producida por sí misma de la nada; lo que sólo es dable por Dios., p. LIII.**

[33] Op. cit. Biblia de Jerusalén., donde encontramos que **"Ser imagen y semejanza de Dios subraya el hecho de que, al estar dotado de inteligencia y de voluntad,**

base a la percepción, estimulación, e información que se le proporcione. En consecuencia, mientras más información se tenga, mayores serán las posibilidades del bien actuar. Mientras que, cuando el conocimiento es limitado, normalmente la persona se queda en un nivel de existencia bastante semejante con los animales inferiores, pues el ser humano es un ser superior en potencia,[34] por los atributos de inteligibilidad de la realidad y la forma de aprehender, entender, transformar y trascender esa realidad para su bien, a través de actos inteligentes auxiliados por el lenguaje como instrumento de inteligibilidad para el crecimiento pleno. Gracias a esa inteligencia y voluntad unificados en el actuar humano, es posible que él mismo, se de cuenta de sus potencialidades como ser racional. Asimismo, reconocer que está formado por un cuerpo y un alma-espiritual[35]. Donde esa espiritualidad se puede fortalecer a través del reconocimiento de la existencia de Dios, es decir, en la medida en que uno se da cuenta de que somos seres limitados, seres para la muerte como lo diría Heidegger[36], aceptamos que nuestra vida puede ser más valorada en comparación a las personas que se limitan a no esforzarse por ver más allá de lo ordinario, de sus límites racionales: de lo convencional, de lo que es producto de la sociedad de consumo actual. Es decir, esta persona contemporánea, se encuentra en un mundo formado y limitado, en su mayoría por lo que dictan

---

puede entrar activamente en relación con Dios.", p. 14.

[34] Cf. Monreal Maldonado, Sarah. *Ontología fundamental.* México, Universidad Pontificia de México. 1995. En esta obra magistral, producida por una mente brillante, encontramos que la persona humana, desde una perspectiva en potencia, posee los siguientes atributos: Capacidad de tener una perfección; puede recibir un acto o lo tiene ya. Es distinto del acto: se advierte cuando es separable. Se contrapone al *acto,* como lo imperfecto a lo perfecto. Es imperfección, capacidad determinable. (sujeto receptivo). *Es* de manera secundaria., p. 14, esquema 8.

[35] Op. cit. Biblia de Jerusalén. En relación a la unión de la espiritualidad humana, el argumento es: **El alma, o el espíritu, animan la carne sin mezclarse con ella, haciéndola viviente.**, p.16. Asimismo, Op. cit. Hugón, Eduardo. *Las veinticuatro tesis tomistas.* Porrúa, México, 1990., p. LVI., obtenemos que: **Una vez muerto el hombre, su alma, ya separada del cuerpo, adquiere la sola condición de espiritualidad, semejante a la de los ángeles.**

[36] Cf. Heidegger, Martin. *El ser y el tiempo.* Fondo de Cultura Económica, México, 2000. De esta obra rescatamos la siguiente tesis: "**El fin del ser en el mundo es la muerte.**", p. 256.

los medios masivos de comunicación;[37] descuidando su parte espiritual; su lado misterioso y asombroso como ser racional y mortal. [38]

Gracias a ese reconocimiento y aceptación de la mortalidad y limitación humana, se puede ir entendiendo la existencia de Dios. Sin embargo, lo que buscamos en el fondo de este discurso, es aceptar que los principios teológico-filosóficos, político-jurídicos de Tomás de Aquino, permiten entender la realidad socio-cultural desde una perspectiva más humana, es decir, reconociendo que "el otro",[39] es un ser que comparte nuestro tiempo en la tierra y que, por ende, es necesario reconocerlo, respetarlo, invitarlo y apoyarlo a explotar y descubrir sus potencialidades humanas. Esto, en el fondo, es buscar **el bien común**. El reconocer que si uno está bien, es posible trascender ese bienestar con "los otros", generando un estado de ánimo agradable y exquisito. Este bien común, lo estamos percibiendo en forma inmediata, es decir, desde la primera relación con el otro actual. Sin embargo, lo que se busca es que ese bienestar común trascienda hacia las personas que influyen en las estructuras socio-políticas para que el bien común, sea un imperativo que garantice la satisfacción y permanencia del hombre en la tierra. Esa es la inquietud de Tomás de Aquino: que la política sea un instrumento que nos proyecte hacia la justicia política y así, hacia una justicia social[40]. En la medida que se enfatice este principio

---

[37]   Cf. Popper, Karl y Condry, John. *La televisión es mala maestra*. FCE, México, 2002. Aquí observamos dos ideas. La primera Popper destaca que " **... ha sucedido que la televisión se ha convertido en un poder político colosal, potencialmente, se podría decir, el más importante de todos, como si fuese Dios mismo el que hablara.**", p. 55. Y, Karol Wojtyla, el santo padre afirma: **"Hoy, la televisión es una fuente principal de noticias, de información y de distracción para innumerables familias, al punto de modelar sus actitudes y sus opiniones, sus prototipos de comportamiento.**", p. 58. Asimismo Cf. Sartori, Giovanni. *Homo videns. La sociedad teledirigida*. Punto de lectura. España, 2005.

[38]   Aquí no estamos en contra del consumo, de lo que estamos en contra es del exceso y las compras superficiales sin una necesidad real.

[39]   Op. cit. Heidegger. En este sentido, encuentro en el pensamiento de Heidegger, la siguiente observación: " **... es el mundo en cada caso ya siempre aquel que comparto con los otros. El mundo del** *ser ahí* **es un** *mundo del con*. **El** *ser en,* **es** *ser con* <u>otros</u>. **El** *ser en sí* **intramundano de éstos es** *ser ahí con*.", p. 135. Los subrayados aquí y en lo sucesivo son personales y se dan con el fin de destacar la idea sin manipular el texto original.

[40]   Cf. Rawls, John. *Teoría de la justicia*. FCE, México. 2000. En esta obra, Rawls destaca que la justicia social es el imperativo de su tesis. En este sentido señala que, " **... el objeto primario de la justicia es la estructura básica de la sociedad o, más exactamente, el modo en que las grandes instituciones sociales**

universal del bien común en las personas que tienen posibilidades de decisión en las instituciones de gobierno, empresariales, eclesiásticos, guías espirituales y sociedad civil en general, la humanidad será más consciente de su compromiso como seres racionales que buscan su felicidad mientras existan y, por ende, la trascendencia de esa felicidad hacia sus descendientes.

En suma, podemos vislumbrar que la felicidad es un fin permanente que busca el ser humano con la intención de llevar una vida pacífica y cómoda, acorde con su dignidad e intereses particulares y, en consecuencia, proyectar ese bienestar hacia los otros. Hacia el ser inmediato generando una reacción de bienestar hasta las personas más lejanas de su entorno, es decir, compartir esa felicidad.

Finalmente, esta obra es para las personas que se preocupan por las grandes decisiones. Para las "naturalezas racionales" que tienen esa oportunidad de producir y compartir el bien. Para los seres que se preocupan por el bienestar general. Para las personas que están conscientes que "no son eternos" y que por ese mismo reconocimiento son capaces de generar el bien con mayor intensidad mientras vivan. Para todos ellos, es este mensaje del santo padre Tomás de Aquino.

En este horizonte de pensamientos y posibilidades, nos damos cuenta que el ser humano es un gran misterio, es un ser complejo y limitarlo a una vida sencilla, simple y sin mayor trascendencia, es minimizar su potencialidad humana.[41] Por ejemplo, para los atenienses, el hombre fuerte deberá someter siempre al débil. Asimismo, los hombres sólo pueden ser justos por medio del conocimiento y, el hombre es un animal filósofo. (Platón) El hombre es el animal político por excelencia por ser el animal racional y moral. (Aristóteles) El hombre es una criatura natural que posee un alma racional y comparte con los dioses la facultad divina de la razón, (Marco Tulio Cicerón). El hombre es por naturaleza un animal social, el único dotado de habla, por medio del cual puede comunicarse y entablar diversas relaciones con otros hombres. (San Agustín). El estado natural del hombre es someter y dominar a los demás y, el estado natural del hombre es mantener la paz universal. (Alfarabi). Es el hombre y sólo el hombre quien constituye, estrictamente hablando, un animal

---

distribuyen los derechos y deberes fundamentales y determinan la división de las desventajas provenientes de la cooperación social.", p. 20.

[41]   Op. cit. Monreal, Sarah. *Ontología fundamental.*

político y el hombre como hombre está limitado al conocimiento directo del mundo sensible que le rodea. (Moisés Maimónides).[42]

Estos son algunos filósofos políticos que se dieron cuenta de lo complejo que es el ser humano, en su persona, en el mundo social, jurídico y político. Son apreciaciones donde la voluntad, la razón, el misterio, la paz, la guerra, la libertad, las limitaciones existenciales, son premisas básicas para entender, un poco, la existencia humana.

A continuación Tomás de Aquino reconoce que la persona humana, tiene la posibilidad de distinguir dos caminos del conocimiento, el primero se refiere al de la fe y, el segundo al de la filosofía. En este sentido, en la obra de Strauss, encontramos la siguiente idea: "**Santo Tomás de Aquino empieza distinguiendo claramente entre los dominios de la fe y de la razón o entre la filosofía y la teología, cada una de las cuales es concebida como ciencia completa e independiente.**" [43]

En esta línea de conocimiento, se puede determinar que la persona humana, no sólo es razón, también posee, en potencia, ese lado de espiritualidad que está fundamentado por la fe, la cual, le va a permitir explorar, percibir sin razonar, otras posibilidades de creencia en potencialidades no-racionales, es decir, actos netamente estimulados por la fe. De donde concluimos que el acto de fe, rebasa la propia racionalidad, precisamente porque no queda delimitada por este potencial humano. Sin embargo, es necesario respetar ambas tendencias de conocimiento y creencia. En este sentido Étinne Gilson considera que "**Si la vida mística –como parece cierto- es una de las necesidades permanentes de la naturaleza humana, no sólo se debe respetar, sino también proteger contra los frecuentes asaltos de inteligencias superficiales. Pero también es cierto que el conocimiento filosófico es una constante necesidad de la razón humana, y que esta necesidad debe ser igualmente respetada.**"[44]

Entonces, la diferencia entre fe y razón, va a ser posibilidad de comprensión, aceptación o negación humana. Aquí no se trata de demostrar o convencer a nadie sobre lo que está más allá de la racionalidad convencional, sino que es

---

[42] Op. cit. Strauss, Leo., pp. 19-242.

[43] Ibid., p. 246.

[44] Cf. Gilson, Étienne. *La unidad de la experiencia filosófica*. Rialp, España, 1998., p. 42.

una invitación a la aceptación de la complejidad humana, y, en este caso, se refiere a lo que sería la distinción que genera Tomás de Aquino entre la fe y la razón. Sin embargo, ambas disertaciones quedan dentro de la posibilidad de aprehensión humana; el reconocer y aceptar es cuestión de formación cultural de cada persona. Lo cierto es que, en su tiempo, Tomás de Aquino tenía que hacer esta distinción con la finalidad de moderar y articular el conocimiento teológico y filosófico en torno a una conocimiento universal. Es decir, para que las personas se dieran cuenta de la diferencia entre conocimiento científico y teológico, era necesario hacer esta división dentro del conocimiento.

Respecto a esta división de conocimiento tomista (teológico-racional), Ernest Fortin, considera que la filosofía "… **procede a la luz de principios conocidos naturalmente y evidentes en sí mismos, y representa la perfección del entendimiento del orden natural del universo por el hombre. Culmina en la metafísica o primera filosofía, que sigue siendo suprema en su propio ámbito.**" Mientras que la teología, "… **ofrece una explicación completa del comienzo y del fin de todas las cosas como aparecen a la luz de la Revelación divina. Sus premisas se derivan de la fe.**"[45] Entonces estamos ante el hecho de que la persona humana no solamente es razón, también encontramos la fe. Gracias a los actos de fe, se pueden superar aquellos problemas donde la racionalidad no encuentra otras opciones, otros caminos para salir adelante de los problemas socio-culturales. Es entonces cuando los actos de fe, se manifiestan como una posibilidad para moderar los estados problemáticos y, generar en la mente, una esperanza para avanzar y superar el problema, en este caso de carácter político, pues la política[46] es la base para la creación y alimentación de las leyes y del **bien común.**

Estas dos formas de posibilidades de conocimiento humano, la fe-razón, en el fondo no son separables[47], precisamente porque somos, en nuestros actos cotidianos, personas que nos guiamos por la razón, pero también por nuestra voluntad, la cual es el querer, y el querer entra dentro del mundo de bien y, el

---

[45] Op. cit. Strauss, Leo., pp. 246-247.

[46] Aquí encontramos que **"El bien común y el fin de la autoridad política es, en primer instancia, la paz o la armonía de las diferentes partes que se combinan para integrar la ciudad."** Ibid., p. 250.

[47] En este sentido, Fortin, acepta que **"entre las verdades de la Revelación y el conocimiento adquirido mediante el sólo uso de la razón y la experiencia hay una distinción pero no puede haber un desacuerdo fundamental."** p. 247., Op. cit. Strauss, Leo.

bien, lo podemos materializar por actos de fe, de creencia, de aceptación y de entrega; de asumir ese encuentro con lo desconocido, es decir, con lo que está más allá de nuestra razón, y que es una posibilidad en potencia, de aceptación y de actualización, pero también de liberación racional.

¿Imaginémonos a una persona humana limitada exclusivamente en sus actos cotidianos por su razón, y peor aún, si esta persona no tiene una cultura amplia lo suficiente para comprender el mundo que le rodea desde una posición inteligente?

Finalmente, la presente propuesta la he dividido en tres partes con el propósito de sistematizar el pensamiento tomista. En la primera, comento algunas observaciones de Tomás de Aquino en torno a la aplicación de la ley como instrumento de regulación para mantener la justicia y por lo tanto, la estabilidad jurídico-política de un Estado de derecho contemporáneo. En la segunda parte, destaco aquéllas tesis centrales que permiten entender y crecer como actores justos; los que participan e influyen directamente en el quehacer jurídico y, finalmente en la tercera parte, hago un planteamiento de la consideración entre la política con lo jurídico en un ambiente de participación e integración, donde prevalezca la justicia como imperativo para lograr el desarrollo pleno de las personas y el crecimiento social.

En otras palabras, partimos de la importancia que le da Tomás de Aquino a la ley, posteriormente, a la justicia y la política como arte para el bien gobernar; también, incluimos la presencia de la justicia política como resultado de una integración del pensamiento jurídico-político del santo padre con la intención de vivir dentro de la idea y acción de la presencia y operatividad del bien común en los actos de gobierno.

En suma, considero que es claro para Tomás de Aquino, la fuerza de la ley, para lograr una justicia política eficiente. A partir de una buena justicia, se logra un Estado político democrático y de derecho justo y, en consecuencia, el desarrollo, permanencia y fortalecimiento del bien común para la felicidad de la humanidad.

Por lo tanto, ley, justicia y política, serán los argumentos de Tomás de Aquino para hacer de su pensamiento un horizonte de conocimiento trascendental y aplicable a las sociedades políticas contemporáneas, precisamente porque de estas tres argumentaciones, se construirá una política tomista del buen gobierno y, fortalecerá el concepto y aplicación de los Estados políticos de derecho contemporáneos. Es decir, se buscará por medio de esta aportación tomista, humanizar más a los actuales políticos por el bien de la humanidad, no sólo de los más poderosos del planeta, precisamente porque el bien común incluye a todas las personas que habitan la tierra y, evidentemente, estas desigualdades sociales,[48] si continúan acentuándose van a llegar al límite donde no sea posible la convivencia humana y, en consecuencia, se manifestarán problemas sociales no aceptables para personas que buscan el bienestar de la humanidad.

Pero todo esto ¿en qué forma influye en el trabajo y cosmovisión del policía? Aventuramos las siguientes hipótesis, en el entendido de que son limitativas y susceptibles de ser desplazadas por otras que tengan mayor incidencia en el pensamiento policial.

1. El bien común en el trabajo policial se ve reflejada en la imparcialidad que debe ejercer el policía en materia laboral, es decir, siempre actuar por generar el bien, nunca hacer distinciones específicas y mucho menos negar un servicio.
2. La filosofía central del oficial de policía es atacar el mal y magnificar el bien.
3. El agente de la policía debe saber que su responsabilidad como servidor público es de alta prioridad, en su actuar bien esta de por medio la justicia jurídica y penal.
4. Un policía consciente de la aplicación del bien común, siempre será aceptado en las grandes ciudades y será un reflejo de la calidad humana que debe distinguir a los policías.
5. Con la comprensión de la presente obra, tendrá un ápice más de calidad humana y un gran salto en el plano de ejercer el bien común sobre todas las cosas.

---

[48] A manera de ejemplo, México tiene la siguiente población: Año 2000= 98, 438, 553. Y en 2005= 103, 946, 866. Cf. Periódico "La jornada", 18 de septiembre de 2006, México, D. F.

Es entonces con la propuesta tomista, como podremos entrar a la comprensión del bien común en la política, la justicia y la seguridad pública.

Después de las consideraciones anteriores, podemos afirmar que hay un antes y un después del pensamiento jurídico-político de Tomás de Aquino. A grandes rasgos consideramos esas hipótesis con la finalidad de entender su pensamiento en forma más amplia dentro de su posibilidad.

Iniciamos con la obra de Leo Strauss[49] "Historia de la filosofía política", donde intentaremos rescatar aquellas ideas que fortalezcan nuestra propuesta tomista, en razón de que, para lograr fortalecer la justicia jurídico-política, es necesario tomar en consideración el **bien común** como imperativo generador del bien en una sociedad política y en su caso, como lo buscaba Tomás de Aquino.[50]

Partimos con **Nicolás Maquiavelo** (1469-1527). Para este pensador, la política existe y seguirá existiendo, cualquiera que sea su influencia, guiada exclusivamente por consideraciones de conveniencia, que emplea todos los medios justos o *injustos;* el acero o el veneno, para alcanzar sus fines –siendo su fin el engrandecimiento de la propia patria-, pero también poniendo a la patria al servicio del fortalecimiento del político o el estadista, o del propio partido. En esta síntesis de filosofía política maquiavélica, la encontramos contraria al pensamiento tomista ya que se está violando el bien común. Precisamente porque este pensador está proponiendo que se busquen los objetivos de permanencia y trascendencia del poder político y quien lo ostenta por el medio posible que sea. Aquí nos atrevemos a pensar en la más variedad de arbitrariedades e injusticias socio-políticas. Entonces, con este pensamiento maquiavélico, podemos vislumbrar que el ser humano pasa a un segundo

---

[49]   Filósofo alemán, nacido en 1899. Sus maestros fueron Husserl y Heidegger. Su vida académica la realizó en los Estados Unidos hasta su muerte en 1973.

[50]   En esta propuesta se abre la oportunidad para indicar que la fe, va a generar la teología; mientras que la razón nos va a llevar a la filosofía; ambas líneas de conocimiento complementarias e integracionistas para entender el misterio de la existencia natural, humana y del cosmos. Cf. González Ángel, Luis. *Teología natural.* Eunsa, España, 2000. Asimismo, en la obra de Étienne Gilson encuentro la siguiente argumentación: **"Sin una Teología no hay misticismo verdadero, y toda Teología sana busca el soporte de una Filosofía. Una Filosofía que no haga sitio en definitiva, a la Teología, es una Filosofía corta de vista..."** Op. cit. Étiene Gilson. *La unidad de la experiencia filosófica.* Rialp, España, 1998., p. 42.

término, lo que importa es mantener el poder político a como de lugar. Es terrible, la forma en que manifiesta esta tesis Maquiavelo, sin embargo, en el fondo es cuestión de la aplicación de una hermenéutica política para tratar de entender estas crueldades del poder político y la posibilidad de llevarlas a cabo los "príncipes" de Maquiavelo.[51]

Martín Lutero (1483-1546) **y Juan Calvino** (1509-1564). Con estos pensadores encontramos tres ideas que nos han servido para seguir argumentando el bien común en Tomás de Aquino como fundamento para lograr la justicia política y, en consecuencia, la justicia social. En lo que se refiere a la relación entre la Iglesia y el Estado, Duncan Forrester, refiere:

1. El gobierno político pertenece por entero al **reino temporal**, y sólo es creado para los fines de **esta vida transitoria**.
2. La teología no puede desplazar ni el arte ni la ciencia de la política. La filosofía política no puede ser absorbida por la teología, así como el Estado no puede ser absorbido por la Iglesia.
3. **Gobernar es un oficio especializado** para el cual se requieren talentos *sobresalientes,* pues no es cosa de sólo seguir reglas y principios.[52] Asimismo, muy pocos son los innovadores políticos en verdad originales, los *viri heroici;* el político común simplemente se ve obligado a *remendar y parchar y ayudarse con las leyes, los dichos y los ejemplos de los héroes, como están registrados en los libros.*[53]

Aquí encontramos ideas que son semejantes con las tesis tomistas. Partimos del hecho de que los gobiernos, en general, son inventos del hombre con la finalidad de generar en la tierra, los mínimos de bienestar para poder vivir en forma digna; es decir, sin que la soberbia y violencia humana se apodere de las sociedades políticas. Por tal motivo, las construcciones socio-políticas son temporales y tienen como objetivo primordial generar un bienestar generalizado en las personas. Aquí viene a la mente el hecho de que Tomás de Aquino divide los gobiernos temporales, del gobierno universal, mismo que va a estar representado por el ser eterno y absoluto, y el gobierno social, creado para la convivencia humana. Por otra parte, encontramos que Calvino y Lutero, en voz de Forrester, no dividen la teología y la política, al

---

[51] Op. cit. Leo Strauss., pp. 286-304.
[52] Ibid., pp. 305-338.
[53] Ibid., p. 318.

contrario, le proporcionan a cada una su peso correspondiente e incluso se puede vislumbrar que en el fondo hay un objetivo común: Dios. Y Dios es el bien común en su máxima expresión. Por tal motivo, no podemos separar hacia el absoluto la relación Iglesia-Estado, por lo contrario, el bien común, es el puente que une a ambas Instituciones y, por medio de la fe y la razón, las personas encuentran y alimentan la consideración de esta integración. Finalmente, en estas tesis luterianas-calvinistas, viene la apreciación de que no cualquier persona puede dedicarse a la vida política. Para ello, es necesaria una buena dosis de responsabilidad, así como de prudencia e inteligencia política, con la intención de generar el bien en su máxima expresión. No cosificando a las personas como en la era tecnológica, donde el capital económico, material y bélico, son los que determinan los caminos de la humanidad, olvidándose de la potencialidad y dignidad humana como persona viva dentro de una sociedad-económica y política activa.[54]

Thomas Hobbes (1588-1679) Aquí referimos que Hobbes estuvo de acuerdo con la tradición, basada en Sócrates y que incluye a Santo Tomás de Aquino, de que **"las metas y el carácter de la vida moral y política deben estar determinados por referencia a la naturaleza, especialmente a la naturaleza humana."**[55] Por tal motivo, la moralidad y la política, se deben construir a partir de la naturaleza humana, es decir, tomar como referencia las necesidades y proyectos de las personas como forma de construir las sociedades políticas, jurídicas y económicas, con el fin de que satisfagan desde un principio natural, sus aspiraciones y necesidades fundamentales. En dicho contexto, se puede afirmar que, para que una sociedad sea justa, es necesario partir de la satisfacción de los mínimos naturales humanos para que esa justicia sea eficiente. De nada sirve una justicia efectiva cuando se suprime una condición natural constitutiva de la especie humana: la libertad. Por lo tanto puede haber justicia política[56], pero no social. Es decir, para que haya una justicia social[57],

---

[54] Cf. Fukuyama, Francis. *El fin de la historia y el último hombre.* Planeta, México, 1992.

[55] Op. cit. Leo Staruss., p. 379.

[56] Cf. Chalmeta, Gabriel. *La justicia política en Tomás de Aquino. Una interpretación del bien común político.* Eunsa, España, 2002.

[57] Op. cit. Rawls, John. *Teoría de la justicia.* FCE, México, 2000. Aquí apreciamos que el objeto primario de la justicia es **"la estructura básica de la sociedad o, más exactamente, el modo en que las grandes instituciones sociales distribuyen los derechos y deberes fundamentales y determinan la división de las ventajas provenientes de la cooperación social.", p.** 20. Asimismo, después de haber

es necesario que no se minimice o violente ningún derecho natural[58] de la especie humana. Lo contrario, es continuar en el estado de naturaleza donde el imperativo es la fuerza, la guerra y violencia como parámetros determinantes en la constitución de un Estado social anárquico,[59] evidentemente garantizado por las fuerzas represoras. En este contexto Laurence Berns en referencia a la filosofía política de Hobbes, niega que el hombre sea social y político por naturaleza. Sus argumentos son de que en la teoría del estado de naturaleza, **"esa condición prepolítica en que los hombres viven sin gobierno civil o sin un poder común, sobre ellos, que los mantenga en el temor."**[60] Entonces, la posición de Hobbes, está en contra del pensamiento político aristotélico-tomista. En este sentido, nos enfrentamos ante una cuestión bastante compleja y que consideramos con anterioridad: ¿el ser humano es por naturaleza bueno? ¿El ser humano es por naturaleza social y político? O por el contrario, ¿es un salvaje? ¿Un animal racional violento?

A continuación consideramos los argumentos de Berns, en torno a la filosofía política de Hobbes, para fundamentar su teoría del estado de naturaleza, la cual nos va a servir para responder a la pregunta de si el hombre es social y político por naturaleza, así como si es bueno por naturaleza. En este sentido, las hipótesis de Berns, son las siguientes:

1. Las pasiones, son las causas de la conducta del hombre en particular y de las pasiones se deducen las leyes de la vida social y política.

---

escogido una concepción de justicia, se puede formar una constitución y un poder legislativo que aplique las leyes de acuerdo siempre **"con los principios de la justicia convenidos originalmente."** Ibid., p. 26.

[58] Cf. Hervada, Javier. *Introducción crítica al derecho natural.* Editora de revistas, S.A. De C.V., México, 1985. En este trabajo, encontramos que, **"El derecho natural es aquella parte de la ley natural que se refiere a las relaciones de justicia; esto es, la ley natural se llama derecho natural en cuanto es regla de derecho y sólo bajo este aspecto.",** en otro sentido, " **... el derecho natural es una regla natural de derecho, que regula relaciones de justicia legal, distributiva y conmutativa.",** p. 171.

[59] Op. cit. Leo. Strauss. Aquí observamos que la muerte de un gobierno ocurre cuando **"... las voluntades particulares sustituyen a la voluntad general. Esto puede conducir, o bien a la anarquía o bien a la tiranía; a la anarquía cuando los individuos tiran cada uno por su lado, a la tiranía cuando la voluntad privada de uno solo dirige el gobierno.",** p. 545.

[60] Ibid., p. 379.

2. Si el hombre no es social y político por naturaleza, entonces todas las sociedades civiles debieron desarrollarse a partir de estados de naturaleza presociales y prepolíticos, es decir, el estado de naturaleza debió de existir entre los progenitores de todos los hombres que hoy viven en una sociedad civil.
3. La preocupación principal de los hombres es su propia conservación.
4. La igualdad más importante es la igual capacidad de todos los hombres para matarse unos a otros.
5. El hombre no es social por naturaleza; por lo contrario, la naturaleza disocia al hombre. "Así el estado de sociedad civil es radicalmente convencional."
6. Todas las leyes de naturaleza y todos los deberes u obligaciones sociales y políticos se originan en el derecho de naturaleza y se subordinan al derecho del individuo a la propia conservación.
7. La primera ley de naturaleza que proviene de la ley fundamental es que cada quien debe estar dispuesto a prescindir de su derecho a todas las cosas cuando los demás también estén dispuestos a hacerlo, y deben conformarse con tanta libertad contra los demás como él permita a los demás en contra de sí mismo.
8. Finalmente, la seguridad del pueblo debe ser la ley suprema, debe considerarse que la seguridad incluye todas las satisfacciones y los deleites de la vida que un hombre pueda conquistar legalmente, sin perjudicar al Estado.[61]

De las consideraciones anteriores concluimos que la persona, desde un punto de vista antropológico es bueno por naturaleza, pero que las necesidades y la lucha contra otros seres, así como la búsqueda de sus bienes materiales básicos, como protección y alimentación, son los que lo van a ir perfilando hacia una actitud combativa y mala, pues, en la búsqueda de supervivencia tiene que volverse agresivo, con la tendencia de mantener su existencia y la de sus seres queridos. En otras palabras, es bueno, en un principio, pero posteriormente las necesidades de supervivencia lo convierten en un ser combativo; lo contrario implica una muerte violenta o por enfermedad o, por falta de alimentación, si no se mueve. Entonces ese estado de naturaleza agresiva en un principio, posteriormente tendrá que irse afinando con la finalidad de llegar a un estado civil, donde la razón y la implementación de las leyes, prevalezca sobre la animalidad humana.

---

[61] Ibid., pp. 377-399.

En este sentido, la infancia humana es buena; se reciben los medios fundamentales para sobrevivir. Buscando siempre la autonomía y autosuficiencia donde han recibido la información básica para buscar alimento y cuidarse de otros seres. Las personas comienzan a utilizar su lado agresivo, el cual se justifica que se lleva a acabo por necesidades naturales de la propia existencia y sobrevivencia humana. Posteriormente, cuando el ser humano ha madurado, sus actos implican mayor inteligencia y, en consecuencia, antes de tomar una decisión tendrán que pensar si lo hacen por el bien personal y general, o simplemente por el hecho de hacer el mal, sin ninguna justificación. Este hecho del mal, evidentemente son hechos minoritarios en la existencia humana. Para profundizar un poco, en estas reflexiones, en torno al bien por naturaleza o no, hemos acudido a Elías Canetti[62], mismo que formula, las siguientes hipótesis.

- La persona humana es el resultado de toda una odisea energética donde el espermatozoide mejor dotado, será el que penetre el óvulo. **"A partir del momento en que el espermatozoide penetra el óvulo, se sabe mucho, se podría decir que se sabe todo. Pero casi no se ha meditado acerca del hecho de que un número avasallador de espermatozoides no llega nunca a la meta, si bien participa activamente en el proceso global. No es un espermatozoide el que busca su senda hacia el huevo. Hay aproximadamente 200 millones."** [63]De aquí concluimos que desde el encuentro sexual y la búsqueda del espermatozoide por encontrar ¿un destino? ¿Un límite? ¿Otra célula? ¿Qué lo mueve para superar a los otros espermatozoides? ¿Está consciente? ¿Sabe lo que busca? Es un ser vivo en potencia, por lo menos afirmaría Santo Tomás de Aquino.[64] Entonces, desde este estado de ser humano, ya se da la competencia: la supervivencia. Los espermas que no llegan al óvulo tendrán que morir. La pregunta obligatoria por la propia naturaleza de la presente investigación sería ¿Quién es el ser que decide qué espermatozoide será el nuevo ser? En el fondo de esta propuesta también encontramos la sana competencia natural en este caso. Posteriormente vienen los acondicionamientos socio-culturales donde la competencia es una garantía estatal que esta o debería de

---

62   Canetti, Elías. *Masa y poder.* Alianza Editorial, España, 2002.
63   Ibid., p. 291.
64   La idea de Tomás de Aquino es: **"Porque vivir es el acto del ser viviente, y el semen antes de que se dé la animación sólo es el ser vivo en potencia, pero se convierte en ser vivo en acto por el alma. Luego el alma es la forma de un cuerpo animado."** Op. cit. *Suma contra gentiles.*, p. 197.

estar a disposición de la humanidad. Una sana competencia en un ambiente de libertad, respeto y generosidad por parte del gobierno quien tiene la obligación de garantizar los mínimos de bienestar para que los seres humanos se desarrollen y crezcan con el apoyo del Estado político y por ende de sus gobernantes.

- El miedo a lo desconocido. **"Nada teme más el hombre que ser tocado por lo desconocido (...) El hombre elude siempre el contacto con lo extraño."** [65] Otro estado de ánimo que proyecta al humano hacia la explosividad por moverle, lo socialmente y racionalmente conocido; de ahí que su estado natural lo ponga al acecho de cualquier estimulo que le pudiera afectar su entorno biopsicosocial. Se vuelve en cazador de una posible presa y a la vez él mismo es presa de otro ser.

- La persona tendrá que aprender a sobrevivir. **"El momento de sobrevivir es el momento del poder. El espanto ante la visión de la muerte se disuelve en satisfacción pues no es uno mismo el muerto. Éste yace, el superviviente está de pie (...). En el sobrevivir cada uno es enemigo del otro; comparado con este triunfo elemental todo dolor es poca cosa."** [66]Con esta hipótesis apreciamos una vez más el instinto de supervivencia cuando está de por medio nuestra vida. Solamente un ser humano enfermo o narcotizado, se entrega, sin mayor esfuerzo a la muerte. Por ende, no hay que entregarse o abandonarse a la muerte. Toda una vida nos espera. Problemas, siempre los habrá hasta en el último momento cuando enfrentemos a nuestra propia muerte, será un problema de vida o aniquilamiento total y absoluto.

Aquí estamos ante una realidad interesante. Primero, los seres humanos vivos, son el resultado de toda una competencia por la sobrevivencia y que por azares del destino, en el fondo, la presencia de Dios como ser causante de movimiento y, por tal motivo, de vida en el encuentro original del espermatozoide-óvulo; segundo, ya en vida, las personas se enfrentan ante lo desconocido con miedo, pues sus actos racionales no han tocado la existencia de esas manifestaciones fenomenales. Por lo tanto, son expresiones fenoménicas existentes, pero que por limitaciones racionales humanas, no forman parte de su vida racional, cayendo al mundo de lo irracional existente y generando estados de conciencia alterados en la persona por el miedo a lo desconocido. Tercero, nos enfrentamos

---

[65] Op. cit. Elías Canetti. *Masa y poder.*, p. 7.
[66] Ibid., p. 266.

ante el hecho inevitable de la muerte, en el sentido de que nadie, sanamente hablando, desea morir, por lo contrario, se proyectan y amarran a la vida con una fuerza extraordinaria. El abandonarse a la muerte, el entregarse sin mayor esfuerzo, es un acto denigrante de la especie humana. Por lo contrario, mientras más superes el toque de la muerte[67], mayor serán las posibilidades de mantener a raya a la misma. Sin embargo, cuando "te toca: te toca", diríamos los policías; no hay poder humano que te pueda quitar de su toque fulminante. Luego entonces, los que estamos vivos, somos hechos heroicos, precisamente porque hemos podido sobrevivir al toque de la muerte; de tal forma que la vida es un paradigma de la muerte como lo diría Max Scheler,[68] precisamente porque en algún momento tendremos que caer.

Entonces, esta sobrevivencia, está lucha permanente por mantener nuestra existencia, es un compromiso básico de las garantías que debe proporcionar todo Estado Democrático de Derecho, lo contrario, nos traslada sin mayor cuestionamiento al estado de naturaleza de Hobbes.

Por tal motivo, el ser humano por naturaleza no es social, ni político, en términos de Hobbes; lo político-social, tendrá que irse estructurando a partir de que la persona se da cuenta de que son necesarios los acuerdos para no matarse, lesionarse y respetar las propiedades. Así es como se van perfilando las normas sociales, como imperativo para garantizar la seguridad, existencia y trascendencia humana: por medio del diálogo.[69]

---

[67] Cf. Yepes Stork, Ricardo y Aranguren Echeverría, Javier. *Fundamentos de antropología. Un ideal de la excelencia humana.* Eunsa, España, 1999. Aquí refieren que **"La muerte es el mayor de todos los males, pues *para los vivientes vivir es ser* y morirse es dejar de ser, surge como una radical vuelta a esa nada de la que de pronto aparecimos."**, p. 344.

[68] Cf. Scheler, Max. *Muerte y supervivencia.* Ediciones Encuentro, España, 2001. En este contexto Scheler señala, en torno a la muerte, **" ... no se halla la muerte en el término real de la vida, ni es solamente una expectación de este término, fundada en la experiencia de los demás seres, sino que acompaña la vida entera como un elemento de todos sus momentos."**, p. 33.

[69] Op. cit. Strauss Leo y Cropsey Joseph. En este sentido encontramos en el pensamiento de Hobbes, las siguientes consideraciones en relación al contrato social, que se va generando como respuesta a los acuerdos humanos. **" ... el contrato social tiene dos partes: 1) Un pacto de cada miembro del futuro cuerpo civil con cada uno de los demás para reconocer como soberano a todo hombre o asamblea de hombres en que convenga una mayoría de su número y 2) El voto que determinará quién o qué debe ser el soberano. Todos los que**

René Descartes (1596-1650). Para este pensador, la sociedad política está fundamentada por espíritus fuertes o generosos cuyo sentido de la fuerza de su resolución, su pasión más poderosa, es sólo suya.[70] Entonces este filósofo reconoce que no cualquier persona puede formar parte de la estructura que garantiza el fortalecimiento de una sociedad política; para ello es necesario que las personas encargadas de ésta estructura política, cuenten con fortaleza espiritual, y generosa. En especial, que tenga la facilidad de tomar resoluciones efectivas. Por lo tanto, el representante político es una persona especial, no cualquiera tiene esas peculiaridades. Éste hecho se refleja, también en el pensamiento tomista, en el sentido de que los más aptos son los que deben de gobernar; es decir, aquellas personas responsables y con la virtud de la prudencia sobredimensionada en sus actos personales y sociales. Así, encontramos en Descartes la idea de que la duda es fundamental para buscar evolución en los conocimientos aceptados ordinariamente. Sus tesis, entre otras son las siguientes:

- Para examinar la verdad es preciso, una vez al menos en la vida, poner en duda todas las cosas y hacerlo en tanto sea posible.
- También es útil considerar como falsas todas las cosas acerca de las cuales cabe dudar.
- ¿Por qué se puede dudar de la verdad de las cosas sensibles?
- Tenemos un libre albedrío que nos permite abstenernos de creer lo que es dudoso y, de este modo, impide que erremos.
- No podríamos dudar sin existir y éste es el primer conocimiento cierto que se puede adquirir.[71]

Con estas tesis de Descartes, percibimos que la existencia, la duda y el pensamiento, son líneas de antropología filosófica que nos permiten reconocer la importancia que se genera con la duda para avanzar en la ciencia. Sin esa duda de Descartes difícilmente se podrá avanzar en el conocimiento científico, pues, es gracias a las dudas de lo humanamente aceptado, como se encuentran otras salidas para ir penetrando en la realidad natural y social; así como para generar mayor conocimiento empírico en un principio, posteriormente el

---

no intervienen en el contrato permanecen en estado de guerra y, por tanto, son enemigos de los demás.", p. 386.

[70] Ibid., pp. 400-417.

[71] Cf. Descartes, René. *Los principios de la filosofía.* Alianza Editorial, España, 2002., pp. 21-25.

científico y finalmente el de la sabiduría, es decir, la filosofía. En este sentido, René Descartes, hace una separación en el conocimiento universal, por una parte está lo verdadero y, por otro lo dudoso, en donde el ser humano titubea y, puede caer en errores. No asume responsabilidad porque duda. Ese principio de Descartes es básico para los políticos que toman decisiones impregnadas con un leve momento de duda. Ahí es cuando necesitan regresar al conocimiento de Descartes para que al asumir una decisión política, lo hagan con toda la responsabilidad, seguridad y veracidad que implica su actuación como servidores públicos.[72]

John Milton (1608-1674) Este pensador se perfila hacia un Consejo General de Estado, el cual va a estar integrado por personas educadas, honorables y cultas. En este sentido, Milton reconoce que **" la verdadera salvaguarda del interés del pueblo no consistía en un equilibrio de instituciones sino de su carácter y de los antecedentes de los hombres de gobierno."**[73] Es así como se puede vislumbrar que Milton confía el poder político en la república libre; no a una sola persona ni al pueblo, sino a una auténtica aristocracia que se encontrará entre hombres de la clase media. Señala que el fondo y la base de todo gobierno justo y libre es un consejo general de los hombres más capaces, elegidos por el pueblo para consulta de los asuntos públicos, de cuando en cuando, para el bien común. Entonces este Consejo General, podría ser considerado como una aristocracia, donde las personas nobles y más hábiles en materia política, tendrían la posibilidad de ser miembros de este consejo para procurar una buena administración pública y, por ende, el bien común. Precisamente porque los integrantes de este Consejo no tienen pendientes de exceso de riqueza o pobreza eminente. Por lo tanto, será un grupo de personas comprometidas por el bien común. Este hecho, nos traslada al pensamiento

---

[72]   Hemos tomado el concepto de servidores públicos de la Constitución Política de los Estados Unidos Mexicanos, 2008, la cual considera: Artículo 108: " ... **se reputarán como servidores públicos a los representantes de elección popular, a los miembros del Poder Judicial Federal y del Poder Judicial del Distrito Federal, los funcionarios y empleados, y, en general, a toda persona que desempeña un empleo, cargo o comisión de cualquier naturaleza en la Administración Pública Federal o en el Distrito Federal, así como a los servidores del Instituto Federal Electoral, quienes serán responsables por los actos u omisiones en que incurran en el desempeño de sus respectivas funciones (...)"** Este artículo constitucional mexicano, será fundamento para entender la responsabilidad que implica ser funcionario público y sus posibilidades de sanciones administrativas y/o penales.

[73]   Op. cit. Leo Strauss., p. 425.

político tomista, donde también hace hincapié en la clase gobernante noble aristocrática y encaminada a generar el bien común.

Baruch de Spinoza (1632-1677) Con este pensador teólogo-político, se sigue reconociendo la necesidad y posibilidad de una **"mejora del orden humano a la luz de nuestra visión de orden eterno, pero combina este reconocimiento con una concepción estoica de la relación que hay entre el filósofo y la eternidad."**[74] Con Spinoza, regresamos, una vez más, al principio de la eternidad como base para la construcción del universo y, por ende, de la tierra, sus habitantes y construcciones socio-políticas. En este sentido, las creaciones jurídico-políticas, van a ser momentáneas, precisamente porque son determinadas por la propia inteligencia humana y, como el ser eterno se encuentra detrás de ellas, entonces estas construcciones humanas, son pasajeras, igual que la persona humana. De tal forma que Spinoza, concibe a los individuos **"como representantes, desde un punto de vista humano, de la articulación del orden eterno en una jerarquía de partes y de todos."**[75] En este contexto, nos proyectamos hacia el pensamiento de Tomás de Aquino, quien maneja esta hipótesis del Gobierno Universal (Dios), por encima del Gobierno Humano (Monarquía, Aristocracia o Democracia). Por lo tanto Spinoza, vuelve a juntar en un acto político, la influencia de la teología con la política;[76] reconociendo que la relación entre la religión y la política no es tan sólo **"un accidente de la historia, sino que brota de la naturaleza del hombre."**[77] En Spinoza también encontramos una idea clásica en referencia a las construcciones socio-políticas y es que el hombre de superior fuerza física, es menos poderoso que el hombre de mayor inteligencia. En este sentido se puede apreciar el hecho de que la inteligencia humana se va apoderando del Estado de naturaleza de Hobbes; asimismo, la persona culta, tendrá mayores argumentos para llevar una vida digna y si quiere participar en la estructura política, tendrá las herramientas necesarias para integrarse a la política por medio de su inteligencia. De esto, Spinoza reconoce que **"el régimen racional democrático debe equilibrar los poderes de la fuerza y de la inteligencia para conservar ambas."**[78] Por tal motivo, las personas políticas, tendrán que

---

[74] Ibid., p. 433.
[75] Ibid., p. 436.
[76] Cf. Spinoza, Baruch de. *Tratado teológico-político, en The Chief Works of Benedict Spinoza.* Dover, New York, 1951.
[77] Op. cit., Leo Strauss., p. 440.
[78] Ibid., p. 443.

moderar sus actitudes violentas y maximizar su inteligencia por medio de actos tendientes a generar el bien común.

John Locke (1632-1704). Sin duda, es uno de los máximos exponentes de la filosofía política. Se preocupó por la vida, libertad y propiedad humana. De tal forma que era necesaria la formación de un Gobierno civil, el cual garantizara la existencia y propiedades de las personas. Para ello admite que **"sin dificultad el *gobierno civil* es el remedio apropiado para los inconvenientes del estado de naturaleza."**[79] Por tal motivo, la seguridad física y material de las personas, tendrá que ser garantizado por un gobierno de leyes; un gobierno civil que sea capaz de generar esa seguridad jurídica. Una de sus ideas centrales era de que no existe libertad donde no hay ley. Por tal motivo, la implementación de un gobierno civil, es garantía de la vida, la libertad y propiedad. Incluso, los derechos que Locke declaraba absolutamente inviolables eran los de propiedad y libertad.[80] En este contexto, encuentro que la ley civil va a garantizar la seguridad de las personas. En consecuencia, la configuración de un gobierno de leyes se viene estructurando en forma gradual y a través del consentimiento. Este hecho, declara al Estado de Derecho, como una forma moderna de garantizar el bien común entre las personas, ya que es por medio de la ley como se promoverá su existencia y garantizará las propiedades de las personas. No habrá temor a que se violente las propiedades, pues, se ha depositado la confianza y voluntad política en un gobierno con la intención de aplicar las leyes para garantizar la seguridad de los bienes naturales y materiales de las personas. Aquí ya podemos vislumbrar el Estado de Derecho, donde las leyes van a ser el instrumento por excelencia para garantizar la propiedad y libertad de las personas.

Montesquieu (1689-1755). Hay una pregunta central que es necesario rescatar ¿cómo eran los hombres antes de que hubiera leyes humanas, y por qué surgieron estas leyes? Seguramente antes de que hubieran las leyes humanas, las personas se dedicaban al culto de la fuerza y, por ende, el Estado de naturaleza salvaje es lo que determinaba la relación entre los seres humanos; en este sentido, percibimos que, **los hombres eran apenas distinguibles de las bestias. Al carecer de lenguaje y de razón, se dejaban guiar por temores**

---

[79]   Ibid., p. 456.
[80]   Cf. Sabine, Georg. H. *Historia de la teoría política*. FCE, México, 1984., p. 397.

y deseos físicos instintivos para salvaguardar su integridad individual y después, asociarse entre sí."[81] Después vendría la sociedad jurídico-política.

Por lo tanto, de la mente primitiva, se pasa a la mente racional por medio del uso de las manos; los descubrimientos de la agricultura, del fuego y de las armas de combate; hasta el uso del lenguaje como máxima herramienta para el entendimiento humano. En este sentido, son años de intensa evolución humana que se va fortaleciendo a través de los errores; donde está de por medio la propia existencia de las personas. Por otra parte, gracias al lenguaje inventado por necesidad, se logran los acuerdos, los consensos y la forma de racionalizar los actos humanos, primero, a través de la razón práctica y después por medio de la razón comunicativa.[82] Con estos hechos las personas comienzan a vivir en sociedad con una prioridad: ceder parte de su voluntad para que se formulen leyes que garanticen la convivencia humana en comunidad y la seguridad de las personas en dicha sociedad.

David Lowenthal en referencia al pensamiento de Montesquieu, en la Historia de la Filosofía Política de Leo Strauss, considera que es la guerra la que va a determinar el surgimiento de las leyes con la intención de lograr la paz. En este sentido: **"Es de la guerra de donde surgen la ley, el derecho o lo justo (*droit*). La ley surge como medio para suprimir la guerra, ya sea dentro de las sociedades o entre ellas."**[83]

Por lo tanto, para Lowenthal, la guerra es la base para la construcción de sistemas jurídicos, los cuales van a partir de acuerdos y consensos por medio de la racionalización de los actos humanos.

Evidentemente que, la creación de estas leyes, tendrán que generarse a partir de las propias circunstancias culturales e ideosincracias de un lugar específico. Las palabras de Lowenthal son que **todo gobierno tiene una naturaleza y un principio a los cuales sus leyes deben remitirse.**[84]

Finalmente, el pensamiento de Montesquieu a través de la hermenéutica de David Lowenthal, sería: La moderación es la máxima virtud del gobernante.

---

[81] Op. cit. Leo Strauss., p. 488.
[82] Op. cit. Habermas, Jürgen *Facticidad y validez.*, p. 65.
[83] Op. cit. Leo Strauss., p. 488.
[84] Op. cit. Leo Strauss., p. 489.

La especificidad de la aplicación de la ley para entender las interrelaciones que se dan por medio del espíritu de las mismas. Hay que tener necesidad ciega, pero elección razonada en la formación de las leyes.

Jean-Jacques Rousseau (1712-1778). Conforme transcurre el tiempo, la persona va evolucionando y fortaleciendo sus instituciones socio-políticas. De tal forma que en la actualidad contamos con Estados Democráticos de Derecho. Ya ha sido superado el Estado de naturaleza de Hobbes en muchos países. Sin embargo, es necesario fortalecer los Estados Políticos contemporáneos con la finalidad de no retroceder a movimientos irracionales de injusticias, guerras, corrupción y violación a los derechos humanos. En consecuencia, las instituciones de derecho han permitido controlar y garantizar la convivencia humana. En este sentido, encontramos que el ser humano es **"... el único ser que puede mejorar gradualmente sus facultades y transmitir esta mejora a toda la especie."**[85]

Sin embargo, con el propio transcurrir del tiempo, la vida social de la persona va generando inconformidades; búsqueda de alimentos, reproducción y protección de sus bienes, lo cual, es la base de los acuerdos para que a través de, ceder parte de la voluntad política, se permita que los gobernantes cuiden de ellos; su familia y propiedades. Sin embargo, se empieza a complicar la existencia humana, si esas propiedades de tierra, alimentos, entre otras, comienzan a ser base para las disputas; los alimentos comienzan a escasear; el agua escasea, entre otras limitaciones, generándose toda una situación caótica. Es así como se va configurando la idea de poner orden al caos, a la violencia, a la irracionalidad, a la injusticia. Se va perfilando el acuerdo, el diálogo, los consensos, la tolerancia, la inclusión, entre otras acciones socio-políticas, lo cual, finalmente llegará a la consolidación de una costumbre, un orden, una norma, una ley.

Los ricos, son los que piden leyes, los que están temerosos de sus propiedades. En otras palabras, los propietarios de bienes son los que están con el temor de ser aniquilados y perder sus bienes. Urgen las leyes para poner orden al caos. Así encontramos que **"... los hombres que hacen la ley están bajo la influencia de esas pasiones, y los ciudadanos siguen teniendo esas pasiones**

---

[85] Ibid., p. 534.

y tienen todo interés en alterar el gobierno para poder satisfacerlas." [86] Esas pasiones que son los bienes materiales y humanos.

Con Rousseau se puede afirmar que el hombre es por naturaleza un animal egoísta e independiente. Así consideramos que el "contrato social" **forma una persona artificial, el Estado, que tiene una voluntad como la persona natural; lo que parece necesario o deseable a tal persona es deseado por ella y lo que es deseado por el todo es la ley.** [87] En otras palabras, es el acuerdo, el contrato para ceder voluntad política a un soberano que es el Estado, el cual se encargará de garantizar la seguridad de las personas por medio de la aplicación de la ley. De donde se concluye que el gobierno es el encargado de garantizar esa seguridad humana y sus propiedades. Por lo tanto, mientras más cultas y educadas en el derecho, respeto, la paz, entre otros principios ético-jurídicos, las personas necesitarán menos gobierno para vivir bien. En este sentido se concluye que a mayor ignorancia más gobierno, y a mayor educación, menos gobierno, menos administración: menos intervención del Estado en la vida de las personas. De donde se vislumbra que, a mayor anarquía, más ignorancia, más barbarie, menos educación, más policía. En este sentido encontramos que **"Cuantas más personas compartan la autoridad del gobierno, menos vigoroso será éste; la monarquía es el más vigoroso de los gobiernos, y la democracia es el menos vigoroso."** [88] Sin embargo, esto ¿cómo influye en el pensamiento jurídico-político de Tomás de Aquino? Simplemente que mientras mayor bien común exista en un país, menos injusticias y deficiencias políticas habrá. Por lo tanto, a mayor índice de desarrollo, mayor es el bienestar humano.[89]

Immanuel Kant. (1724-1804) Una de las ideas brillantes de Kant, en torno a la política y en referencia con el pensamiento del Tomás de Aquino es el hecho de implementar la "paz perpetua" como "el bien político supremo". A partir de esta consideración es posible garantizar la trascendencia de la humanidad y, por ende, del fortalecimiento para garantizar el bien común

---

[86]   Ibid., p. 536.
[87]   Ibid., p. 538.
[88]   Ibid., p. 544.
[89]   En esta perspectiva encontramos que, en la actualidad, de 177 países que están afiliados o simpatizan con la Organización de las Naciones Unidas, 57 países son considerados con Desarrollo Humano Alto; 88 países con Desarrollo Humano Medio y 32 con Desarrollo Humano Bajo. Op. cit. Informe Sobre Desarrollo Humano 2005. Organización de Naciones Unidas.

tomista. Lo contrario sería ceder espacios a la guerra, tiranía, la discordia y la sinrazón humana. Asimismo encontramos que la "honradez es mejor que ninguna política", en este sentido, percibimos que esta peculiaridad humana, es uno de los horizontes políticos de Tomás de Aquino. La honradez como base para la construcción de políticas públicas que beneficien a la humanidad. De nada sirve una excelente política si carece de hombres limpios y pulcros en sus actos de gobierno. También la idea kantiana de que **"prevalezca la justicia aunque por ello perezca el mundo."** [90] Este es un paradigma entre el derecho y la política, el cual, nos invita a reconocer que siempre, la justicia va a ser la plataforma que permitirá ejercer el poder político desde una posición con miras al bien común, es decir, al bien universal, al "imperativo categórico" diría Kant. Sin esa justicia política y jurídica, los Estado Políticos contemporáneos no tienen razón de ser. Por lo tanto el uso de la justicia, será el arma por excelencia de la clase política.

Otro punto importante del pensamiento político kantiano es el que se refiere al Estado Universal y que tiene mucho que ver con el Estado Universal de Tomás de Aquino, mismo que consideramos más adelante. Es Kant, quien eleva los problemas de paz, derecho y racionalidad a nivel mundial, pues refiere que no se puede avanzar en política mientras existan fricciones humanas de naturaleza violenta. Las hipótesis son las siguientes.

- ❖ **La paz perpetua constituye una transformación radical e indispensable de los asuntos humanos sin la cual toda posesión y seguridad son simplemente provisionales. Requiere el establecimiento de una "constitución civil universal".**
- ❖ **Esto es irrealizable; en cambio, debe aceptarse un congreso de Estados.**
- ❖ **Pero como su impractibilidad no ha sido absolutamente demostrada, y la moral exige la paz eterna y por ello la constitución civil universal, no obstante debemos adoptar la paz eterna como el objetivo al que hay que aproximarnos siempre por medio de un progreso perpetuo.** [91]

Finalmente es Kant, quien proyecta el peso del dinero para garantizar la confiabilidad en las relaciones humanas. En este sentido considera que, de

---

[90] Op. cit., Leo Strauss., pp. 560-561.
[91] Ibid., p. 574.

todos los poderes subordinados a la fuerza del Estado, **"... es el poder del dinero el que más confianza inspira."** [92] El impacto político que tendrá el dinero a través del comercio, será efervescente para las nuevas construcciones económicas, jurídicas y políticas de los Estados Democráticos de Derecho. El problema real, fue la destrucción de la dignidad humana por medio de la elevación del dinero a un nivel donde no ha sido posible controlar la soberbia, mezquindad, avaricia y torpeza humana; donde es más importante el dinero que una sonrisa humana.

Adam Smith. (1723-1790) La naturaleza de un hombre se refleja más inmediatamente en lo que siente que en lo que piensa. Con esta idea se genera un espacio de reflexión en torno a la primacía del ser humano en cuanto a su relación social: ¿su sentimiento o su razón como instrumento para el quehacer político? Tomás de Aquino tiende hacia la ejecución de las dos facultades, es decir, en el fondo de esta hipótesis, se alcanza a vislumbrar que la voluntad es el querer, mientras que el pensar es la razón. El aquinante las une y, conceptualiza el acto inteligente como la unión de ambas facultades humanas.

Otra de las hipótesis de Smith es que el ser humano tiene un horizonte existencial que consiste en la consideración de la supervivencia y conservación como base para la trascendencia humana. Por lo tanto, en un primer momento de la existencia humana, se tomará en consideración la supervivencia, por encima de cualquier obstáculo. A partir de esa existencia, se logrará la supervivencia. Ambos conceptos nos trasladan al Estado leviatesco donde el hombre es el peor enemigo del hombre.

En torno a la filosofía política, Adam Smith considera que la libertad está completamente del lado de la naturaleza, por oposición a las limitaciones, del lado de la razón humana. Aquí estamos ante dos nuevas estructuras del pensamiento: la libertad y la razón. Ambas, peculiaridades sin las cuales el ser humano no es. Podrá ser cualquier tipo de existente, menos una persona racional. Tomás de Aquino agregaría, igualdad y justicia con la finalidad de hacer el bien. Smith, cerraría esta aportación con la tesis de que: **"El origen de la libertad del hombre reside en su poder de razonamiento, origen de sus distintas invenciones."**[93]

---

[92] Ibid., p. 576.
[93] Ibid., p. 613.

Georg. W. F. Hegel (1770-1831). Aquí encontramos que Hegel refiere que la lucha física, ideológica y material son fundamentales para la permanencia y trascendencia de los Estados políticos. En este sentido, reconoce que las diferencias de clase y de riqueza no sólo son inevitables sino indispensables para la eficiencia de la libertad individual y la actividad del Estado.[94] Imaginémonos un Estado sin grandes diferencias económicas o pobreza moderada. Ciertamente es el reflejo de una población culta y responsable ante su existencia y compromisos sociales. Por ende, son personas que no tienen una vida conflictiva en extremo. De lo que se preocupan es de su salud, de su vida: de su existencia. El gobierno y la política, son entes lejanos que solamente aparecen cuando hay que votar o cuando se viola la ley. Por lo tanto, el Estado es mínimo. No se necesita la superestructura estatal para garantizar el bienestar de las personas. Precisamente porque la sociedad-política en la que vive, ha logrado un desarrollo pleno, gracias a la inteligencia humana. No se necesita mucho de leyes, de policía o servidores públicos, en general, para vivir bien. La propia educación humana es capaz de producir en la persona sus límites y libertades. Estamos hablando de países bien desarrollados. El problema, son los países que no tienen una buena estructura económica, antropológica, política y social en general, que genere los bienes básicos para que las personas vivan bien. Estamos hablando de países subdesarrollados o en vías de desarrollo, los cuales son muchos[95] y, por ende un fuerte compromiso para las elites

---

[94] Ibid., p. 698. Aquí Pierre Hassner refiere que Hegel cree que las diferencias de clase y de riqueza no sólo son inevitables sino indispensables para la eficiencia de la libertad individual y la actividad del Estado. Por lo tanto, para este autor, la desigualdad va a ser la máquina de evolución del Estado y sus contradicciones el combustible para no dejar de ser.

[95] De los países con Desarrollo Humano Alto, el más rico es Luxemburgo con 62, 298 dólares per cápita y el más bajo, en este rango es Panamá con 6, 854. En Desarrollo Humano Medio, el más rico es Guinea Ecuatorial con 19, 780 dólares per cápita y Congo el más bajo en este nivel con 965 dólares. Finalmente en Desarrollo Humano Bajo el más rico es Swazilandia con 4, 726 dólares per cápita y Sierra Leona con 548 dólares per cápita, el más bajo. Op. cit. Informe Sobre Desarrollo Humano, 2005. Esta es la realidad. Esta es la humanidad. Estas son algunas de las condiciones sociales y naturales de la especie humana. ¿Cuáles son las soluciones para minimizar las grandes diferencias humanas? Una respuesta de Santo Tomás de Aquino, sería el control de la natalidad y la justicia política. Con respecto a la natalidad, el santo padre refiere: "No es virtuoso tener muchos hijos para conceder dignidades en los oficios públicos y menos eximirlos del pago de tributos." Op. cit. Tomás de Aquino. *Opúsculo sobre el gobierno de los príncipes.*, p. 372.

políticas mundiales, pues como hemos señalado con anterioridad, el problema particular, compromete a toda la humanidad, pues vivimos en el mismo planeta ricos y pobres.

Finalmente el Estado político debe considerar la ética como base de la libertad humana y para garantizar su propia transformación. Por ende, la ética como libertad hegeliana tendrá que trascender a nivel mundial. De ahí la manifestación de "espíritu mundial" hegeliano.

Tomás de Aquino, estaría de acuerdo en extender ese crecimiento humano, traducido en bien común para toda la humanidad. Pero ¿qué se necesita para frenar ese problema mundial de pobreza humana? Esta es otra pregunta que trataremos de responder a lo largo de la presente propuesta tomista.

Alexis de Tocqueville (1805-1859). La igualdad es lo que prevalece en el pensamiento político de Tocqueville. Una igualdad que les permite a las personas procurar su bien. Si ese bien se da en un horizonte de igualdades, automáticamente se refleja en la libertad y bienestar de las personas. Tomás de Aquino estaría de acuerdo con esta tesis de igualdad. Pero es una igualdad plasmada en un sistema de libertades políticas y sociales. Por lo tanto, las personas son iguales ante la ley, la libertad y las oportunidades que se pueden generar en un Estado Democrático de Derecho. En este sentido encontramos que esa igualdad, alimentada por la libertad y medios suficientes básicos, permite que las personas desarrollen sus potencialidades humanas convirtiéndolas en actos de excelencia. Precisamente porque la igualdad implica competencia. Esta competencia, energía, concentración y disciplina para lograr cumplir los objetivos de vida y, por ende, el desarrollo y bienestar personal. En este sentido, observamos la siguiente hipótesis de Alexis de Tocqueville: **"Se han abierto todos los caminos hacia la satisfacción del deseo de bienestar, pero se han abierto por igual a todos: la competencia es abrumadora."**[96]

La idea de Tomás de Aquino sería nivelar las grandes desigualdades que se generan por la libre competencia a costa de las personas con menos capacidades y recursos humanos. Por lo tanto, sí a la libertad material, pero tomando en cuenta el rasgo de justicia económica con las personas que no poseen los mismos bienes. Ciertamente que para lograr el bienestar en las sociedades políticas contemporáneas, se necesita además del desarrollo de las potencialidades

---

[96]   Op. cit. Leo Strauss., p. 721.

humanas, la buena administración, atender el problema de sobrepoblación y educación política de los gobernantes, para superar su visión de procurar magníficamente los intereses particulares por encima de las mayorías. Tendrá que ser la implementación de políticas públicas[97] que moderen las grandes desigualdades sociales por medio de razonamientos justos con la finalidad de buscar el bien común.

Sin embargo, Tocqueville reconoce que siempre habrá esa desigualdad humana. Ni la democracia como forma de ejercicio político será capaz de moderar esas desigualdades pues, en la especie humana están los más capaces de entender su inteligencia, explorarla, explotarla y así darse una vida de confort y bienestar. Entonces la contradicción de la desigualdad dentro de la igualdad es una característica de las contradicciones de los sistemas económico-políticos creados por las personas. La hipótesis de Alexis de Tocqueville es que no se muestra optimista pensando que la eterna lucha entre ricos y pobres haya sido resuelta por la revolución democrática; tampoco han sido reducidos o elevados todos al mismo nivel de riqueza, ni la envidia de los pobres a quienes están en mejores circunstancias se ha reducido, por muy grande que haya sido la nivelación.[98]En consecuencia para nivelar estas grandes desigualdades, se necesita, disciplina, responsabilidad y coraje para crecer como ser humano.[99]

---

[97] Aquí tenemos un grave problema real: la sobrepoblación. La hipótesis de Sartori es "... **el aumento incontrolado de los nacimientos es, a la vez, causa y efecto de pobreza y subdesarrollo.**" Cf. Sartori, Giovanni y Mazzoleni, Gianni. *La tierra explota*. Taurus, México, 2003., p. 21.

[98] Op. cit. Leo Strauss., p. 725.

[99] Aquí consideramos el abismo que se genera entre ricos y pobres. Las palabras de Elías Canetti son: "... **la libertad se ve coartada en el momento en que existe un movimiento de mayor profundización hacia la otra persona. Impulsos y respuestas quedan embebidos como en un desierto. Nadie puede llegar a las cercanías, nadie alcanza las alturas del otro. Jerarquías solidamente establecidas en todos los ámbitos de la vida impiden el intento de llegar hasta los superiores, de inclinarse hacia los inferiores, a no ser para guardar las apariencias.**" Op. cit. *Masa y poder.*, p. 11. ¿Cuánto tiempo se seguirán manifestando estos tipos de distancias, de abismos entre los que tienen y los que no tienen? ¿Acaso los seres humanos no somos personas en general? ¿No comemos? ¿No sentimos? ¿No pensamos? ¿No sufrimos? ¿No tenemos derechos a desarrollarnos plenamente como seres inteligentes? El compromiso político-social es enorme. ¿Cuánto tiempo más toleraremos el sufrimiento humano? ¿Las injusticias? ¿El terrorismo? ¿Las amenazas? No cabe duda que hace falta muchísimo para solucionar estas preguntas-demandas. Para el año 2015, los países subdesarrollados contarán con una población global de 5.885.6 (millones)

Karl Marx (1818-1883) Su tendencia política es la economía como sustento de la estructura social, es decir, la relaciones de producción son la base del ser social. Las contradicciones de la existencia humana en la sociedad, van a estar determinadas por los medios e instrumentos de producción que se poseen para la génesis de trabajo y, por ende, de la plusvalía. La hipótesis es que **"... la economía es el meollo de la sociedad y que, por tanto, captar la verdad acerca de la economía moderna es comprender los hechos más importantes acerca de la sociedad moderna."** [100]Por otra parte, considera que la dialéctica es un método que consiste en el avance de la cientificidad, es decir, es la consideración de una afirmación, su negación y posteriormente la negación de esta negación que se convierte en afirmación para posteriormente, una vez más, entrarle a la negación y así sucesivamente hasta que concluya la intención. ¿Tiene principio y fin el pensamiento científico de la humanidad? Otra vez, ¿la humanidad es eterna?

Por otra parte, con esa lucha de clases, entre los burgueses (los dueños de los medios de producción) y la clase trabajadora (obreros, campesinos, pequeños propietarios) lo que se generaría, sería una Revolución del proletario, siendo esta la que tomaría el poder económico-político de una sociedad. En este sentido, desaparecería las condiciones de opresión así como la necesidad de coacción y por ende, **"... el Estado desaparecerá, para ser reemplazado por la fraternidad universal del hombre."**[101] La pregunta sería ¿es posible y viable un gobierno objetivamente encabezado por la clase proletaria?

Tomás de Aquino estaría de acuerdo con este final del marxismo como "fraternidad universal", sin embargo, la propia condición antropológica nos mete en más contradicciones existenciales generando así, una nueva posibilidad para inyectar estabilidad y crecimiento humano. Es decir, ¿cómo entender la caída del Muro de Berlin?, ¿La disolución de la ex URSS? ¿Entonces, para dónde vamos...?

---

de un total de 7.219.4, por lo tanto, los países desarrollados contarán con una población aproximada de 1.333.8 (millones) de personas. ¿Quién será el ente capaz de solucionar o moderar estos problemas? ¿Hay razón, hay voluntad política para asumir esta responsabilidad mundial? ¿La respuesta está en los empresarios, los intelectuales, los líderes políticos, los líderes espirituales; en las grandes masas de población, en quien...?

[100] Op. cit. Leo Strauss., p. 754.
[101] Ibid., p. 765.

Joseph Cropsey, cierra esta reflexión marxista con la siguiente hipótesis:

"... la vida política se basa en la imperfección del hombre y sigue existiendo porque la naturaleza humana impide la elevación de todos los hombres al nivel de la excelencia."

Entonces, la humanidad perfecta es imposible, es ahí cuando la política como ciencia de las relaciones sociales en la búsqueda de un gobierno eficiente, vuelve a estar latente.

¿Cuánto tiempo esperará la humanidad para que esas grandes diferencias de Desarrollo Humano, que hemos considerado, se unifiquen en una sola línea de calidad y crecimiento?

Friedrich Nietzsche (1844-1900) El punto de vista político de Nietzsche, esta relacionado directamente con la persona. Su grandeza y fortaleza. En la medida en que la persona es grande, sus actos serán impecables; es decir, serán actos llenos de responsabilidad e inteligencia aguda. No se permiten titubeos en los actos nietzscheanos, no hay otra opción. La referencia es la siguiente: **"Una cultura grande es la que abunda en hombres grandes y creadores y que eleva a los hombres."**[102] El hombre es creador de horizontes. Lo mueve su voluntad pues su razón muchas veces se equivoca. Este es Nietzsche el filósofo conmovedor de los acuerdos, el que busca la superación humana desde el reconocimiento del poder personal. En este sentido, considera que **la filosofía es la forma más alta y espiritualizada de la voluntad de poder.**[103]

Tomás de Aquino estaría de acuerdo con la filosofía política de Nietzsche sobre la superación de las personas en forma individual y en sociedad. Una superación que va a estar alimentada por la "voluntad de´poder". Por lo tanto, son personas que se preocupan por elevar la condición humana. No se aceptan deficiencias y mucho menos debilidades. La vida humana está en condiciones de poderse desarrollar con la más estricta tendencia de su fortaleza y crítica humana: no al abandono personal. Por lo tanto, la persona nietzscheana busca la superación permanente a lo que el aquinante, respondería: canalizar esa superación personal para fortalecer el bien común y, las personas débiles, aceptarán que es necesario esforzarse para que todos juntos, generen un

---

[102] Ibid., p. 784.
[103] Ibid., p. 793.

horizonte que se vea traducido en el fortalecimiento de la persona y por ende, de la elevación del bien común como base para el crecimiento humano.

Edmund Husserl (1859-1938). Vamos a iniciar con la idea de que la persona es un ser complejo e inestable.[104] Con esta argumentación de Husserl, podemos ubicar las potencialidades que se encuentran en la mente y cuerpo. En reposo, en transformación; pendientes para encontrar el momento, la salida, la oportunidad para proyectarse; generar un acto humano y volver a crear posibilidades para nuevas manifestaciones complejas. Es esa complejidad e inestabilidad humana, lo que le impulsa para continuar en búsqueda de una perfección y confort. No puede estar quieto, para la quietud es suficiente la muerte. Ahora se está vivo, por ende, es necesario continuar, no parar, seguir cuestionando, descubriendo, y avanzando hasta que llegue el momento inevitable y definitivo: la muerte.

Finalmente, la fenomenología va a ser el paradigma para avanzar, superar aquellos obstáculos, errores, fantasías, mitos y misterios que pueden determinar modos de ser y actuar. Para ellos, es necesario aceptar los fenómenos en su manifestación natural primero y, posteriormente encontrarles ese lado filosófico[105] que finalmente permitirá el crecimiento humano por medio de la racionalidad de los fenómenos naturales y/o sociales.

Tomás de Aquino estaría de acuerdo con Husserl en el sentido de que es necesaria la reflexión natural; sin connotaciones o prejuicios que generen contradicciones limitantes en el actuar. Para que la persona se manifieste con naturalidad, consciente y responsable de sus actos para no generar el mal. Ese pensamiento fenoménico natural, deberá ser alimentado posteriormente con la filosofía, con la intencionalidad de superar la condición natural de la persona, consistente en el nacer, reproducirse y morir. Triste limitación de vida que, lamentablemente muchas personas la aceptan como parámetro existencial pues sus limitaciones materiales y racionales no les permiten superar esos obstáculos. En consecuencia, las manifestaciones fenoménicas, son una

---

[104] Ibid., p. 826.

[105] Aquí apreciamos que Richard Velkley, considera dos espacios para la manifestación fenoménica de Husserl: a) La ciencia de la fenomenología debe estar absolutamente libre de prejuicios y b) La fenomenología científica es la primera filosofía auténtica y el fundamento de todas las ciencias, y no sólo una propedéutica a la primera filosofía. Sin duda, estas hipótesis desnudan la fenomenología racional y natural como base para las construcciones sociales. Op. cit. Leo Strauss., p. 817.

oportunidad para la reflexión humana que busca una superación personal objetiva diría, Husserl.

Martín Heidegger (1889-1976). En el trabajo de Michael Gillespie, hay una idea que parece fortalecer la tesis del ser eterno. La cita es: **"Negar la existencia de un Dios o de un Ser eterno entraña la destrucción de todas las normas fijas o inmutables de bien y de mal ..."** [106] Aquí lo interesante es el Ser de Heidegger, el cual, en el fondo es el propio Ser eterno. Un Ser que da posibilidad de ser a otros seres. Un Ser que finalmente tendrá que recoger las exposiciones temporales de un Ser participado. Por lo tanto, todo lo que es, tendrá que regresar al Ser. Con la reflexión del Ser y su influencia en los seres participados, se puede uno, perder en el abismo absoluto del Ser eterno.[107] Por lo tanto, nos limitamos y decimos que el Ser para la muerte de Heidegger, nos invita a reconocer y aceptar que no somos seres absolutos, estamos limitados, y esa limitación se puede presentar en cualquier momento. En consecuencia, hay que estar dispuestos a ejercer nuestra potencialidad existenciaria de la mejor forma posible y buscar el bienestar personal para que esta posibilidad se vea reflejada en los seres que comparten nuestro tiempo y lugar. La siguiente hipótesis agudiza la idea: **"... la experiencia de la muerte revela el horizonte particular de nuestro mundo y de nuestro destino personal dentro del destino más general de aquellos con quienes estamos, nuestro pueblo o nuestra generación."** [108]

---

[106] Ibid., p. 833.

[107] En la mente de John Rawls encontramos que: **"La perspectiva de la eternidad no es una perspectiva desde un cierto lugar más allá del mundo, ni el punto de vista de un ser trascendente; más bien, es una cierta forma de pensamiento y de sentimiento que las personas racionales pueden adoptar en el mundo. Y, al hacerlo así, pueden, cualquiera que sea su generación, integrar en un solo esquema todas las perspectivas individuales, y alcanzar en conjunto unos principios reguladores que pueden ser confirmados por todos, al vivir de acuerdo con ellos, cada uno desde su propio punto de vista. La pureza de corazón, si pudiera alcanzarse, consistiría en ver claramente y en actuar con indulgencia y dominio propio desde esta posición."** Op. cit. John Rawls. *Teoría de la justicia.*, p. 530. Para Rawls la eternidad es entonces una forma de pensamiento y sentimiento en el aquí y el ahora, evidentemente, con la integración de la suma de percepciones, las cuales están determinadas por la pureza del corazón. Y ¿quién purifica el corazón más allá de los entendimientos fisiológicos, racionales o científicos? ¿Quién da el ser? Se le preguntaría a John Rawls.

[108] Op. cit. Leo Strauss., p. 838.

Tomás de Aquino estaría de acuerdo al reconocer que por la vía filosófica existenciaria se da la presencia de Dios a través del Ser. Entonces, del Ser de Heidegger, regresamos al Ser absoluto de Tomas de Aquino. Entre ambos seres no hay diferencias. Uno es el Ser filosófico[109] y el otro es el Ser teológico[110], en el fondo son uno mismo: el que Es.[111]

Finalmente de las consideraciones anteriores tenemos las siguientes hipótesis en referencia al pensamiento político tomista:

❖ Políticamente, no cabe duda que el bien común es la base de las construcciones políticas de Tomás de Aquino. Con esta línea de pensamiento, se tendrán que ir construyendo las sociedades políticas con la finalidad de lograr la felicidad por medio de la actualidad de ese bien común. Sin embargo, ese bien común a lo largo del pensamiento, teoría y filosofía política, ha tenido que limitarse por los intereses que se crean en las clases gobernantes desde las monarquías, aristocracias y democracias. Ese bien común ha sido golpeado por el dinero, el cual ha prevalecido sobre la dignidad humana. Ese dinero que es básico para las relaciones y vida humana, también ha sido motivo para la discordia, las guerras y la ignorancia. Ha limitado las potencialidades humanas. Al ser humano lo ha minimizado a un ser tecno-científico, el cual magnifica la tecnología por encima de la dignidad humana.[112] Por lo tanto, la clase gobernante tendrá que responder por la minimización del bien común en sus administraciones.

❖ Jurídicamente, hemos considerado que la propiedad, la lujuria, el materialismo ortodoxo, la búsqueda del dinero, entre otras cuestiones, ha sido parte de los motivos por las luchas y guerras. Para ello ha sido necesario, en un primer momento, utilizar la fuerza física para controlar el caos, posteriormente la costumbre del bien obrar, las normas, las conductas del bien y, finalmente, las leyes, las cuales, son los instrumentos coercitivos que han permitido la trascendencia de la humanidad. Por lo tanto, las leyes son básicas para la transformación y evolución de la humanidad, lamentablemente no siempre ha sido

---

109 Cf. Heidegger, Martin. *Ser y tiempo*. México, FCE, 2000.
110 Cf. Op. cit. De Aquino, Tomás. *Suma contra los gentiles*.
111 Op. cit. Biblia de Jerusalén.
112 Op. cit. Popper, Karl. R y Condry, John. *La televisión es mala maestra*. FCE, México, 1988.

por el bien común. Lo cierto es que las leyes son el arma política por excelencia de los gobernantes. Una sociedad sin leyes, crearía el estado de naturaleza de Hobbes. Con Montesquieu, las leyes positivas comienzan a humanizar y armonizar la vida social. Con Rousseau y Locke, la política comienza a ser el *a priori* de los acuerdos para fundamentar y crear leyes. Finalmente estas leyes, serán la garantía para respetar y ser respetado física y materialmente; es decir, respetando los bienes que se han obtenido y que significan, los medios básicos para realizar una vida humanamente posible. Entonces tenemos que la propiedad, el miedo, y el dinero, han sido los causantes de la creación de las leyes. Sin embargo, para que haya leyes justas ha sido necesaria la intervención de la política como ciencia capaz de ordenar, acordar y proponer iniciativas de ley que generen el bien común, pues son leyes generales no particulares creadas por los representantes políticos. De tal forma que, los sistemas jurídico-políticos, van unidos con la intención de crear la paz, armonía y crecimiento humano de una sociedad política. Tomás de Aquino estaría de acuerdo en considerar que las leyes se dan con la intención de mantener la armonía y respeto en una comunidad humana.

❖ Filosóficamente, en las observaciones de los teóricos políticos que hemos analizado, ha sido posible destacar aquellos principios que fortalecen el crecimiento inteligente de las personas para el bien de la humanidad no para quedarse en esquemas maquiavélicos donde la imposición y violencia, como armas estratégicas para garantizar los Estados políticos eran suficientes. Por lo contrario, hemos reconocido que la razón y la voluntad unidas en los actos humanos, son la base para la transformación de las sociedades políticas para estar, buscar y trascender con la intención de fortalecer el bien común en los actos humanos, en especial de los gobernantes. Por tal motivo, **la aplicación del bien común** tomista desde el punto de vista político, jurídico y filosófico, es la plataforma para garantizar la felicidad y crecimiento humano; lo contrario, ya lo hemos visto, es la anarquía, el desorden, el estado de naturaleza, las guerras y la muerte humana. Los filósofos que hemos considerado, fortalecen la idea del bien común tomista y, por ende, la felicidad, la cual, es la máxima aspiración de un ser racional.

En suma, podemos concluir diciendo que el bien común ha trascendido durante la historia de la humanidad. Ese bien común lo magnificó Tomás de Aquino con el propósito de ver en la humanidad, una felicidad perpetua. Ese bien común, el santo padre, lo dejó en la política, la economía, la filosofía y el derecho. Por lo tanto, con la consideración del bien común como paradigma permanente del crecimiento humano, es posible regresar a nuestra dignidad humana y dejar de seguir caminando por el camino del vacío espiritual, pues finalmente, el bien común, es un gesto del espíritu que busca el bien en el ser humano.

Finalmente el bien común compromete a los diferentes poderes que integran a los Estados políticos (poder ejecutivo, legislativo y judicial) a su responsabilidad que implica la excelente gobernabilidad y por último tenemos la presencia del cuerpo encargado de que se cumplan las diferentes estructuras jurídico-políticas en dichos Estados: la policía o cuerpos de policía.

Entonces con **una policía** consciente de la importancia que significa la percepción y ejecución del bien común, donde no haya tendencias específicas hacia el buen trabajo policial, donde se evite, en su máxima expresión la corrupción, la discriminación, el abuso de poder, entre otras responsabilidades policiales, se estará haciendo justicia al bien hacer policial y su cosmovisión hacia la aplicación del bien común como plataforma generativa de sus actividades en materia de prevención, investigación y persecución de los violadores de las leyes penales y administrativas.

Una policía con una visión clara de la aplicación del bien común, generará en la ciudadanía, un gesto de calidad y excelencia policial. Una fortaleza del lado humano policial y, en consecuencia el reflejo hacia la sociedad a la que sirve. Finalmente, la gobernabilidad en la clase política, es de vital importancia para generar en las personas la seguridad de que se cuenta con un gobierno efectivo y de calidad para atender sus necesidades fundamentales como seres integrantes de una sociedad en movimiento. Si a esto se le agrega la presencia del bien común como política pública a ejercer, estamos hablando sin duda, de un Estado político con un gran sentido humano.

A manera de conclusión, tenemos que el bien común aplicado en los que hacen posible la policía, la justicia y gobernabilidad, tendrá que generar una visión política de alta calidad y comprometida directamente con el bienestar de la humanidad.

CAPITULO I.   DE LA LEY

1.1   LA LEY GENERAL.

Aproximarse a la idea de ley en el pensamiento de Tomás de Aquino, no es cómodo, en especial para aquellas personas que están acostumbradas a considerar el derecho, la ley y la justicia desde una perspectiva eminentemente positivista. Mientras que en Tomás de Aquino, encontramos la posibilidad de ver estas categorías jurídicas desde una posición más amplia, es decir, además de la positividad del derecho, se encuentra una apreciación de la persona, su naturaleza y mundo social, aunado a sus potencialidades espirituales. Es decir, con una consideración más humana: más directa con la existencia de la persona y el bien que implica vivir en una sociedad. En otras palabras, sí al derecho, pero con la firme convicción de que por encima de la ley, se encuentra el respeto total a la naturaleza humana; precisamente porque finalmente, el derecho es un instrumento para que las personas desarrollen su vida en sociedad en forma pacífica y con el fin de buscar, siempre, la felicidad y el crecimiento humano así como el crecimiento espiritual.

Por lo tanto, en Tomás de Aquino encontramos una oportunidad para que la esencia del derecho se torne más humano y, por ende, con la posibilidad de ir actualizándolo, por las personas expertas y comprometidas jurídica y políticamente por el bien de la humanidad.

Sin embargo, no se trata de magnificar el metaderecho (más allá del derecho positivo), precisamente porque gracias a la eficiencia del derecho positivo, se ha podido detener y controlar aquellas tendencias ideológicas, ortodoxas, religiosas y brotes de violencia que tratan de imponerse a base de terrorismo, manipulación o simpatía compartidas. Simplemente quiero destacar que en Tomás de Aquino, se brinda la oportunidad para que las personas, no solamente limiten su pensamiento jurídico a lo socialmente aceptado, sino que incluyan en su cultura y decisiones, cuando esa posibilidad exista, todo el horizonte de manifestación y posibilidad existencial humana, para que al tomar una decisión, sea lo más incluyente y precisa posible dentro del universo del conocimiento y no se afecte a las personas que por sus creencias, ideologías, cultura o ideosincracia se altere la pluralidad social, es decir el liberalismo social y político.[113]

Esta reflexión nos arroja a lo que sería el liberalismo político y jurídico de John Rawls, donde, gracias a la inteligencia humana pueden convivir personas con filosofías, creencias, culturas y conocimientos diferentes. La tesis central de Rawls es: **"El liberalismo político presupone que, en cuanto a propósitos políticos, una pluralidad de doctrinas comprensivas razonables, aunque incompatibles entre sí, es el resultado normal del ejercicio de la razón humana dentro del marco de las instituciones libres de un régimen constitucional democrático."**[114]

En esta tesis, se puede percibir la madurez y el alto nivel de consolidación jurídico política de una sociedad específica donde la razón, por medio de la reflexión eficiente y dentro de un marco de positividad del derecho, se incluye la diversidad de pensamiento y actuación de vida. Esto es lo que encierra el concepto liberal de Rawls que es aplicable al pensamiento de Tomás de Aquino, precisamente porque, la razón es la herramienta por excelencia de los actos humanos. Entonces, la razón, por encima de los actos mediocres, se consolida y penetra en la actividad social, con el fin de encontrar respeto, crecimiento y tolerancia en un régimen constitucional democrático.

En este caso, el bien común es lo que esta detrás de ese liberalismo político rawliano. Entonces, podemos afirmar que a estas alturas de la evolución

---

[113] Op. cit. Rawls, John. *El liberalismo político.* Porrúa. México, 2003.
[114] Ibid., p. 12.

humana, la filosofía de la inclusión de Habermas,[115] es una realidad que tendrá que irse fortaleciendo permanentemente. Es decir, incluir las diversas tendencias socio-culturales para que juntas, se avance en el fortalecimiento de las instituciones democráticas y por lo tanto, en el incremento del bien común como política permanente.

Por otra parte, Tomás de Aquino considera la razón como una facultad humana capaz de crear acuerdos en el entendimiento humano y así, ir evolucionando jurídicamente con base en acciones creadas por la racionalidad. En consecuencia, la ley, su norma y medida, tendrá que fundarse en la razón. Una ley tendrá que pasar por los procesos racionales más exigentes con la intención de que lo acordado este bien digerido intelectualmente y satisfaga una necesidad social consecuente de las contradicciones que se generan permanentemente en la sociedad y complejidad humana. Entonces, reconocemos que las personas que se encargan de crear leyes en los diferentes poderes de gobierno, deben ser capaces y congruentes con la realidad; precisamente porque la génesis de una ley, lleva implícito no solamente su discurso y comprensión, sino que detrás de la misma, está toda una vida histórica social, es decir, es un acto y reflejo de realidad social que tenía que ser considerado por diferentes razones, con la idea de que se llegue a un acuerdo y se acepte una postura, o no, que beneficie a la mayoría de las personas. Luego entonces, una ley en términos generales, es el resultado de toda una lucha de poderes, ideologías y contradicciones que, gracias a la racionalidad humana se acordó, entre las diferentes personas involucradas, llegar a consolidar ese acuerdo en un enunciado entendible, aplicable y sancionable para que se cumpla.[116] Por ende, nos enfrentamos a la realidad de que, las personas comprometidas con la génesis de dichas leyes, además de legitimidad y legalidad política, tendrán que conocer perfectamente su responsabilidad profesional como servidores públicos; las

---

[115] Cf. Habermas, Jürgen. *La inclusión del otro. Estudios de teoría política.* Paidós, España, 1999.

[116] Para Kelsen, **"... la regla del derecho es una ley social y expresa el carácter normativo de su objeto afirmando que tal consecuencia debe seguir a tal condición,** por ende, **la imputación es el principio de las leyes sociales merced a la cual las ciencias normativas describen su objeto."** Op. cit. Kelsen, Hans. *Teoría pura del derecho.*, pp. 58-59. Asimismo, justicia y orden es para Friedrich C. J., la esencia de la ley. Por lo tanto, las leyes son el instrumento operativo para las autoridades respectivas; para hacer que se cumpla la legalidad en un Estado Democrático de Derecho; por consecuencia, no puede existir justicia y orden sin leyes positivas. Op. cit. Friedrich. C. J. *La filosofía del derecho.*

fortalezas y debilidades de los gobernados y en sus actos de responsabilidad jurídico-política buscar y posicionarse de los puestos públicos y de elección, tomando en consideración el bien común, precisamente porque lo más importante en un estado jurídico-político es el bienestar y perfeccionamiento con crecimiento intelectual y espiritual de las personas en sociedad para vivir cómodamente.

La propuesta de Tomás de Aquino al respecto, es: "... **la ley es un ordenamiento de la razón en orden al bien común, establecida y promulgada por quien tiene a su cuidado la comunidad.**"[117]

De donde concluimos que, evidentemente, el bien común es la fundamentación para la creación de todo acto público, desde la creación de la propia ley, hasta la implementación de políticas públicas. Por lo tanto, el principio ético, filosófico, moral, social en todo servidor público, es el bien común. Si no se posee este principio en la mente de las personas que tienen un compromiso en la administración pública ya sea federal, estatal, municipal o internacional, los resultados del acto social serán injustos, mediocres o simplemente, no tendrán razón de ser y calidad humana. Por ejemplo, una persona que se dedica a barrer las calles, en su actuar lleva implícito dos responsabilidades: 1. Su trabajo y 2. El hacerlo bien con la intención de lograr un bien común que se traduce en belleza de la calle y, por lo tanto dignificación de la ciudad y sus correspondientes habitantes.

Podemos continuar ejemplificando la aplicación del bien común en los actos de los servidores públicos en una sociedad jurídico-política específica, sin embargo, tenemos que precisar que la búsqueda y permanencia del bien común entre gobernantes y gobernados, tendrá que ser el punto de encuentro con el propósito de que se logren acuerdos que beneficien a las personas en general.

Regresando con Tomás de Aquino, para él, la ley en general, está dividida en ley eterna, ley natural y ley humana. Cada una de estas leyes tiene su esencia, sus tipos de leyes y sus efectos de la ley. Por lo tanto, es un tratado de las leyes donde, encontramos la etiología de ley desde una perspectiva filosófica, teológica y racional.

---

[117] Op cit. De Aquino Tomás. *Tratado de la ley. Tratado de la justicia. Gobierno de los príncipes.*, p. XXXVII

1.2 LEY Y ESENCIA.

Para Tomás de Aquino, la ley es **"una cierta regla y medida de los actos en cuanto alguien se mueve por ella a actuar, o por ella se abstiene de una acción; pues la ley viene de ´ligar´, porque obliga a actuar"**,[118] de donde se desprende que el actuar de las personas va a determinar su acción dentro de un espacio-temporal jurídico socialmente determinado.

En esta reflexión, el santo padre, eleva el comportamiento humano a los actos voluntarios que posee la persona con la finalidad de convivir en una sociedad jurídica en forma pacífica; asimismo, reconoce el padre, que aquellas personas que se abstienen de ligarse a este acto voluntario, tendrán que ser sancionados.

En este sentido, Tomás de Aquino, agrega que: **"Más la regla y medida de los actos humanos es la razón, que es el primer principio de los actos humanos."**[119] Aquí regresamos a la razón como el primer principio de los actos humanos. Entonces, estamos ante dos facultades naturales de las personas: la voluntad como principio de actuación y la razón como fundamento del principio de actuación. Es decir, son dos facultades humanas que se unifican para lograr un evento: la actuación racional con la intención de lograr un comportamiento que no afecte a las personas. Es así como en el comportamiento jurídico, detectamos la esencia de su actuar que implica la generación de una ley que este abastecida por una racionalidad y acto voluntario para la constitución de la convivencia humana en una sociedad jurídico-política establecida.

Asimismo, se alcanza a percibir que, el santo padre, eleva la importancia de la razón por encima de la voluntad. Esto ¿tiene alguna implicación jurídica, política o filosófica? Aparentemente no, porque la razón, en términos objetivos, es lo que determina el comportamiento jurídico en una sociedad madura. Es decir, no se vale la consideración de acciones jurídicas que no hayan pasado rigurosamente por el filtro de la racionalidad humana, y, en especial, de aquellas inteligencias que están conscientes de la responsabilidad que implica le creación de derecho para el bien común.

---

[118] Ibid., p. 3
[119] Ibid., p. 3

Luego entonces, la ley es algo que pertenece a la razón, afirmaría Tomás de Aquino. Pero no una razón ordinaria, sino una razón que ha madurado por medio del esfuerzo sistematizado de la potencialidad y energía humana en constante movimiento y que se concretiza en los actos bien razonados. Razones que han sabido superar el conocimiento empírico para moverse entre el conocimiento científico y el sapiencial, de donde se observan decisiones que beneficien a la humanidad sin mayor interés que crear el bien.

Tomás de Aquino, en este sentido sentencia: **"... la voluntad a de estar regulada por la razón, acerca de aquellas cosas que se mandan, para que lo mandado tenga razón de ley."[120]**

Entonces, la voluntad, tendrá que ser regulada por la razón para que las leyes no queden al libre albedrío y se concreticen en regular y dar respuesta a una problemática determinada.

En este sentido queda clara la integración entre ambas facultades humanas: la razón y la voluntad. Sin la voluntad, no es posible la libre determinación de los actos humanos y sin la razón, los actos humanos quedan vacíos de sustancia inteligible. Es otras palabras, los actos humanos son empíricos, es decir, se dirigen por la experiencia de los que más saben a nivel pragmático. De los que tienen más tiempo de vida y han acumulado conocimiento. Personas que no han podido superar lo ordinario para poder concretizar un conocimiento metodológico que puedan elevarlo a nivel científico para así entender esa realidad desde una perspectiva científica.[121] Luego entonces, la inteligencia será la luz del conocimiento para tomar decisiones certeras y efectivas con miras al bienestar general.

---

[120] Ibid., p. 4

[121] En este sentido Kant refiere: **"... la ciencia (buscada con crítica y encarrilada con método) es la puerta estrecha que conduce a la *teoría* de la sabiduría, si por ésta se entiende no sólo lo que se debe hacer, sino lo que debe servir de hilo conductor a los maestros para abrir bien y con conocimiento el camino de la sabiduría que todos deben seguir y preservar a los otros del error; ciencia ésta cuyo guardián debe seguir siempre la filosofía, en cuya sutil investigación no ha de tener el público parte, pero sí interés en las doctrinas que pueden aparecerle, tras semejante preposición, en toda su claridad."** Op. cit. Immanuel Kant. *Fundamentación de la metafísica de las costumbres.*, p. 231.

Un bienestar general que evidentemente tendrá que proyectarse hacia la felicidad humana; el santo padre así lo consigna: "... **el fin último de la vida humana es la felicidad o gozo"**, y más adelante, afirma: **"... es necesario que la ley ante todo se dirija al orden de la felicidad."**[122] Entonces ya alcanzamos a percibir una nueva premisa humana: la felicidad.

Una felicidad que tendrá que manifestarse, en términos generales en: alimentación, vivienda, salud, educación, libertad y bienestar general. Con la garantía y satisfacción de estas necesidades humanas, el resultado tendrá que ser registrado en actos humanos generalizados pletóricos de felicidad; donde lo prevaleciente sería el constante crecimiento en ciencia y tecnología, así como tiempo libre para desarrollar los intereses y peculiaridades humanas personales.

De tal forma que nos enfrentamos ante un compromiso y problema jurídico-político de gran envergadura: la felicidad en la humanidad contemporánea. Una realidad que, con el apoyo-estímulo del pensamiento de Tomás de Aquino tendrá que irse entendiendo y considerando con el fin de que estos pensamientos tomistas puedan ser registrados, actualizados y ejercidos por el bien de la humanidad.

Una vez más, reconocemos que lo jurídico, político y filosófico no se puede desprender de los actos humanos que se reflejan en el comportamiento de las personas en sociedad, es decir, en el grado de felicidad generalizado. En consecuencia, si la felicidad humana, -continuando con el pensamiento de Tomás de Aquino-, se encuentra por debajo de la media a nivel mundial, significa que las personas, que trabajan como directivos en la superestructura ideológica, económica, política y jurídica, no han querido o podido buscar una respuesta a dicha demanda, necesidad y peculiaridad humana en búsqueda de la felicidad. Se están engañando ellos mismos y por lo tanto a las personas también.

En este sentido, han dejado al margen el bien común de Aristóteles y Tomás de Aquino. Se han preocupado por sus intereses particulares o de grupo sin importarles el bien de la humanidad en general. En consecuencia, están actuando fuera de la dimensión y dignidad socialmente humana. Se han disparado de la persona humana cayendo en una realidad meta-humana. Pero

---

[122] Op. cit. Tomás de Aquino. *Tratado de la ley.*, p. 5

no meta-humana para el bien de la misma, sino para su engrandecimiento personal sin importarles la existencia y felicidad de las personas.

Entonces, estas personas que se encuentran en esos niveles de realidades estructurales poderosas, son los responsables de los vacíos espirituales y pobrezas materiales contemporáneas. Precisamente porque, si cuentan con los medios necesarios para construir una nueva realidad mundial, donde el imperativo sea la felicidad humana y no quieren participar en esa creación, con el tiempo, se les tendrá que aplicar la ley universal por omisión y otros delitos mundiales contra la dignidad humana, precisamente porque con sus actitudes están atentando contra el bien de las mayorías.

Hoy tenemos esa oportunidad de llevar a cabo en cada rincón del planeta, la felicidad de Tomás de Aquino. De nada sirven tantas leyes, universales, regionales, bilaterales o locales, si los grados de felicidad humana están por debajo de lo normal. Con esa baja en la felicidad, la praxis de la política, la economía y educación, no tienen razón de ser. Hay que volver a replantear para consolidar las respuestas en beneficio de las personas.

Tomás de Aquino lo resume en las siguientes hipótesis:

"... dirigiéndose la ley al bien común, todo otro precepto sobre actos particulares no tiene razón de ley si no se ordena al bien común."[123]

Finalmente, lo que el santo padre sintetiza como ley es: **"... cierta ordenación al bien común promulgada por aquel que tiene a su cargo una comunidad."**[124]

En esta idea del santo padre, encontramos que: el que tiene a su cargo una comunidad, posee un compromiso de primer nivel en dicha estructura social, en el sentido de que va a ser la persona encargada de promover y mantener el bien común promulgado por las leyes que él proyecte, es decir, su responsabilidad de promulgar leyes es de vital importancia, pues de su buena obra, y brillante inteligencia dependerá la ordenación y proyección al bien común.

---

[123] Ibid., p. 5
[124] Ibid., p. 7

En suma, para Tomás de Aquino la ley **"... es el dictamen de la razón práctica de parte del soberano que gobierna una sociedad perfecta."**[125]

Intentando darle sentido y significación a esta última idea en nuestras sociedades políticas contemporáneas, encontramos que:

1. Razón práctica es aquella que permite a los gobernantes y a los ciudadanos llegar a acuerdos para solucionar sus problemas personales y comunes; encontrar respuestas ante las situaciones límite donde la racionalidad subjetiva no tiene mayor avance que el bloqueo a las salidas racionales ordinarias. Sin embargo, este pragmatismo de la racionalidad, encuentra trabas en sus esfuerzos racionales por falta de credibilidad en las ideas, los sectarismos ideológicos e irracionales; es decir, la falta de una rigurosidad racional que beneficie a los actores sociales; por lo tanto, se tendrá que superar esta razón práctica para oxigenar los caminos de la racionalidad. En este sentido, encontramos en el pensamiento de Jürgen Habermas, una respuesta a esta situación de razón práctica. Con la aportación racional y filosófica de la razón práctica, evidentemente, asumimos la aportación de un paradigma racional: la razón comunicativa. En ella visualizamos respuestas ante una situación de razón práctica, donde no ha sido posible encontrar soluciones ante un fenómeno real. Por lo tanto, la razón practica esta limitada a los actos particulares, sin mayor trascendencia que encontrar respuestas a sus necesidades actuales. Mientras que con la razón comunicativa, escarbamos y arribamos a los caminos de pensamiento donde no era posible llegar, me refiero, por ejemplo a las subjetividades, actos positivos, y conocimiento paradigmático, donde es posible avanzar, con mayor celeridad en respuestas ante situaciones complejas. Las palabras de Habermas son: **"La razón comunicativa empieza distinguiéndose de la razón práctica porque ya no queda atribuida al actor particular o a un macrosujeto estatal-social. Es más bien el medio lingüístico, mediante el que se concatenan las interacciones y se estructuran las formas de vida, el que hace posible a la razón comunicativa."**[126] En esta perspectiva regresamos a los intentos discursivos de madurez política para tratar a los Estados políticos como las instituciones jurídico-políticas capaces de garantizar

---

[125] Ibid., p. 7

[126] Op.cit. Habermas, Jürgen. *Facticidad y validez.*, p. 65.

el desarrollo biopsicosocial de la especie humana en un ambiente de libertad y garantías jurídico-políticas; donde el bien común destaca por encima de los bienes e intereses particulares. Entonces estamos hablando de liberalismo jurídico-político y social, con actos racionales comunicativamente para el crecimiento y felicidad de la humanidad. Por eso, la razón práctica, de Tomás de Aquino, hoy, se le puede aceptar como razón comunicativa en términos de Habermas.[127]

2. La soberanía va a caer en un gobierno democrático dividido en sus tres poderes ordinarios: ejecutivo, legislativo y judicial. Un poder soberano dividido en los tres poderes con la intención de que se de un respeto de poderes y se responda a las necesidades jurídicas, políticas y económicas de una sociedad. Habermas, en este sentido refiere: " **... es necesario el Estado como poder de sanción, como poder de organización y como poder de ejecución porque los derechos han de imponerse, porque la comunidad jurídica necesita tanto de una fuerza estabilizadora de su identidad como de una administración organizada de justicia, y porque de la formación de la voluntad política resultan programas que han de implementarse.**"[128] Luego entonces, tenemos que el poder soberano no solamente pasa por una sola persona, necesita la determinación jurídico-política de las demás instituciones de gobierno para encontrar respuestas a los problemas que se generan.

3. Finalmente, encontramos la sociedad confortable, la cual es una buena alternativa para la reflexión jurídica-política. Para ello continuamos con el pensamiento de Jürgen Habermas, que, junto con John Rawls, se han preocupado por una sociedad perfecta entendida en términos como el **Estado democrático de derecho** en Jürgen Habermas y **Sociedad bien ordenada** en John Rawls. Estos conceptos serían, lo contemporáneo de la sociedad perfecta de Tomás de Aquino. Al respecto Habermas considera: " **... la organización del Estado de derecho ha de servir en última instancia a la autoorganización políticamente autónoma de una sociedad que con el sistema de los derechos se ha constituido como la asociación de miembros**

---

[127] Al respecto Jürgen Habermas, señala: " **... en Teoría de la acción comunicativa emprendí un camino distinto: el lugar de la razón práctica pasa a ocuparlo la razón comunicativa. Y esto es algo más que un cambio de etiqueta.**" Op. cit. Facticidad y validez., p. 65

[128] Ibid., p. 201

libres e iguales en que consiste la comunidad jurídica."[129]Por su parte Rawls, respecto a la sociedad perfecta, menciona a la sociedad bien ordenada como consecuencia de un liberalismo político bien estructurado. Sus palabras son: **"Tres condiciones parecen bastar para que la sociedad sea un sistema justo y estable de cooperación entre ciudadanos libres e iguales que están profundamente divididos por las doctrinas comprensivas razonables que profesan. Primera, la estructura básica de la sociedad está regulada por una concepción política de la justicia; segunda, esta concepción política es el foco de un consenso traslapado de doctrinas comprensivas razonables; tercera, la discusión pública, cuando están en juego cuestiones constitucionales esenciales y de justicia básica, se lleva a cabo en términos de la concepción política de la justicia."**[130]

Con estas observaciones llegamos a la siguiente conclusión: para que se estructure una sociedad perfecta en términos de Tomás de Aquino, se necesita la materialización y ejecución de:

a) La consolidación y respeto del estado democrático de derecho de Jürgen Habermas y,

b) La justicia política implementada en el pensamiento jurídico-político de John Rawls.

Con la aportación de estos filósofos, el pensamiento jurídico-político de Tomás de Aquino, se actualiza y, es un medio para encontrar respuestas a las acciones emanadas del comportamiento humano que han puesto en crisis la existencia humana (Terrorismo, consumismo, miseria material y espiritual, soberbia y mediocridad). Así podemos considerar, la obra jurídica de Tomás de Aquino, como una oportunidad para la reflexión de nuestra existencia y fortaleza de nuestra responsabilidad como servidores públicos. Por lo tanto, con el conocimiento de los diferentes tipos de leyes, podemos ubicar en tiempo, espacio y circunstancia, la génesis y etiología de las leyes con las que se pueden auxiliar las personas encargadas de llevar a cabo el estado de derecho en una sociedad nacional o mundial.

---

[129] Ibid., p. 245

[130] Op. cit. Rawls, John. *Liberalismo político.*, p. 63

1.3   TIPOS DE LEY.

Iniciamos con estas palabras de Tomás de Aquino:

"Además de la ley natural y de la ley humana, fue necesaria la ley divina, para guiar la vida del hombre."[131]

Aquí estamos ante la tres leyes que existen en la mente del santo padre, las cuales son motivo para la reflexión jurídica contemporánea, precisamente porque a través de la comprensión de la ley divina y natural, es posible entender la génesis de la ley humana, misma que es el resultado de la ley divina pasando por la ley natural, con la intención de que los actos humanos estén determinados, en el fondo, por la acción divina, es decir, por ser el resultado de la voluntad del **"causante de todo cuanto existe".** Nuestros actos están determinados hacia un fin: el nacimiento, la vida y la muerte; donde regresamos en espíritu a nuestro principio metafísico: el Ser. Por ende, con la desintegración de nuestro cuerpo, el espíritu energético regresa al todo energético espiritual. Mientras que nuestro cuerpo, por ser materia, retorna a su estado material disuelto en materia y finalmente a la nada.

Por lo tanto, por ser resultado de la ley divina, la persona humana, tendrá que asumir el cumplimiento de la ley natural y, por ende, de la ley humana para fortalecer su presencia en el mundo social y lograr una estabilidad jurídico-política y emocional en su relación con las otras personas. Una relación interpersonal que tiene que entender la presencia de las tres leyes en los actos humanos. De lo contrario serían actos vacíos de conocimientos metajurídicos donde las limitaciones de las leyes, así como su reproducción y apertura del mundo jurídico, quedarían consideradas exclusivamente a la ley humana o positiva. Cuando la riqueza de la estructura de las leyes, en términos tomistas van más allá del sistema positivista; de esta forma, el conocimiento de la ley divina y natural del derecho tomista, es básico para los juristas, politólogos y científicos sociales en general que tienen un compromiso por mínimo que sea con la humanidad.

Tomás de Aquino dice que **"... como el hombre se ordena al fin de la felicidad eterna, la cual excede toda proporción de las facultades humanas**

---

[131]   Op. cit. De Aquino, Tomás. *Tratado de la ley. Tratado de la justicia.*, p. 11.

naturales, por ello fue necesario que, sobre la ley natural y humana, fuera dirigido a su último fin por una ley dada por Dios."[132]

Entonces, si el fin de la humanidad es la felicidad, parte de ella se debe buscar y comprender en la concepción del pensamiento metajurídico[133] de la ley tomista.

En términos generales, podemos hacer las siguientes consideraciones respecto a la ley, según Tomás de Aquino:

1. La intención de la ley es hacer bueno al hombre.
2. No siempre el hombre obedece a la ley pretendiendo seguir la bondad perfecta de la virtud, sino que muchas veces lo hace por temor al castigo.
3. Es suficiente para el bien de la ciudad el que los súbditos sean virtuosos al menos en lo que concierne a la obediencia, a los mandatos del soberano.
4. La ley tiránica no siendo conforme a la razón, simplemente no es ley, sino más bien una perversión de la ley.

De donde se desprende que la ley, siempre buscará encontrar en las personas:

a) El bien común, es decir, buscará que las personas, en forma general, se comporten bien, sin afectar su integridad biopsicosocial y la de otros seres humanos que integran la sociedad.
b) Permitir una paz permanente durante su existencia y buscar de esa paz su trascendencia.
c) Hacer bueno al hombre por medio de la educación, la cultura y claridad en sus fines individuales y sociales de vida.
d) Pensar muy bien sus actos antes de cometer una violación a la legalidad y a su persona.
e) Que las personas que viven en una sociedad específica, respeten y participen de las leyes establecidas.
f) Que las normas, costumbres y tradiciones que no hayan pasado por el consenso racional de las personas indicadas jurídica y legítimamente

---

[132] Ibid., p. 11.
[133] Más allá de lo ordinario, de lo objetivo y coercitivo, es decir de la Ley Eterna.

para ello en una sociedad específica, queden como antecedente cultural para no cometer errores.

En este sentido, toda ley humana, tendrá que pasar por el filtro de la razón para poder ser aplicada en una sociedad especifica. Si estas leyes, las elevamos a nivel humanidad y, por ende, universal, deberán poseer mayor naturaleza y calidad humana, por ende, claridad y aplicabilidad en la existencia como es, por ejemplo, la **"Declaración de los derechos del hombre y del ciudadano de 1789."**

Cerramos esta idea con el pensamiento de Santo Tomás de Aquino que al respecto dice: **"... es propio de la ley el inducir a la obediencia, y esto lo hace por el temor al castigo, y por ello se pone el castigar como un efecto de la ley."**[134]

Esforcémonos por madurar y hacernos responsables voluntaria y racionalmente de nuestros actos para que nuestro comportamiento lo mantengamos en el Estado de derecho establecido y no ser sujetos de derecho por el mal actuar en sociedad.

1.4   LEY ETERNA.

Con la ley eterna, el santo padre reconoce la primacía de la misma por encima de la ley natural y humana. La cita es la siguiente: **"... la ley eterna no es sino la razón de la divina sabiduría en cuanto dirige todos los actos y mociones de la creatura."**[135] En otras palabras, la ley eterna es la que está relacionada directamente con Dios. Es el Ser eterno, quien responde a los cuestionamientos, generados por esta ley. En este sentido, cuando se habla de ley eterna, se está considerando un nivel de conocimiento bastante complejo, en el entendido de que las personas sabias y los teólogos, así como los y las que se dedican al conocimiento de Dios en general, tienen esa posibilidad de conocer la ley eterna.[136] Es una ley que se percibe sin mayor esfuerzo

---

[134]   Op. cit. Tomás de Aquino., pp. 16 y 17.

[135]   Ibid., p. 19.

[136]   En efecto, la Teología natural le aporta un fundamento absoluto al orden ético-jurídico. Es decir, al demostrar la existencia de Dios y al mostrar que él es el ordenador y legislador del Universo, así como el Juez Supremo, la Teología natural establece que él es el autor de la ley moral, la cual es participación de la ley eterna.

racional que el sólo percibir, precisamente porque en el momento en que se le imprime racionalidad a un acto inteligible, la información que se posee en torno al misterio y existencia de Dios puede generar contradicciones y abismos intelectuales. Por eso, para entender y disfrutar de esta ley eterna, es necesario, por lo menos una noción teológica o metafísica.[137]

Esta ley, es la razón de la divina sabiduría, por lo tanto, de esta ley tendrán que derivarse las demás leyes. En especial, las leyes humanas, las cuales, en la tierra, tendrán que ser objetivas y aplicables. Por eso los gobernantes, tienen el compromiso de hacer leyes que generen el bienestar de la humanidad, ya que ese bienestar es uno de los principios pragmáticos de la ley eterna: la armonía dentro de las contradicciones, es decir, la armonía del universo, en este caso, de la especie humana. La unidad dentro de la complejidad y diversidad diría, José López Portillo y Pacheco.

Las hipótesis de Tomás de Aquino en este sentido son: **"Y como la ley eterna es la razón gobernadora en el gobernante supremo, es necesario que todas las demás ordenaciones de gobierno que se encuentran en los gobernadores inferiores se deriven de la ley eterna."**[138]

Por lo tanto, esta ley eterna va a ser el fundamento existencial de todos los fenómenos, entes y seres que habitan el universo. Por ejemplo, aceptemos la configuración de un ser, automáticamente, ese ser tuvo un principio humano para ser generado: la imaginación. A partir de esta configuración, apreciamos que lo que es, es resultado de un esfuerzo racional humano. Ese esfuerzo racional fue generado por un conocimiento previo de lo que es, en consecuencia, lo que es, tiene impregnado el principio de racionalidad y, detrás de la racionalidad encontramos, el proceso cognoscitivo humano de percepción, procesamiento de la información y el resultado de la misma convertida en concepto que genera un acto mental en pensamiento o acción.[139] Pero detrás de esta

---

[137] Op. cit. González, Ángel Luis. *Teología natural.* España. Eunsa, 2000.
[138] Op. cit. Tomás de Aquino. *Tratado de la ley.*, p. 21.
[139] Así tenemos las siguientes apreciaciones de la fenomenología del conocimiento, las cuales nos permiten valorar la complejidad del conocimiento humano: Manuel Ocampo Ponce.- **El conocimiento humano parte de lo sensible y termina con la producción del concepto; los conceptos universales, los juicios y más aún los razonamientos nos conducen además a la necesidad de una facultad apetitiva superior.** Op. cit. *La dimensión del hombre.*, p. 44. Arturo Schopenhauer, refiere: saber, en general, quiere decir: **poder reproducir**

reflexión, encontramos la ley eterna. La ley divina, la cual ilumina nuestro intelecto para poder percibir y darnos cuenta del fenómeno cognoscitivo. Las palabras del santo padre son: "**... todos los movimientos y acciones de toda la naturaleza están sujetos a la ley eterna.**"[140] ¿Se puede considerar a un ser fuera del movimiento y naturaleza de la ley eterna? La respuesta sería no. Precisamente porque lo que es, existe o no se puede manifestar; o nuestras capacidades como seres humanos no alcanzan a percibir, son seres latentes, posibles, por lo tanto: son. Estos seres pueden estar muy cerca de nosotros o a grandes distancias. Sin embargo, están bajo el imperio de la ley eterna. No la pueden eludir porque son y, en el momento en que son, llevan implícitos rasgos, de la ley eterna. Queremos pensar que esa ley eterna es Dios. Respecto a las criaturas irracionales Tomas de Aquino destaca que "**... están sujetas a la ley eterna en cuanto son movidas por la divina providencia, aunque no por la inteligencia, como las creaturas racionales.**"[141] Con esta idea queda demostrada la consideración de todos los seres por la ley divina.

Esta ley eterna o divina ¿cómo puede influir en los gobernantes? Evidentemente, un mandato eterno, para poder entenderlo, es necesario, como lo hemos mencionado, tener un mínimo de conocimiento filosófico o teológico, de lo contrario, la fuerza de la razón o el conocimiento lineal o cuadrado, difícilmente podrá aprehender este principio de la eternidad.[142] Por lo tanto, quien tenga

---

a voluntad por virtud de las facultades de nuestro espíritu juicios tales que tengan su razón suficiente de conocimiento en algo fuera de ellos; es decir, juicios verdaderos. Cf. Schopenhauer, Arturo. *El mundo como voluntad y representación*. Porrúa, México, 2003., p. 67. Y finalmente, Karl. R. Popper, dice que, nuestro conocimiento se compone de una gran cantidad de disposiciones, expectativas y teorías de las cuales sólo un pequeño número puede ser colocado ante nosotros conscientemente en un momento concreto. Op. cit. Popper, Karl. R. *El cuerpo y la mente.*, p. 191.

[140] Op. cit. Tomás de Aquino. *Tratado de la ley.*, p. 23.

[141] Ibid., p. 23.

[142] Ciertamente al hablar de eternidad nos estamos refiriendo a Dios, pero para llegar al conocimiento de Dios y, por ende, de su existencia a través de la ley eterna, es necesario hacer algunas reflexiones. 1. La existencia de Dios no es inmediatamente evidente para nosotros y por eso cabe la posibilidad de negar lo que aún siendo existente no nos es prácticamente evidente. 2. Nuestra inteligencia está ordenada a la verdad, pero lamentablemente esa verdad es falible, puede fallar y con frecuencia lo hace. 3. El hombre puede quedar atrapado en lo sensible y con eso, verse en la imposibilidad de arribar al nivel metafísico lo que hace imposible conocer racionalmente a Dios. Por lo tanto, llegar al conocimiento y aceptación de la existencia de Dios, no es nada fácil, hay que esforzarse para poder conocer

ese rasgo de conocimiento, el mensaje de la ley eterna será con mayor claridad. La propuesta es la siguiente: independientemente que se crea o no, en una eternidad absoluta, el ser humano por naturaleza es mortal, en consecuencia, tiene que buscar durante su rango de existencia, la felicidad, pues ese es uno de los principales objetivos de la naturaleza humana. En esta idea, la felicidad debe ser un foco de atención para los gobernantes. Una felicidad que perdure y trascienda en la humanidad.

En consecuencia, si se procura la felicidad desde el poder político, los resultados en la sociedad tenderán a ser justos y congruentes con la dignidad humana. Entonces, si los gobernantes entienden que hay que hacer el bien común, será un gran avance, precisamente porque se está reflejando en su actuar la ley eterna de la armonía universal. Un gobernante que ignora la ley eterna y se limita a realizar su trabajo sin mayor inclinación humana que su propio bien, tendrá una existencia mediocre, limitada, superficial y demasiado materialista. Por lo tanto, en la medida en que el gobernante (s), reconozca la primacía de la ley eterna como paradigma y guía de la felicidad humana, su administración tendrá que ser eficiente, pues la aplicación del bien común, será la base para lograr la felicidad.

La consideración de la ley eterna por los gobernantes, es ver más allá de las necesidades básicas de las personas. Es reconocer que existe una responsabilidad no de una sola persona o grupo, sino de la mayor cantidad de gente posible por generar el bien común; por ende, el gobernante tendrá que poseer un horizonte de calidad humana que trascienda los bienes materiales. Tendrá que rescatar el lado espiritual de las personas, pues afortunadamente las naturalezas racionales, no sólo somos materia, también tenemos nuestro lado espiritual. En la medida en que se busque una respuesta más allá de las leyes humanas y naturales, la cual la podemos encontrar en la ley eterna, misma que es una presencia permanente que nos dice: hay que hacer el bien, pues somos seres temporales, con esto dignificaremos la existencia y calidad de vida.

En suma, el aplicar el bien común de los gobernantes como una política pública permanente, será el máximo gesto humano que podrán generar durante su compromiso político y en consecuencia, un acto de justicia hacia Dios.

---

y entender la ley eterna, la cual es la manifestación y aprehensión de la existencia de Dios.

1.5 LA LEY NATURAL.

Con la ley natural se reconoce la etiología de las personas, es decir, se parte de que el conocimiento humano, lo primero que percibe es su existencia: su vida. A partir de esta existencia, se van formulando cuestionamientos en torno a sus necesidades naturales como especie humana. Es ahí donde se manifiesta la posibilidad del bien como objetivo, para procurarse protección, alimento y en su posibilidad, reproducción humana.[143] La satisfacción de estas necesidades humanas, en el fondo lleva por fin el producir el bien para la trascendencia de la persona. Por lo tanto, el bien, es el actuar por excelencia ya que se satisfacen estas necesidades. Con la satisfacción en vida, se genera felicidad y la misma, se refleja en el bien obrar de la persona. Escuchemos a Tomás de Aquino: **"... así como el ser es lo primero que se conoce, así el bien es lo primero que cae bajo la razón práctica, que se ordena a la acción; ya que todo agente obra por un fin, y éste no es esencialmente sino el bien."**[144]

De lo que se concluye que, todo lo que influye en la conservación y trascendencia humana, tendrá que ver con los fines de la propia naturaleza humana que es la satisfacción de sus necesidades básicas.

Por lo tanto, pertenece a la ley natural **todo aquello por lo que el hombre se conserva.**

---

[143]   ¿Por qué en su posibilidad? Se trata de ser reales. Si no se tiene los bienes materiales suficientes para producir felicidad a otro ser, es de responsabilidad absoluta, pensar si es justo o injusto traer a un nuevo ser a la tierra ¿para sufrir? ¿para desesperarse? ¿para ser feliz a pesar de todo? Aquí no se trata de cualquier responsabilidad, se trata como lo afirma Schopenhauer de: **"También el instinto sexual se manifiesta como la más decidida y enérgica afirmación de la voluntad de vivir, en cuanto constituye para el animal y para el hombre en estado de naturaleza el último fin, el objetivo supremo en la vida."** Op. cit. Schopenhauer, Arturo. *El mundo como voluntad y representación.*, p. 331. Aquí es importante destacar dos hipótesis. Primera.- El último fin y segunda.- El objetivo supremo en la vida. Dos ideas fundamentales para ubicar la importancia existenciaria de un ser en la tierra. No se trata de un primer fin, sino de toda una filosofía que busca como máxima expresión de la condición humana, la existencia de un nuevo ser. Por ende, es necesario no bajar esta dimensión filosófica de Schopenhauer, reduciéndola por debilidades humanas. Es decir, no minimizar la responsabilidad del acto sexual. Pues en el mismo, está de por medio una vida humana, no cualquier vida.

[144]   Op. cit. Tomás de Aquino. *Tratado de la ley.*, p. 27.

Tomás de Aquino es enfático al referir que: **"... pertenece a la ley natural todo aquello a lo que el hombre se inclina según su naturaleza. Y cada uno se inclina naturalmente a las operaciones que le convienen según su esencia."** [145]

Entonces, podemos distinguir que la persona está formado por dos tendencias naturales, la primera tendrá que ver con las necesidades naturales propias de la especie humana como el nacer, crecer, cuidarse, trabajar, reproducirse y morir; por otra parte, tenemos lo que está más allá de esta premisa y tiene que ver con los intereses *a posteriori* de su existencia, como las adjudicaciones de propiedades, bienes materiales, educación, diversión y en general, cumplir con sus objetivos racionales. Aquí podemos vislumbrar dos momentos donde se ve clara la diferencia que se da entre la razón y la voluntad. Por una parte las necesidades humanas tienen que ver directamente con sus manifestaciones de voluntad que consisten en el querer, mientras que las cuestiones racionales se enfocan más a los compromisos a mediano y largo plazo; de donde se concluye que, los actos naturales están articulados por la voluntad y la razón humana como imperativos de la persona.

Finalmente la ley natural incluye a toda la especie humana. Entonces la ley natural es de aplicación general y tiene que ver con la satisfacción de las necesidades naturales del hombre.

Esta ley natural, se puede reflejar en términos actuales como los derechos naturales del hombre. Por lo tanto, la naturaleza es el paradigma en potencia donde se generan las leyes naturales y posteriormente sociales que buscan la permanencia y trascendencia de las personas.

Javier Hervada reconoce que, **"... la ley natural es el conjunto de leyes racionales que expresan el orden de las tendencias o inclinaciones naturales a los fines propios del ser humano, aquel orden que es propio del hombre como persona."** [146]Pero, ¿cuáles serían estos fines propios naturales de las personas?

---

[145] Ibid., p. 28.
[146] Op. cit. Hervada, Javier. *Introducción crítica al Derecho Natural.* España. Eunsa, 1981., p. 144. Asimismo, Cf. Ramírez, R. Efrén. *Los derechos humanos en la formación de la policía judicial.* Procuraduría General de Justicia del Distrito Federal-Instituto Nacional de Ciencias Penales. México, 2005.

La respuesta de Hervada es:

- ❖ La inclinación o tendencia a la conservación del ser, vida e integridad física y moral. Esto sería la lucha permanente por estar vivo. Por defender la vida y buscar su trascendencia hasta que nuestra limitación existencial se manifieste.
- ❖ La inclinación a la unión conyugal de varón y mujer, ordenada a la generación y educación de los hijos. En otras palabras sería la reproducción humana como una forma de trascender la humanidad.
- ❖ La inclinación a la relación con Dios, como manifestación de la *creaturidad,* dimensión constitutiva del ser del hombre. El reconocimiento de que existe un Ser superior a todo lo que es.
- ❖ La tendencia al trabajo con proyección al descanso y a la actividad lúdica. Aquí es importante la actividad laboral física o intelectual que permita a las personas explotar y explorar sus potencialidades y capacidades humanas.
- ❖ La inclinación a la sociedad política y a las varias formas de asociación. Buscar la relación como una forma de crecer en grupo, país y humanidad.
- ❖ La tendencia a la comunicación. Nuestra mayor y mejor arma. El uso y aplicación del lenguaje por excelencia.
- ❖ La inclinación al conocimiento y a las diversas formas de cultura y arte.[147] El derecho a la apertura de nuestro ser hacia las posibilidades y expresiones de las peculiaridades manifestadas a través del arte y belleza de los seres humanos. La libertad y la manifestación de ideas, actos, sentimientos, tendencias, deficiencias y dominios de las posibilidades humanas.

1.6 LA LEY HUMANA.

Tomás de Aquino parte de la idea de Isidoro,[148] de que la ley humana se genera para:

- ❖ Refrenar la audacia.
- ❖ Garantizar la inocencia, de los malvados.
- ❖ Para coartar la capacidad de hacer el mal.

---

[147] Op. cit. Hervada Javier., pp. 145-146.
[148] Op. cit. De Aquino, Tomás. *Tratado de la ley.*, p. 33.

Queremos entender la audacia como la capacidad que tienen algunas personas para cometer el mal como fraudes, robos; en otras palabras, manipulaciones en contra de gentes que obran bien. Por lo tanto, la creación de estas leyes humanos van a intimidar a estas personas soberbias en su actuar. Asimismo, se protege a las personas de bien, de los malvados, es decir de los delincuentes que hacen el mal. Por lo tanto, estas leyes humanas se dan para frenar, limitar a los criminales y por la otra, para la protección de las personas inocentes. En términos generales, para parar el mal y garantizar el bien y armonía en una sociedad política.

Estos principios de la creación de las leyes humanas, trascienden hasta nuestros días, donde se busca, primero, crear un ambiente de armonía socio-política y poner a los criminales donde deben estar, privados del máximo bien: la libertad. En otras palabras, controlar a los que se dedican a hacer el mal y procurar el bien común en la sociedad. Por lo tanto, podemos observar que las leyes han sido creadas para detener el mal, en términos tomistas.

La hipótesis del santo padre es: **"... ya que se encuentran muchos malvados e inclinados al vicio, que de hecho no se moverían con palabras, es necesario que se les refrene del mal por la fuerza o por el miedo para que así, alejándose del mal, puedan por lo menos dejar a otros vivir en paz."**[149]

En esta cita, se pueden apreciar dos momentos jurídicos, el primero se refiere al miedo que pueden generar las leyes cuando se actúa mal (*prevención del crimen*) y el segundo, es cuando se usa la fuerza para mantener la paz pública (*aplicación de la ley*). De donde interpretamos que la ley humana lleva implícito ese doble mensaje: el miedo y la fuerza a la que se enfrentarán los que se dedican a hacer el mal. Un miedo psicológico (subjetivo) y un miedo racional (objetivo) a perder la libertad por hacer el mal.

Tomás de Aquino lo sintetiza con el siguiente argumento: **"... tal disciplina, que obliga por miedo al castigo, es la disciplina de las leyes."**[150]

La referencia a la importancia de la ley humana como consecuencia de la ley natural, es de vital importancia pues las leyes naturales humanas son las que

---

[149] Ibid., p. 34.
[150] Ibid., p. 34.

podrán ir marcando la creación de las nuevas leyes positivas y objetivas[151] con la finalidad de hacer el bien, es decir, crear el marco jurídico-político para que la población de una comunidad específica, viva bajo el techo del bien común. Las palabras de Tomás de Aquino en relación a la ley humana con respecto a la ley natural son:

"... si en algún caso una ley se contrapone a la ley natural, ya no es ley, sino corrupción de ley."[152] De donde se entiende que la persona y sus derechos naturales serán los que marcarán las bases para la creación de leyes humanas, el no responder a esta iniciativa, violaría el derecho natural humano.

Sin embargo, el santo padre, reconoce que las leyes positivas humanas son diferentes en cada comunidad por sus propias características culturales. Cabe señalar que son leyes humanas no naturales, pues si nos referimos a las leyes naturales, tenemos la posibilidad de generalizar a nivel mundial estas leyes.[153] Mientras que las leyes locales y temporales, son específicas de un tiempo y zona geográfica determinada. Habrá que esperar el transcurrir del movimiento para que las leyes humanas puedan ser de mayor trascendencia y generalidad aplicables. Sin embargo, los humanos somos complejos y, por ende, hay que limar diferencias con un objetivo: la aplicación del bien común.

Por otra parte, Tomás de Aquino considera que las leyes son aplicables de acuerdo a la forma de gobierno en que se viva. Para ello hace referencia a Aristóteles e Isidoro. La idea es la siguiente: **"... puede darse el reino, cuando la ciudad está gobernada por uno sólo, y así se da una constitución de los príncipes. Otro régimen puede ser la aristocracia, o sea el gobierno dirigido por los mejores o los más preparados, y en este caso se dan las *respuestas de los prudentes,* y los decretos senatoriales. Otro régimen es la oligarquía, la que se da cuando unos pocos ricos y poderosos gobiernan; en este caso se da el derecho pretorio u honorario. Otro régimen es el del**

---

[151] En este sentido encontramos que las leyes positivas y objetivas son creadas por el hombre para garantizar una convivencia humana armónica en un tiempo y lugar específico. Al respecto el profesor Hervada considera que, **"... es positivo aquel derecho cuyo titulo y cuya medida proceden de la voluntad y el arte humanos."** Op. cit. Javier Hervada, p. 107.

[152] Op. cit. Tomás de Aquino. *Tratado de la ley.,* p. 35.

[153] Por ejemplo de leyes universales naturales y posteriormente positivas son: "La Declaración de los derechos del hombre y del ciudadano de 1789." Op. cit. Habermas, Jürgen. *Facticidad y validez.,* pp. 19-25.

pueblo, y entonces se llama democracia; en este caso se dan los plebiscitos. Otro régimen es el tiránico, que es el más corrompido, y en él no hay ninguna ley. Finalmente se da un régimen mixto, que es el mejor, y en este caso se da la ley *cuando la sancionan los senadores junto con el pueblo*"[154]

Poco a poco se va dando la importancia a la creación de leyes humanas. En esta cita, consideramos que las leyes, ciertamente van a depender de la forma de gobierno.[155] Habrá ciertas leyes que podrían ser consideradas injustas pero que, por necesidades humanas, es necesario aplicarlas. De aquí viene la idea que es mejor luchar por el bien general que por el mal particular. Asimismo, Tomás de Aquino destaca que el mejor gobierno es el mixto para la creación de leyes, pues en ese acto está presente la participación del pueblo y de los senadores, creando así un ambiente de acuerdo político.

1.7   EL PODER DE LA LEY HUMANA.

Esta hipótesis la inicia Tomás de Aquino con la idea de que **"el fin de la ley es el bien común."**[156] A partir de esta consideración, se configura el bien común como objetivo máximo de la ley y de la política, como podremos ver más adelante. Sin embargo, con este principio del santo padre, se puede visualizar que el sistema jurídico-político no tiene otro objetivo más claro que lograr la felicidad por medio de la aplicación del bien común. Que la génesis de las leyes, la implementación de políticas públicas, consideren como base este bien, pues su eficiencia dependerá de la aplicación del mismo.

Otra de las peculiaridades de Tomás de Aquino, es la dimensión que le da a las leyes humanas. Su propuesta es que **"... las leyes son justas según su fin, cuando se ordenan al bien común; y según su autor, cuando la ley no excede la potestad del legislador; y según su forma, cuando distribuyen las obligaciones entre los súbditos según una proporción igualitaria, en orden al bien común."**[157]

---

[154]   Op. cit., Tomás de Aquino. *Tratado de la ley...*, p. 38.
[155]   En el capitulo tercero de esta obra encontramos algunas de las diferentes formas de gobierno que han existido y que de acuerdo a lo estudiado, cada gobierno tiene sus propias leyes para garantizar el orden y estabilidad de la comunidad humana.
[156]   Op. cit. Tomás de Aquino. *Tratado de la ley.*, p. 39.
[157]   Ibid., p. 43.

Aquí tenemos tres dimensiones de la propuesta jurídica tomista:

1. Leyes para el bien común.
2. Cuando no excede la potestad del legislador y,
3. Distribución igualitaria.

De estas consideraciones, obtenemos que las leyes se constituyen en torno al bien común y que las mismas, dejan su esencia jurídica cuando se tornan en contra de ese bien y se convierten en leyes injustas o que no corresponden con la realidad.

En resumen, el santo padre reconoce que la ley humana tiene dos aspectos esenciales: el ser regla de los actos humanos y el ser coactiva.[158] En este sentido, encontramos en esta hipótesis tomista, el hecho de que la ley se manifiesta en forma subjetiva porque limita el comportamiento de los actos humanos canalizándolos de modo objetivo de tal forma que no afecten el bien de las personas y, detenga, valore y dimensione sus actos que pudieran afectar a otra persona; respecto a la forma objetiva, en el entendido que detiene física y materialmente por medio de las propias leyes y a través de la fuerza militar y/ o coactiva,[159] cuando se viola la legalidad. Es así como Tomás de Aquino reconoce la coacción cuando se viola la ley.[160]

---

[158] Ibid., p. 44.

[159] Cf. Parte tres de este trabajo relacionado con los guerreros y militares. Sin embargo, en la *Suma contra gentiles* Tomás de Aquino dice que el fin de la milicia, de la caballería y la guarnicionería están subordinados al bien de la ciudad. Op. cit., *Tratado de la ley...*, p. 171.

[160] Aquí podemos visualizar las dimensiones racionales de la persona: la objetividad y la subjetividad; las cuales son momentos de posibilidad expresiva de las personas. La subjetividad esta relacionada directamente con la mente de la personas; sus procesos mentales, en el momento en que los manifiesta, automáticamente adquieren el nivel de objetividad. Por ende, lo objetivo es el mundo social; mientras que lo subjetivo queda en la mente de la persona. Karl Otto Appel refiere la posibilidad de los consensos intersubjetivos como opción para llegar a acuerdos por medio de procesos mentales, los cuales se materializan a través del lenguaje. Cf. Otto Apel, Karl. *Ética del discurso.* Paidós, Barcelona, 1991. Por su parte Popper refiere: **"Mi posición es la siguiente: estoy principalmente interesado en el conocimiento objetivo y en su aumento, y sostengo que no podemos comprender nada sobre el conocimiento subjetivo, si no es a través del estudio del aumento del conocimiento objetivo y del toma y daca que se produce entre ambas clases de conocimiento (en donde el conocimiento subjetivo) consiste más en tomar que en dar."** La tesis es: un fragmento de

Sin embargo, también encontramos un hecho jurídico que en ese tiempo del santo padre era bien visto, pero que en la actualidad rompe esquemas jurídico-políticos, y es el hecho de que el soberano será el encargado de la aplicación de la ley, siendo este no afectado por dichas leyes, pues es él quien las aplica y por encima del soberano no manda nadie, por lo menos en la tierra.

La observación es la siguiente:

"... el soberano está exento de la ley humana en cuanto a su coacción, puesto que no puede ser coaccionado sino por sí mismo, ya que la ley tiene fuerza coactiva precisamente por ejercicio del soberano. Por eso se dice que el soberano no está sujeto a la ley, en cuanto nadie puede castigarlo, si no obra conforme a la ley."[161] Reiteramos: este hecho era aceptado en los tiempos de Tomás de Aquino, hoy existe el juicio político, la encarcelación por delitos graves por lo menos en México[162], y las leyes son aplicadas por los integrantes del poder judicial, quien será auxiliado por el poder ejecutivo.[163]

Por lo tanto, en la actualidad el soberano, presidente constitucional y en general, todos los servidores públicos, si hacen el mal y se les comprueba, tendrán que asumir las consecuencias penales, administrativas e históricas correspondientes.

Por otra parte, encontramos que Tomás de Aquino, les da una posición a los delitos que más aqueja a la población de sus tiempos. Estos delitos se pueden resumir en pecados, según el santo padre y son: el homicidio, por el cual se arrebata la vida a un hombre ya existente; el adulterio, por el que se impide la certeza de la paternidad de una criatura por nacer y finalmente, el hurto, que se refiere a bienes exteriores. Asimismo, el santo padre refiere que **"... es más serio el pecar de obra que de palabra, y de palabra que de pensamiento."**[164]

---

conocimiento subjetivo deviene objetivo al ser formulado en algún lenguaje. Op. cit. Popper, Karl. R. *El cuerpo y la mente.*, pp. 34-45.

[161] Op. cit. Tomás de Aquino. *Tratado de la ley.*, pp. 44-45.

[162] Op. cit. Constitución Política de los Estados Unidos Mexicanos. Artículos 108-114.

[163] En el artículo 17 de la Constitución Federal Mexicana encontramos que **"... toda persona tiene derecho a que se le administre justicia por tribunales (...)"** Asimismo el artículo 21, 94, 102-107 de la misma Constitución.

[164] Op. cit. Tomás de Aquino. *Tratado de la ley.*, p. 60.

Entonces, en términos actuales, tenemos que los pecados, son los delitos contemporáneos y que el homicidio, es el delito más grave seguido por el adulterio, el cual se configura en el Código Penal Federal,[165] pero no en el Código Penal del Distrito Federal;[166] posteriormente el delito de robo y asalto. En esta idea, también observamos que los actos delictivos materiales son más graves que los de palabras como insultos, injurias y los de pensamiento como desear el mal.

En esta idea es importante destacar el grado de gravedad de los pecados-delitos. De tal forma que podamos manejar las siguientes premisas de los actos delictuosos:

1. A más grave pecado (delito) corresponde más grave castigo en igualdad de circunstancias.[167]
2. Por la costumbre de pecar (delinquir), ya que difícilmente se apartan los hombres de una costumbre pecaminosa (delictiva), a no ser con grandes penas (castigo).
3. Por la mucha concupiscencia o delectación en el pecado, que hace a los hombres no apartarse de él sino con serios castigos (penalidades).
4. Por la facilidad de cometer el pecado (delito) y persistir en él.
5. Cuando tales pecados (delitos) se manifiestan, es necesario castigarlos seriamente, para ejemplo de los demás.

Respecto a la gravedad del delito, encontramos los siguientes aspectos:

❖   Voluntariedad en el pecar (delinquir). Si el acto fuese totalmente involuntario, no hay ninguna razón de castigo. (En la actualidad sí, y es el delito tipificado como omisión).[168]

---

[165] Cf. Código Penal Federal del 2008, artículos 273 -276 bis. En la actualidad (2012) el delito de adulterio ya no existe.

[166] Cf. Código Penal del Distrito Federal, 2008.

[167] En términos jurídicos actuales, los cuales no tienen mayor diferencia después de 732 años de la muerte de Tomás de Aquino, encontramos la siguiente observación penal: **"La medida de la pena estará en relación directa con el grado de culpabilidad del sujeto respecto del hecho cometido, así como de la gravedad de éste."** Op. cit. Código Penal del Distrito Federal, 2008, artículo 5 del principio de culpabilidad.

[168] Cf. Artículo 15 del Código Penal del Distrito Federal relacionado con las formas del delito, las cuales son por acción u omisión; así como el artículo 7º del

❖ Cuando fuera de algún modo voluntario, pero cometido por debilidad, como cuando alguien peca con pasión, el pecado disminuye, y por tanto también debe disminuirse el castigo (la pena) si se juzga rectamente.

❖ A menos que fuese necesario el castigar tal pecado (delito) gravemente para bien de la comunidad.

❖ Cuando alguien peca (delinque) por ignorancia (delito por omisión),[169]y entonces de algún modo se juzgaba culpable al que había faltado, por su negligencia en aprender.

❖ Cuando alguien peca (delinque) por soberbia, con verdadera responsabilidad y malicia; en este caso era castigado según la magnitud del delito. (Gravedad del delito).[170]

❖ Cuando pecaba (delinquía) con descaro y pertinencia; entonces debía ser castigado con la muerte,[171] como reo de rebeldía[172] y destrucción del orden legal.[173]

Así es como vislumbramos el marco criminal del santo padre. Toda una teoría del delito. Evidentemente en muchas cosas no estaba de acuerdo Tomás de Aquino pero, era lo que prevalecía como fundamento teórico criminal en su tiempo y lugar.

Código Penal Federal que hace referencia a las Reglas Generales sobre Delitos y Responsabilidad.

[169] Ibid. Artículo 15 del Código Penal del Distrito Federal.

[170] Cf. Artículo 268, fracción III, párrafo cuarto del Código de Procedimientos Penales del Distrito Federal para determinar la gravedad del delito; así como los artículos 22 al 27 para ubicar la autoría, participación y responsabilidad de las personas que intervienen en el acto delictivo, del Código Penal del Distrito Federal; finalmente el artículo 13 del Código Penal Federal relacionado con las personas responsables de los delitos.

[171] Op. cit. Tomás de Aquino. *Tratado de la ley.*, p. 84. También revisar la siguiente bibliografía: Artículo 22 párrafo cuarto de la Constitución Política de los Estados Unidos Mexicanos. Cf. Basave Fernández del Valle, Agustín. *Metafísica de la muerte*. Limusa, México, 1983 y *Meditación sobre la pena de muerte*. FCE-Comisión Estatal de Derechos Humanos. Nuevo León, México, 1997. Así como, op. cit. Scheler, Max. *Muerte y supervivencia*. Ediciones Encuentro, España, 2001.

[172] Op. cit. Código Penal del Distrito Federal, 2008. Artículo 261 sobre la rebelión; así como el Código Penal Federal 2008, artículos 132-138.

[173] Cf. Artículo 364 sobre motín y, 365 sobre sedición del Código Penal del Distrito Federal así como, artículos 130 y 131 del Código Penal Federal.

Por otra parte, Tomás de Aquino vuelve a percibir la unión entre los actos jurídico-políticos, en este sentido encontramos que: **"Cuatro maneras hay de orden en todo pueblo: la del gobernante con sus súbditos; la de los súbditos entre sí; la del pueblo con otras naciones, y finalmente la existencia dentro del orden familiar."**[174]

De donde podemos sacar las siguientes hipótesis: Aquí el santo padre está visualizando las Constituciones Políticas (Gobernantes-gobernados); Leyes, Códigos y Reglamentos civiles (Interacción entre ciudadanos ordinarios); Leyes y acuerdos mundiales (Relaciones internacionales) y Leyes éticas, morales y familiares (Relaciones familiares e interfamiliares).[175] Con estas hipótesis, Tomás de Aquino genera todo un horizonte para la creación y fortalecimiento de estructuras jurídico-políticas modernas, las cuales en el fondo, buscan el bien común y por lo tanto la armonía y felicidad entre las naciones y las personas. En suma, Tomás de Aquino es un internacionalista, seguramente, como reflejo del gobierno universal de Dios.

1.8 CONCLUSIONES.

- ❖ La ley en general para Santo Tomás de Aquino, está constituida por la ley eterna; la ley natural y la ley humana.
- ❖ La ley eterna es permanente. La ley natural contingente y la ley humana contingente.
- ❖ La ley es la norma y la medida de los actos humanos y se funda en la razón.
- ❖ Toda ley necesariamente ha de tender al bien común.
- ❖ En suma, la ley es "un ordenamiento de la razón en orden al bien común, establecida y promulgada por quien tiene a su cuidado la comunidad." (Op. cit. Tomás de Aquino, Suma contra gentiles.)
- ❖ La ley eterna es Dios porque esta manifiesta en la naturaleza, en el hombre y en el cosmos.
- ❖ La ley natural es la participación de la ley eterna en la criatura racional.

---

[174] Op. cit. Tomás de Aquino. *Tratado de la ley.*, p. 74.
[175] Asimismo se da el derecho público (Gobierno-sociedad); derecho privado (entre particulares); derecho internacional. (entre países). Op. cit. Hans Kelsen. *Teoría pura del derecho.*

❖ Es la construcción social del hombre para la búsqueda de su fin, el cual, es la felicidad garantizada por el bien común.

❖ Las pretensiones de la ley, en general, es hacer buenos a los hombres y en consecuencia usar el bien común como base para el logro de ese fin.

❖ La ley eterna es la sabiduría divina que dirige todos los actos y movimientos de las criaturas, en consecuencia, toda otra ley deriva su fuerza de la ley eterna.

❖ Finalmente, las leyes son un instrumento para las personas que gobiernan. Sin embargo, deberán tener presente de la complejidad de la existencia humana pues, si limitamos exclusivamente al ser humano a su racionalidad, donde su ser va a estar limitado por una serie de ordenamientos jurídicos, positivos, lineales, reales y objetivos, automáticamente, ignorarán la potencialidad humana, la cual está determinada por una manifestación del ser eterno. Por lo tanto, más allá de la objetividad jurídica, los gobernantes, tendrán que aceptar que la persona es el reflejo del ser eterno, del ser natural y del ser social.

❖ Que quede claro, no se busca minimizar el horizonte jurídico objetivo, real y concreto, sino que se comparta el conocimiento metafísico de la persona humana para entender un poco más su complejidad existencial desde una perspectiva particular y su actuar en un estado democrático de derecho.

❖ Finalmente la ley, dice Santo Tomás de Aquino, es la que gobierna los actos humanos. Entonces la ley es la norma de la acción humana.

CAPITULO II.   DE LA JUSTICIA

2.1   DEL DERECHO.

El derecho es el objeto de la justicia, diría Tomás de Aquino.[176] Entonces tenemos la siguiente reflexión: Las personas por necesidades naturales y sociales tienen el fin de conservar su vida, propiedades y familia por medio de instrumentos racionales que le garanticen estos fines, por ende, se crean costumbres que posteriormente serán leyes y estas generarán constituciones, reglamentos, manuales y demás ordenamientos jurídicos, mismos que, garantizarán la armonía en la sociedad. Detrás de estos principios jurídicos se encuentra la libertad humana que controlada por su inteligencia, construyen sus propios sistemas jurídico-políticos. Es así como, a través del acuerdo político, se van proponiendo, ejerciendo y substituyendo las leyes que garantizarán la integridad física, moral y material de las personas. Entonces, la primacía de la inteligencia humana, será la que irá marcando los horizontes jurídico-políticos de las sociedades humanas. Estas leyes son las que forman el derecho y detrás del derecho, se encuentra la justicia, que en términos tomistas es, **"... el dar a cada uno lo suyo, supuesta la diversidad entre uno y otro; porque si alguien se da a sí mismo lo que le corresponde, esto propiamente no se llama justicia."**[177]

De donde concluimos que la "diversidad" humana, según el santo padre, es lo que determinará el grado de justicia para la persona. Una justicia terrena que garantice la estabilidad y crecimiento humano personal, precisamente porque somos diferentes.[178] Sin embargo, esa justicia no debe proporcionarse personalmente, en otras palabras no se debe hacer justicia por sí mismo, precisamente porque el ser humano muchas veces es débil y se deja llevar por los caminos del mal o por sus instintos animales. Entonces, se necesita un ente

---

[176]   Op. cit. Tomás de Aquino. *Tratado de la ley.*, p. 118.
[177]   Ibid., p. 121.
[178]   Op. cit. Ocampo Ponce, Manuel. *Las dimensiones del hombre.*, pp. 39-130.

superior capaz de garantizar esa justicia sin afectar los intereses e integridad de las personas, como lo hemos mencionado con anterioridad respecto al pensamiento jurídico-político de Hobbes, Locke, Rousseau y Montesquieu; filósofos que se preocuparon por la imposición del orden por medio de las leyes y el acuerdo político para garantizar la justicia en términos generales.[179] Con este antecedente podemos visualizar el Estado Democrático de Derecho contemporáneo,[180] como el ente capaz de garantizar la justicia entre las personas y las instituciones de gobierno.

Esa tesis de la justicia también la considera Javier Hervada al señalar que, el derecho como arte de lo justo de dar a cada uno lo suyo.[181]

Otro punto importante que destaca Tomás de Aquino con respecto a la justicia es la consideración de las virtudes cardinales como garantía para crear el camino hacia la aplicación del bien común En este sentido, considera que **"... todos los actos de las demás virtudes pueden pertenecer al orden de la justicia, puesto que ordenan al hombre al bien común."** [182] Cabe destacar que las virtudes cardinales son: la templanza, la prudencia, la fortaleza y la justicia.[183] La aplicabilidad de estas virtudes, sin duda, ayudan a hacer de la justicia un acto de excelencia humano. Precisamente porque son virtudes que comprometen directamente la inteligencia de las personas, creando en las mismas, actos verdaderamente impecables. Por ejemplo, respecto a un funcionario público que utiliza estas virtudes para tomar decisiones en la implementación de políticas públicas o participar en la formulación de leyes positivas, obtenemos que van a ser actos humanos con responsabilidad porque cada uno de ellos, antes, han pasado por el filtro racional de la templanza, la fortaleza, la prudencia y la justicia. Son virtudes básicas que si se llevan a cabo con impecabilidad, no es necesario buscar otros caminos para encontrar la base para la aplicación del bien común. Luego entonces, el bien común se puede aplicar como filosofía existencial en todo el mundo de la persona particular

---

[179] Ciertamente la justicia, generalmente, tiene muchas especificidades, como podría ser la justicia divina de San Agustín, la justicia social, la justicia política, la justicia jurídica, entre otros tipos de justicia.

[180] Op. cit. Jürgen Habermas. *Facticidad y validez. Sobre el derecho y el Estado democrático de derecho en términos de teoría del discurso.*

[181] Op. cit. Javier Hervada., p.12.

[182] Op. cit. Tomás de Aquino. *Tratado de la justicia.*, p.127.

[183] Op. cit. Leo Strauss., p. 256.

y como servidor público también. Finalmente, estas virtudes fortalecen y humanizan los actos de justicia.

Para profundizar un poco en el mundo de la justicia, hemos acudido al pensamiento de John Rawls,[184] mismo que maneja las siguientes hipótesis:

- ❖ El objeto primario de la justicia, es la estructura básica de la sociedad.
- ❖ La justicia es la primera virtud de las instituciones sociales, como la verdad lo es de los sistemas de pensamiento.
- ❖ No importa que las leyes e instituciones estén ordenadas y sean eficientes: si son injustas han de ser reformadas o abolidas.
- ❖ Cada persona posee una inviolabilidad fundada en la justicia que ni siquiera el bienestar de la sociedad en conjunto puede atropellar.
- ❖ Los derechos asegurados por la justicia no están sujetos a regateos políticos ni al cálculo de intereses sociales.[185]

De donde concluimos que la justicia por ser la base de los derechos y obligaciones de las personas en una comunidad, tendrá que ser clara, justa y transformable. Con estas peculiaridades de la justicia, es posible fortalecer el bien común y el crecimiento humano en un ambiente de justicia social.

Más adelante, Rawls considera el bien en el actuar de la justicia pública. Su propuesta es:

a) Cada cual acepta y sabe que los demás aceptan los mismos principios de justicia.
b) Las instituciones sociales básicas satisfacen generalmente estos principios y se sabe generalmente que lo hace.[186]

De estas hipótesis, se puede apreciar que ambas surgen de un acuerdo común. Este acuerdo, en el fondo está abastecido por el bien común. Sin la aplicación de ese bien común en la formulación de acuerdos de justicia social, la situación se complicaría, creándose abismos de legitimidad jurídica y política.

---

[184] Op. cit. Rawls, John. *Teoría de la justicia.*, pp. 17-61.
[185] Ibid., p. 17.
[186] Ibid., p. 18.

De las referencias anteriores, entramos a lo que sería la "justicia legal" en el pensamiento de Tomás de Aquino, mediante la cual, **el hombre concuerda con la ley que le ordena los actos de todas las virtudes al bien común.** Sin embargo, **la justicia puede llamarse virtud general, mejor que la templanza o la fortaleza.**[187]

Entonces, encontramos que la ley busca la justicia legal por medio de la aplicación del bien común. Asimismo, de las virtudes cardinales, la más general es la justicia, precisamente porque ella abarca el horizonte humano con mayor inclusión, pues, la prudencia, la fortaleza y la templanza, son exclusivas de algunas personas, mientras la justicia no puede ser parcial o exclusiva. Tomás de Aquino, cierra esta idea con la siguiente propuesta: **"... la justicia legal, en cuanto ordena todo al bien común, puede llamarse virtud general."**[188]

En suma, la justicia, es la base de las otras virtudes pues, sin ella, estas virtudes se disparan sin control y equidad.

Tomás de Aquino, considerando a San Agustín refiere sobre las virtudes, lo siguiente:

- ❖ La prudencia es el conocimiento de las cosas que hemos de apetecer o huir.
- ❖ La templanza es el control del deseo de todo aquello que deleita materialmente.
- ❖ La fortaleza es la firmeza de ánimo para sobrellevar cuanto nos molesta temporalmente y
- ❖ La justicia es el amor a Dios y al prójimo, por el cual se difunden las demás virtudes.[189]

Con estas propuestas de San Agustín en torno a las virtudes cardinales, se consolida la idea de que la justicia es la base de las demás virtudes.

Finalmente es necesario destacar también como lo hemos considerado, que el derecho no es sino el objeto de la justicia. Precisamente porque la justicia regula todas las relaciones interhumanas, es decir, es la base de la convivencia inteligente en una sociedad.

---

[187] Op. cit. Tomás de Aquino. *Tratado de la justicia.*, p. 127.
[188] Ibid., p. 128.
[189] Ibid., p. 131.

2.2 DEL JUICIO.

En relación al juicio, el padre santo reconoce que, es necesario el uso de la prudencia para poder ejercer la razón y emitir un juicio justo conforme a derecho. Su argumento es el siguiente: **"... el juicio es un acto de justicia que nos inclina a juzgar rectamente; pero se requiere la prudencia en quien profiere el juicio; por eso quien juzga con prudencia se dice que juzga bien..."**[190] De esta reflexión, observamos que el derecho va a ser la base jurídica de donde se van a obtener los instrumentos coercitivos para enjuiciar; sin embargo, este enjuiciamiento tendrá que estar fundamentado por un acto racional. Aquí agregaríamos que serán actos racionales de agudo esfuerzo humano, pues en el criterio del juzgador esta la vida, la libertad y la dignidad de las persona. Por ende, un mal juicio tendrá consecuencias graves, mientras que un buen juicio será una gran victoria que limitará el movimiento de las personas que se dedican a hacer el mal. Así lo dice Tomás de Aquino, **"juicio es un acto de la razón, pues a ella toca decir o definir algo."** Asimismo, **juez significa el que decide conforme a derecho."**[191] Por lo tanto, la inteligencia, el derecho y la justicia, serán las herramientas básicas para que un juez, proceda a emitir un juicio justo de acuerdo al derecho, la razón y la justicia humana y penal, en su caso.

La observación de Tomás de Aquino ilumina la hipótesis considerada: **"El juicio es lícito en cuanto es un acto de justicia (...) Y se requieren tres condiciones para que un juicio sea un acto de justicia: primera, que proceda de una inclinación por la justicia; segunda, que proceda de la autoridad del que gobierna; tercera, que se profiera de acuerdo con la recta razón de la prudencia."**[192]

En respuesta a esta hipótesis, el santo padre, observa la mala obra del juicio y destaca que el mismo será vicioso e ilícito cuando:

❖ Sea contra la rectitud de la justicia, pues entonces el juicio será injusto y perverso.
❖ Cuando el hombre juzga de aquello sobre lo cual no tiene autoridad, porque entonces será un juicio usurpado.

---

[190] Ibid., p. 140.
[191] Ibid., p. 140.
[192] Ibid., p. 141.

❖ Cuando falta la rectitud de la razón, como cuando alguien juzga de lo dudoso u oculto llevado por leves conjeturas, porque entonces el juicio será imprudente y temerario.[193]

Es así como Tomás de Aquino refiere su posición respecto a los juicios ejercidos por los jueces. Por lo tanto, los jueces tienen la responsabilidad de actuar con prudencia, fortaleza, razón y con justicia con la intención de ejercer el derecho y de enjuiciar en forma imparcial.

Otro detalle que Tomás de Aquino destaca en relación al acto de enjuiciar, es el uso de las pruebas como indicio para ejercer la justicia.

Estas son sus propuestas:

a) Probar lo que se afirma mediante testigos dignos de confianza.
b) Si alguien tiene una mala opinión de otro sin causa suficiente, lo desprecia indebidamente, y por tanto comete una injusticia.
c) Un juicio basado en sospechas será injusto cuando se exterioriza.[194]

Aquí está la pauta para demostrar pruebas fehacientes y contundentes para hacer juicios, no basarse en sospechas o consideraciones *a priori* sobre determinada persona sujeta de juicio en determinado caso penal.

Con esto, el santo padre está abriendo la posibilidad de las aportación de las pruebas testimoniales, documentales y de personas que hayan estado en el momento de los actos generadores de juicios[195] que podrían ser penales, sociales, civiles, mercantiles, etc.

---

[193] Ibid., p. 141.
[194] Ibid., p. 143.
[195] Cf. El artículo 20 y 21 de la Constitución Política de los Estados Unidos Mexicanos, 2008, refieren sobre las garantías del inculpado y la imposición de las penas por parte de la autoridad judicial respectivamente. Asimismo, en el Código de Procedimientos Penales del Distrito Federal, 2008, donde trasciende la observancia de los juicios de Tomás de Aquino y que bien podrán ser los que se especifican en los artículos 71-79 referentes a las resoluciones judiciales, así como del 246 al 261 relacionados con el valor jurídico de la prueba. Ambos mandamientos jurídicos influyen en la toma de decisiones para ejercer los juicios penales en la actualidad. En el Código de Procedimientos Penales Federal, 2008, del artículo 206 al 290 relacionado con las pruebas y del artículo 94 al 102 de las resoluciones judiciales. Con estos hechos jurídico-penales, trasciende el

2.3   LA DIVISIÓN DE LA JUSTICIA.

Tomás de Aquino es claro al señalar que la justicia está dividida en dos bloques, el que depende directamente de los gobernantes para el pueblo, justicia distributiva y, la que se refiere a la justicia que se da entre particulares, es decir entre las personas, y ésta es la justicia conmutativa.

Las palabras del santo padre son: **"… a la justicia legal toca el ordenar aquellas cosas que se refieren a las personas privadas, pero en orden al bien común; en cambio el ordenar el bien común a las personas particulares mediante la distribución, es lo que constituye la justicia distributiva."**[196]

De esta idea obtenemos la siguiente reflexión: La justicia legal es la que procede del sistema jurídico y que se basa en procurar el bien común hacia las personas particulares, posteriormente, viene el ordenar ese bien común, leyes justas, entre las personas y esa sería la justicia distributiva. De donde obtenemos que la justicia conmutativa: es dar lo suyo a uno, y la distributiva en darlo a muchos.[197]

En otras palabras, en la justicia conmutativa la persona ha de dar a otra, exactamente el equivalente de lo que recibió mientras que en la distributiva la mayoría debe dar a cada uno lo que merece o necesita según la función que desempeña en la sociedad.

Por su parte, Karl Popper, diría: "… **Todos podemos participar del patrimonio del hombre. Todos podemos ayudar a conservarlo. Y todos podemos realizar nuestra propia modesta contribución. No debemos pedir más."**[198]

Asimismo, Javier Hervada, tomando en consideración la propuesta de Aristóteles, reconoce que se dan las siguientes divisiones de la justicia:

a)   Lo debido entre personas –físicas y morales- (justicia conmutativa).
b)   Lo debido por la colectividad al individuo (justicia distributiva) y,

---

pensamiento tomista en relación al criterio que se debe mantener con referencia a un juicio criminal.

[196]   Op. cit. Tomás de Aquino. *Tratado de la justicia.*, p. 148.
[197]   Ibid., p. 147.
[198]   Op. cit. Karl Popper. *El cuerpo y la mente.*, p. 200.

c) Lo que el individuo debe a la colectividad (justicia legal).[199]

Esperamos que con estas observaciones haya quedado claro que Tomás de Aquino se preocupó por dar lo justo a las personas y la colectividad de personas, unidos con un objetivo: crear, dar y mantener el bien común entre personas particulares; entre personas y gobernantes y en general, entre toda la comunidad humana.

2.4 APROXIMACIÓN Y CASTIGO A LA DELINCUENCIA ORGANIZADA.[200]

Es impresionante la forma en que el santo padre percibe la relación que se da entre las personas que se dedican a hacer el mal. En este sentido,

---

[199] Op. cit. Javier Hervada. *Introducción critica al derecho natural.,* pp. 52-63.

[200] Encontramos que la Delincuencia Organizada es un delito a nivel local, multilateral, regional y mundial, es decir, es un delito a escala planetaria, por ende, parece justo reconocer el esfuerzo que ya había configurado el santo padre en relación a este fenómeno que ha trascendido. En este sentido encontramos que la Delincuencia Organizada es un delito que se puede tipificar en todo el mundo. Sus características son las siguientes: En la Ley Federal contra la Delincuencia Organizada, 1996, encontramos que **"Cuando tres o más personas acuerden organizarse o se organicen para realizar, en forma permanente o reiterada, conductas que por sí o unidas a otras, tienen como fin o resultado cometer alguno o algunos de los delitos ..."** Asimismo, está Ley existe para su aplicación en el Distrito Federal, 2004. Por otra parte, tenemos otro concepto de Delincuencia Organizada y que implica una apreciación jurídica, política y operativa. Este concepto, está más relacionado con el pensamiento de Tomás de Aquino en torno a este fenómeno criminal de siempre. De esta forma encontramos que la Delincuencia Organizada **" ... es todo un sistema delictivo, empresa u organización basados en estrategias, planeación con objetivos bien definidos; división de tareas por células o equipos; perfecta delineación de redes de comunicación; constante búsqueda de mercados orientados por formar parte de la globalización; un equipo de profesionistas, entre ellos asesores jurídicos; uso de tecnología de punta; utilización de personal especializado encubierto en distintas áreas estratégicas del gobierno; empleo de pilotos y capitanes de unidades de superficie; grupo de sicarios a su servicio; controles en sus flujos de transporte; búsqueda de formas de delinquir que sobrepasan los esfuerzos desarrollados por la autoridad para combatirla; corrupción de servidores públicos; lo que la hace casi impenetrable por los medios convencionales de investigación ..."** Cf. Macedo de la Concha, Rafael. (Coordinador) *Delincuencia organizada.* INACIPE, México, 2004., pp. 24 y 25. Para mayor consulta revisar los siguientes libros Buscaglia, Edgardo y González Ruiz, Samuel. (Coordinadores)

encontramos una cadena de apreciaciones en torno a la relación y el castigo que se les puede aplicar a estas personas. Sin embargo, es necesario reconocer que estas observaciones –criminales y jurídicas-, se dan desde un punto de vista hermenéutico[201] personal y que se busca rescatar la sabiduría delictiva de Tomás de Aquino y su aplicación en la actualidad.

Cabe destacar que estas hipótesis se desprenden de un punto titulado "Si quienes no recibieron la cosa están obligados a restituir."[202]

Las observaciones de Tomás de Aquino son las siguientes:

- ❖ No sólo peca (delinque) quien realiza la acción (el delito), sino también quien de un modo u otro es causa del pecado (delito), por ejemplo aconsejando o mandando. (Delincuencia organizada)
- ❖ Principalmente está obligado a restituir quien principalmente es causa del hecho: primero el que ordena (autor intelectual), luego el ejecutor (autor material) y así los demás en su orden (cadena de delincuencia organizada).
- ❖ No siempre está obligado a restituir quien no declara al ladrón (Ministerio Público), o quien no le resiste o no le reprende (Policía), sino sólo aquél que debería hacerlo por ser su obligación (Policía); como lo están, por ejemplo, los gobernantes, los cuales no corren gran peligro por impedir tales acciones; pues para ello se les entrega la autoridad pública: para que sean guardianes de la justicia.[203]En este punto encontramos que el gobernante hace funciones de policía, lo cual es clave para entender la responsabilidad que implica ser gobernante y a la vez cuerpo coercitivo para poner orden en la ciudad.

Reflexiones en torno a la Delincuencia Organizada. ITAM-INACIPE, México, 2005. Así como García Ramírez, Sergio. *Delincuencia organizada. Antecedentes y regulación penal en México.* Porrúa-UNAM, México, 2005.

[201] Cf. Gadamer, Hans-Georg. *Verdad y método I y II.* Sígueme, España, 2004, así como Ricoeur, Paul. *Tiempo y narración III.* Siglo XXI, México, 2003. Finalmente, Vattimo, Gianni. *La secularización de la filosofía. Hermenéutica y posmodernidad.* Gedisa, España, 1998. Beuchot, Mauricio. *Hermenéutica, analogía y símbolo.* Herder, México, 2004.

[202] Op. cit. Tomás de Aquino. *Tratado de la justicia.*, p. 159.

[203] Ibid., pp. 160-161.

2.5 EL HOMICIDIO.

En un primer momento Tomás de Aquino está de acuerdo en que se prive de la vida a una persona para la salud y el bien común de todo el cuerpo comunitario. Posteriormente en relación a la posición de San Agustín, reconoce que el privar de la vida a una persona, es atribución de las autoridades competentes; las siguientes son las referencias:

❖ **"... si algún hombre es peligroso y corruptor de la comunidad por su culpa, puede matarse laudablemente para la salud y el bien común de todo el cuerpo comunitario."** (Esta posición la adquiere el santo padre por influencia de Éxodo 22-18 y, Salmo 100, 8)

❖ **" ... podría algunas veces ser bueno el matar a un pecador, cuando se ha degradado al nivel de la bestia. Pues el hombre perverso se hace aún peor que la bestia, y es más nocivo, ..."** (Esta consideración la adquiere Tomás de Aquino por referencia a Aristóteles en Política, libro 1, cap. 2 y en la Ética, libro 7, cap. 6).

❖ **"... el cuidado del bien común se ha comisionado a los gobernantes que tienen la autoridad pública. Por tanto sólo a ellos compete el matar a un malhechor, y no a las personas particulares."** (Esta observación la asume Tomás de Aquino por referencia a la Ciudad de Dios de San Agustín)[204]

En suma, podemos decir que el santo padre estaba de acuerdo con la privación de la vida, siempre y cuando fuera por la autoridad correspondiente y dentro de los parámetros legales correspondientes.[205]

---

[204] Ibid., pp. 168-170.

[205] Respecto a este hecho de la pena de muerte hay muchos que están a favor y otros en contra. Lo cierto es que en la actualidad se sigue matando por vía legal. El Doctor Agustín Basave Fernández del Valle, está en contra de la pena de muerte pues, considera que: **"La pena capital es incapaz de eliminar el crimen; más bien, lo único que hace es eliminar delincuentes."** Op. cit. Basave Fernández del Valle, Agustín. *Meditación sobre la pena de muerte.*, p. 101. Asimismo, en esta misma obra, haciendo referencia a Tomás de Aquino, el doctor Fernández del Valle, considera que **"Santo Tomás defiende la pena de muerte con la mentalidad lógica de un filósofo aristotélico (preocupado por el todo social) más que como pensador cristiano, cuyas fuentes evangélicas sirven para fines pastorales."**, p. 60. Respecto a los que están a favor de la pena de muerte encontramos, a manera de ejemplo, que en Estados Unidos 38 estados la permiten. Cf. Periódico "La jornada" del 21 de septiembre del 2006., p. 37.

Respecto al "suicidio", encontramos que Santo Tomás de Aquino, reconoce desde un principio, que es contra la naturaleza, pues se está atentando contra lo más absoluto de la existencia humana: la vida. En consecuencia, es un grave error el actuar de esta forma.[206] Por lo tanto, la vida, por ser el acto primero de la existencia, la cual se rige por los destinos del ser eterno, ya que es él quien la da y recibe finalmente en forma espiritual, no nos pertenece, ¿con qué autoridad podemos quitarnos lo que no es nuestro?[207]

Las palabras del santo padre son: "**... la vida es un don de Dios otorgado al hombre, y está sujeto al poder divino, quien es el único que puede decidir de la vida y de la muerte del hombre.**"[208]

En la siguiente cita de Tomás de Aquino, una vez más, le da la autoridad de la privación de la vida, a las personas encargadas de la seguridad, pero está en contra de que la propia persona termine con su existencia; la siguiente es la observación:

---

[206] Seguramente los que se quitan la vida, no es porque estén en contra de la vida, sino de la forma de vida que llevan. Por ende, para evitar todo ese tipo de deficiencias humanas es necesario el conocimiento y aplicación de las virtudes cardinales (fortaleza, templanza, prudencia y justicia), las cuales en determinado momento pueden ayudar a superar esos estados de ánimo. En este sentido el doctor Agustín Basave Fernández del Valle considera que: " *Todo hombre en cuanto es (...) tiende a ser en plenitud.* (...) **El suicida, pese a su radical error, confirma la ley. Quería ser y seguir siendo más, pero como no puede llegar a la plenitud anhelante, se priva de la vida en espera de acabar con una vida que le parece insoportable.**" Op. cit. Basave Fernández del Valle, Agustín. *Metafísica de la muerte.*, pp. 149-153.

[207] "**Dios creó al hombre a su imagen**", diría Edith Stein en op. cit. *Ser finito y ser eterno. Ensayo de una ascensión al sentido del ser.*, p. 460. Asimismo, en la obra de Ángel Luis González Op. cit. Teología natural., p. 226, encontramos la siguiente tesis: "**Dios da el ser a la criatura (...) haciéndola dependiente. Por eso, en la creación, considerada desde lo creado, hay dos temas capitales que deben retenerse siempre: la procedencia completa (*influentiam essendi*) de la criatura respecto del Creador, y la dependencia completa de lo creado respecto de Dios (...) Dios da el ser a la criatura haciéndola dependiente.**" En consecuencia, si Dios da el ser, la existencia, también la quita. Los medios por los cuales procede, depende de las circunstancias y situaciones humanas. Luego entonces, nuestra existencia espiritual pertenece al ser eterno, dador de vida.

[208] Op. cit. Tomás de Aquino. *Tratado de la justicia.*, p. 172.

"... quien tiene la autoridad pública puede lícitamente dar muerte a un malhechor, porque puede juzgarlo. Pero nadie es juez de sí mismo. Por tanto, no puede suicidarse quien tiene autoridad pública por ningún crimen cometido. Aunque puede entregarse al juicio de los otros."[209]

En conclusión, diría el santo padre, sólo es lícito privar de la vida a un malhechor por autoridad pública.

Por otra parte, encontramos que el homicidio en nuestro Código Penal del Distrito Federal tienen las siguientes penalidades:

Vamos a partir de la idea que el homicidio es privar de la vida a otro (art 123). La forma de actuar en el homicidio posee diferentes atenuantes como el homicidio imprudencial, el homicidio en riña, el homicidio por lesiones, el homicidio asistido, entre otro tipos de la pérdida de la vida.

Las penalidades van desde un año al que ayude a otro para que se prive de la vida (artículo. 142) y dos a cinco años por muerte asistida (artículo. 127) y hasta 50 años por homicidio calificado (artículo. 128) y, una máxima de 60 años en el Código Penal Federal (artículo. 320).

De este tipificación de homicidios, vale la pena detenernos en dos tipos, pues tienen que ver con algunas propuestas teológico-humanitarias de Tomás de Aquino.

Art. 127 del Código Penal del Distrito Federal quien señala: **"Al que prive de la vida a otro, por la petición expresa, libre, reiterada, seria e inequívoca de éste, siempre que medien razones humanitarias y la víctima padeciera una enfermedad incurable en fase terminal se impondrá prisión de dos a cinco años."**

Aquí se abriría un espacio para la reflexión del homicidio asistido pues, el santo padre, reconocía que era válida la muerte de una persona "malhechora" por la autoridad correspondiente; Tomás de Aquino no especifica su posición respecto a la muerte asistida por razones de humanidad o por enfermedad. Por lo tanto, nos quedamos con la propuesta de que nadie puede privar de la vida a otra persona, sólo la autoridad pública y el presunto delincuente,

---

[209] Ibid., p. 172.

sea un malhechor confeso y acreditando por todos los medios posibles su culpabilidad. De lo contrario se estaría violando la ley humana, la ley natural y la ley eterna.

El siguiente ordenamiento jurídico tiene que ver con el suicidio. El artículo 142 del Código Penal del Distrito Federal afirma que: "**Al que ayude a otro para que se prive de la vida, se le impondrá prisión de uno a cinco años, si el suicidio se consuma. Si el agente prestare el auxilio hasta el punto de ejecutar él mismo la muerte, la pena aplicable será de cuatro a diez años de prisión.**"

De donde concluimos que el suicidio está prohibido en el pensamiento tomista y en México. Las personas que ayuden a quitar la vida a otra persona, tendrán que pagar su penalidad.

2.6 MUERTE EN DEFENSA PROPIA.

En cuanto a la "muerte por defensa propia", Tomás de Aquino considera la validez de la misma con sus respectivas cargas morales. Así encontramos que: "**Si el acto se hace con la intención de conservar la propia existencia, no es ilícito, pues es de derecho natural el que cada uno conserve su existencia en cuanto le sea posible.**"[210]

De la consideración anterior, encontramos que el defender la vida ante un peligro eminente de muerte es válido el responder y privar de la vida al agresor aunque, en un principio, la intención era sólo defenderse; por lo tanto, el santo padre llegando al extremo de que se presente la muerte del agresor, lo acepta, pues es un derecho natural el preservar la vida por todas las causas y formas posibles.[211] Ciertamente, el santo padre aceptaría, la muerte como

---

[210] Ibid., p. 175.

[211] Aquí tenemos las siguientes observaciones en relación a la fenomenología, epistemología y antropología de la muerte. Para Schopenhauer cuando la muerte se presenta ha de representársela como lo que es, a saber: **el fin en el tiempo del individuo temporal. No es el dolor el que tenemos en la muerte, pues el dolor lo soportamos en la vida y, además, con la muerte nos libramos de él, o a la inversa, preferimos los más crueles dolores a una muerte breve y fácil. Muerte y dolor son cosas distintas a nuestros ojos. Lo que nos infunde pavor en la muerte es el aniquilamiento del individuo, por ser así como la concebimos, y el individuo, que es la voluntad de vivir en su única objetivación, se**

última alternativa de la defensa personal, lo cual, se puede determinar con la siguiente idea: "**... si alguien, por conservar la propia vida, usara de más la violencia que la necesaria.**"

En esta hipótesis, Tomás de Aquino hace una generalización en relación al uso necesario de la fuerza donde compromete la actuación de las personas civiles, policías y militares. Este uso gradual de la fuerza para garantizar la integridad de la vida, es trascendental pues en la actualidad, en México, Distrito Federal, existe una normatividad policial que permite la aplicación necesaria del uso de la fuerza, que consiste a grandes rasgos, en ejercer la misma fuerza, de acuerdo al comportamiento de los presuntos delincuentes.[212] Por lo tanto, es necesario buscar, de todas las formas racionales y humanamente posibles, el uso de la

---

rebela con todo su ser contra la muerte." Op. cit Schopenhauer, Arturo. *El mundo como voluntad y representación.*, p. 288. Por su parte Max Scheler referente al instinto de supervivencia, considera: " **... si se miden a un tiempo la extraordinaria violencia con que cada ser vivo, mientras dura el impulso vital, se ve empujado hacia la existencia y se manifiesta firme en la vida, y la brevedad de la vida y la absoluta e inconmovible certeza de hallar la muerte, certeza incomparablemente mayor que la que poseen todos los demás acontecimientos futuros; si se mide la intensa reacción del miedo que, mientras dura el impulso vital, crece al aclararse la idea de la muerte, entonces, el enorme reposo, más aún, la serenidad, el peculiar sentimiento de seguridad que anida en el hombre y el animal, es uno de los fenómenos más asombrosos y que tienen que producir más honda extrañeza.**" Op. cit. Scheler, Max. *Muerte y supervivencia.*, p. 35. Por su parte Heidegger diría: Sin embargo y a pesar de todo **"El fin del ser en el mundo es la muerte."** Op. cit. Heidegger, Martín. *El ser y el tiempo.*, p. 256. Finalmente Carlos Castaneda dice: **"Un guerrero muere difícilmente. Su muerte debe luchar para llevárselo. Un guerrero no se entrega a la muerte tan fácilmente."**, cf. Castaneda, Carlos. *La rueda del tiempo.* Plaza y Janés. México, 1999., p. 150. Concluimos: la vida es todo. La muerte un segundo. La ley, un instrumento racional para garantizar la existencia, trascendencia y convivencia humana. La justicia, un equilibrio entre la vida y la muerte.

[212] Los siguientes serían los principio básicos del uso racional de la fuerza: 1. Legalidad; 2. Estricta necesidad; 3. Proporcionalidad; 4. Técnicas de control y uso diferenciado de la fuerza; 5. Preservación de la vida, la integridad física y lesividad mínima; 6. Uso excepcional y extremo de las armas de fuego; 7. Uso de la fuerza mínima en reuniones ilícitas; 8. Auxilio inmediato a quien resulte lesionado y 9. Información inmediata al superior. Cf. Comisión de Derechos Humanos del Distrito Federal. *Principios básicos para el uso policiaco de la fuerza.*, pp. 1-20. Asimismo, Op. cit. Ramírez R. Efrén. *Los derechos humanos en la formación de la policía judicial. Manual de capacitación.*, pp. 162-166.

fuerza como alternativa para garantizar la vida de una persona, si del uso de la misma se genera una muerte, el santo padre la aceptaría sin mayor conmoción pues se está protegiendo una vida humana y de esto el bien de la comunidad.

Sin embargo, si es posible no matar mejor. Otras reflexiones de Tomás de Aquino ilustran su posición respecto a la muerte como defensa propia:

❖ El clérigo, aun cuando hubiera matado en defensa propia, **queda irregular**; y esto aunque no hay intentado matar, sino sólo defenderse.
❖ El acto de la fornicación y el adulterio, podrían ser motivos para el homicidio, por ende es menester tener cuidado.
❖ No se vale el homicidio por venganza pues sería atentar contra las propias leyes humanas, naturales y ley divina o eterna.

De donde concluimos que es válido privar de la vida a otra persona por defensa propia, pero primero, aplicar la defensa en forma gradual y como última posibilidad, la privación de la vida.

Finalmente, Tomás de Aquino hace referencia al homicidio involuntario, es decir, aquél homicidio que se da por culpa de un acto accidental. En este sentido, reconoce que, **el matar a otro accidentalmente es pecado**[213] (delito). La siguiente es la observación:

"... según el derecho, si alguien está haciendo algo lícito y de ello se sigue un homicidio, aun cuando se hubiese puesto suficiente cuidado, no incurre en culpa de homicidio. En cambio si se esta haciendo una acción ilícita, o haciendo una lícita no se tuviese suficiente cuidado, entonces se le imputa el homicidio, si es que por su culpa se sigue la muerte del otro."

De esta hipótesis podemos apreciar la tipificación del homicidio por dolo o por culpa, artículo 3º. Del Código Penal del Distrito Federal; por acción o por omisión, artículo 15 del mismo Código. Asimismo, la calificación y clasificación del homicidio, estará determinado por: la ventaja, traición, alevosía, retribución, por el medio empleado, saña o estado de alteración voluntaria, artículo 138 de dicho Código.

---

[213] Op. cit. Tomás de Aquino. *Tratado de la justicia.*, p. 176.

Por otra parte, cabe mencionar que el artículo 22 de la Constitución de los Estados Unidos Mexicanos, párrafo cuarto, señalaba la *pena de muerte* como posibilidad. El ordenamiento es: **"Queda también prohibida la pena de muerte por delitos políticos, y en cuanto a los demás, sólo podrá imponerse al traidor a la Patria en guerra extranjera, al parricida, al homicida con alevosía, premeditación y ventaja, el incendiario, al plagiario, al salteador de caminos, al pirata y a los reos de delitos graves del orden criminal."** De aquí, determinamos que la acción de la privación de la vida está fundamentada jurídicamente; la realidad es que legítimamente no se lleva a cabo ignorando si en el ámbito militar proceda. Lo cierto es que, de lo jurídico a lo legítimo de la realidad se genera un abismo donde queda suspendida esta acción de privación de la vida[214].

Con estos antecedentes de la tipificación del acto delictuoso, seguramente le estamos haciendo justicia a Tomás de Aquino, quien se preocupó por la integridad biológica, psicológica y social de la persona.

Finaliza el santo padre, esta clase de homicidio, con la siguiente reflexión:

"... según los cánones se impone una pena a quienes causen una muerte haciendo algo ilícito o no teniendo el suficiente cuidado."[215]

Respecto a la aplicación de la muerte por defensa propia, en la actualidad tenemos las siguientes observaciones.

El artículo 10 de la Constitución Política de los Estados Unidos Mexicanos refiere: **"Los habitantes de los Estados Unidos Mexicanos tienen derecho a poseer armas en su domicilio, para su seguridad y legitima defensa..."** No cabe duda que en este artículo la misma ley da la posibilidad para que dentro de tu domicilio tengas un arma de fuego para tu seguridad y la de tu familia. De donde observamos que primero se da un fenómeno de carácter subjetivo referente a la seguridad personal, de tu familia y bienes materiales que tengas en tu domicilio. Asimismo esta posesión de un arma de fuego, te da seguridad personal para enfrentar en determinado momento que alguien violente tu

---

[214] Op. cit. Constitución Política de los Estados Unidos Mexicanos, comentada. UNAM, México, 1985; así como Constitución Política de los Estados Unidos Mexicanos, 2008.

[215] Op. cit. Tomás de Aquino. *Tratado de la justicia.*, p. 176.

espacio privado consagrado en la ley federal;[216] posteriormente si hay violación de esta intimidad y espacio personal, podrás hacer uso de tu arma de fuego. En este contexto, por el hecho de violentar el domicilio particular y acceder al mismo, se tipifica un delito que consiste en el "allanamiento de morada" y puede ser castigado por seis meses a dos años de prisión o multa.[217] Por lo tanto, para evitar esta problemática y poder perder la vida por un acto de legitima defensa, es mejor llevar los causes de comportamiento normal por la vía del bien, es decir, no complicarse la existencia y hacer el bien.

Finalmente, vale la pena destacar que en la actualidad la legítima defensa queda sin culpabilidad legal, más no moral como lo diría Tomás de Aquino, cuando:

- ❖ Se repela una agresión real,
- ❖ Actual o inminente y
- ❖ Sin derecho,
- ❖ En defensa de bienes jurídicos propios o ajenos,
- ❖ Siempre que exista necesidad de la defensa empleada y
- ❖ No medie provocación dolosa suficiente e inmediata por parte del agredido o de su defensor.
- ❖ "Cuando se cause un daño a quien por cualquier medio trate de penetrar o penetre, sin derecho, al lugar en que habite de forma temporal o permanente el que se defiende (...)"[218]

Sin embargo, el mismo artículo en cuestión refiere que no hay que excederse; en el caso que se manifieste un exceso, se está violentando otro artículo penal independientemente de que la acción se haya generado por una legítima defensa.[219] En este sentido, a pesar de que existe legalidad fundamentada para la legitima defensa, es necesario la aplicación de las virtudes básica de Tomás

---

[216]   El artículo 16 constitucional federal sentencia que: **"Nadie puede ser molestado en su persona, familia, domicilio, papeles y posesiones, sino en virtud de mandamiento escrito de la autoridad competente, que funde y motive la causa legal del procedimiento..."** Quien viole este ordenamiento, en especial cuando se viole el domicilio, automáticamente está cayendo en calidad de persona sospechosa y violadora de la legalidad, por ende, puede perder su vida si no aclara el hecho del acto violatorio ante la persona que lo reclame.

[217]   Cf. Artículos 210 y 211 del Código Penal del Distrito Federal, 2008.

[218]   Ibid. Artículo 29.

[219]   Ibid. Art. 83, que se refiere a los excesos de la legítima defensa.

de Aquino (justicia, fortaleza, prudencia y templanza[220]) para evitar caer en excesos humanos y, por ende, problemas jurídicos. De donde se concluye que el pensamiento jurídico-tomista es básico para actuar con inteligencia.

Este hecho genera en el fondo del actuar humano, una reflexión fundamental: actuar con responsabilidad y con la mayor inteligencia posible en los actos que desarrollemos durante nuestra existencia.

Terminamos con una cita de Santo Tomás: **"... es lícito al reo el resistir cuanto pueda para no ser entregado a la muerte."**[221]

En esta línea de pensamiento, un delincuente siempre buscará no ser detenido. Utilizará todos los medios a su alcance como ofrecer dinero, bienes materiales, joyas, entre otros. De tal forma que un delincuente detenido es de mayor peligrosidad, pues se le magnifica la percepción de que va a perder su libertad, su libertad está en el limbo, diría Carlos Castaneda. Su potencialidad de violencia se encuentra en su máximo nivel y, por ende, puede ser desencadenada por el mínimo error de la autoridad que lo haya asegurado, de tal forma que está dispuesto inclusive a matar pues, está de por medio su libertad plena.[222]

2.7 LA FLAGRANCIA O EL CASO URGENTE.

El santo padre maneja las siguientes hipótesis relacionadas, primero con el acto de molestia, y el segundo, el que se refiere a la detención en flagrancia o el caso urgente.

Respecto al primero considera que: **"... el encarcelar a un hombre o el detenerlo de alguna manera, es ilícito, a no ser que se haga por orden de la justicia, sea como castigo o para evitar que el reo cometa otros daños."**[223]

En esta cita encontramos que la justicia penal (Juez penal -impartidor de justicia-, o Ministerio Público –procurador de justicia'), tendrá la posibilidad

---

[220] Op. cit.. De Aquino, Tomás. *Suma contra los gentiles.*, pp. 333-334.
[221] Op. cit. Tomás de Aquino. *Tratado de la justicia.*, p. 203.
[222] Plática con el policía Pedro Higinio Muñiz, con veinte años de experiencia policial en la ciudad de México.
[223] Op. cit. Tomás de Aquino. *Tratado de la justicia.*, p.180.

de ordenar la detención y presentación de un presunto delincuente para aclarar su situación jurídica o en su caso, evitar que cometa más daños.

Por lo tanto, aquí podemos percibir la orden de aprehensión girada por una autoridad judicial y la orden de detención girada por un Ministerio Público. Ambos mandamientos tienen un común denominador: evitar que el presunto (delincuente) afecte el orden jurídico-político establecido.[224]

De esta referencia de Tomás de Aquino, podemos sacar las siguientes Hipótesis jurídicas contemporáneas:

- ❖ La privación ilegal cuando se detiene a una persona sin causa justificada jurídicamente.[225]
- ❖ El abuso de autoridad cuando se es servidor público, concretamente oficial de policía.[226]

---

[224] ¿Por qué jurídico político? Primero porque es parte de la esencia del pensamiento de Tomás de Aquino al considerar que lo jurídico depende de lo político y lo político de lo jurídico, siendo unificados ambos poderes por el bien común que busca la felicidad de las personas en un Estado de Derecho Democrático. (Rawls-Habermas).

[225] Esta hipótesis nos refiere, una vez más, al artículo 16 de la Constitución Política de los Estados Unidos Mexicanos, la cual ordena que **nadie puede ser molestado en su persona (...)** Por otra parte, encontramos que, esta privación está tipificada como: **Privación de la libertad personal** (artículos 160-161); **Privación de la libertad con fines sexuales** (Artículo 162); **Secuestro** (artículos 163-167) y **Desaparición forzada de personas** (artículo 168); todos los delitos tipificados en el Código Penal del Distrito Federal del 2008. Asimismo cabe señalar que la pena mínima por estos actos de molestia son desde seis meses de prisión hasta cincuenta años cuando el secuestrado fallezca durante el tiempo en que se encuentre privado de su libertad, artículo 165 del mismo Código. En este contexto, también se puede hacer referencia a la Ley Contra la Delincuencia Organizada del Distrito Federal, artículo 10 relacionado con el 254 del Código Penal del Distrito Federal fracción IX y de la Ley Federal Contra la Delincuencia Organizada, artículo 2º. Fracción V, relacionado con los artículos 364 al 366 bis del Código Penal Federal con penas desde seis meses hasta setenta años de prisión cuando el secuestrado muera durante la privación, artículo 366 fracción III, párrafo tercero de dicho Código Federal.

[226] En esta hipótesis, también hacemos referencia al 16 de la Constitución Federal cuando ordena que nadie puede ser molestado en su persona. Cuando se viola este mandato constitucional, si es servidor público el presunto, automáticamente se está tipificando un abuso de autoridad el cual, esta penalizado con prisión de uno a seis años según el artículo 262 del Código Penal del Distrito Federal y que

❖ La acción del poder judicial respecto a las órdenes que está facultado para emitir, en este caso, la orden de aprehensión.[227]

❖ La orden de detención girada por el Ministerio Público.[228]

En este contexto, el pensamiento jurídico tomista es contemporáneo con y por los fundamentos antes citados. Por ende, la orden de aprehensión, de detención; el abuso de autoridad y la privación ilegal de la libertad, son delitos. Un gran avance de la vida jurídica promovida por la eminencia jurídico-política del santo padre.

Respecto a la detención en flagrancia, Santo Tomás de Aquino refiere: **"... el detener en un momento dado a un hombre para que no lleve a cabo una maldad planeada, <u>a todos les es lícito;</u> como cuando alguien detiene a otro para que no se suicide o no hiera a un tercero."**

Sin embargo, vuelve a reconocer la autoridad judicial y ministerial: **"Pero el simplemente echarlo a la cárcel o encadenarlo, sólo corresponde al que tiene el deber de cuidar de los actos y la vida de todos: y es que con ello no sólo se impedirá al hombre el hacer el mal, sino también el bien."**[229]

De estas observaciones tomistas, en relación a los delitos en flagrancia, encontramos las siguientes hipótesis contemporáneas:

---

consiste en I. Ejercer violencia a una persona sin causa legítima, la vejare o la insultare; o II. Use ilegalmente la fuerza pública. Por otra parte, encontramos que en el Código Penal Federal también está tipificado el delito de abuso de autoridad en el artículo 215.

[227] En el segundo párrafo del artículo 16 de la Constitución Federal Mexicana encontramos que: "**No podrá librarse orden de aprehensión sino por la autoridad judicial y sin que proceda denuncia o querella de un hecho que la ley señale como delito, (...)**"

[228] Respecto a las ordenes de "detención" por parte del Ministerio Público, se justifican con la siguiente argumentación jurídica: "**Sólo en casos urgentes, cuando se trate de delito grave así calificado por la ley y ante el riesgo fundado de que el indiciado pueda sustraerse a la acción de la justicia, siempre y cuando no se pueda ocurrir ante la autoridad judicial por razón de la hora, lugar o circunstancia, el <u>Ministerio Público</u> podrá, bajo su responsabilidad, ordenar su detención, fundando y expresando los indicios que motiven a su proceder.**" Cf. Artículo 16 de la Constitución Federal Mexicana, quinto párrafo.

[229] Op. cit. Tomás de Aquino. *Tratado de la justicia.*, p. 180.

❖ En referencia al 16 de la Constitución Política de los Estados Unidos Mexicanos en el sentido de que en la "flagrancia", cualquier persona puede intervenir en el aseguramiento del presunto responsable, poniéndolo inmediatamente a disposición de la autoridad competente. El siguiente es el fundamento jurídico: **"En los casos de delito flagrante, cualquier persona puede detener al indiciado poniéndola sin demora a disposición de la autoridad inmediata y ésta, con la misma prontitud, a la del Ministerio Público."**[230]

---

[230] Cf. Artículo 16, cuarto párrafo de la Constitución Federal Mexicana. Con esta argumentación jurídica, se actualiza el pensamiento tomista en referencia al aseguramiento de un presunto responsable, por cualquier persona, cuando se configure el posible delito de flagrancia o urgencia.

❖ En la segunda cita, está la presencia de la autoridad judicial (jueces)[231] y (policía)[232] como responsables de cuidar los actos y la vida de las

---

[231] El artículo 17 de la Constitución Política de los Estados Unidos Mexicanos refiere que: **"Ninguna persona podrá hacerse justicia por sí misma, ni ejercer violencia para reclamar su derecho (...)"**, para ello, **"Toda persona tiene derecho a que se le administre justicia por tribunales que estarán expeditos para poder impartirla en los plazos y términos que fijen las leyes (...)"** De donde concluimos que el Estado Democrático de Derecho, tiene la obligación de proporcionar la justicia debida, por medio de las instituciones correspondientes a las personas que habitan en dicho país. De esas instituciones de gobierno se configura el poder judicial, el cual, a través de los tribunales correspondientes, jueces y ministros respectivos, podrán ejercer el derecho a través de sus leyes para garantizar el bien común y la equidad jurídica entre las personas. En esta línea de argumentación jurídica, encontramos que la Constitución Federal en sus artículos 94 al 101; 103-107. Así como los artículos de la Constitución Política de los Estados Unidos Mexicanos 5º, que hace referencia al trabajo impuesto como pena por autoridad judicial. El 14 que se refiere a la no privación de la vida, propiedades, posesiones o derechos, sino mediante juicio seguido ante los **tribunales** previamente establecidos así como, la prohibición de imponer por analogía pena alguna que no esté decretada por una ley **exactamente aplicable al delito** de que se trata así como en los juicios del orden civil, deberán ser conforme a la letra o a la interpretación jurídica de la ley. El artículo 16 referente a las órdenes de aprehensión; los casos de urgencia o flagrancia; los cateos, así como todas las intervenciones del poder judicial relacionadas con la Delincuencia Organizada. El artículo 19 de la Constitución Federal relacionado a los plazos temporales de las detenciones. El 20 de la misma Constitución, relacionado con las garantías del inculpado. El 21 referente a la imposición de las penas. En suma, como podemos apreciar es toda una infraestructura jurídica que le da legitimidad y legalidad a dicho poder coercitivo para desarrollar sus atribuciones conforme al derecho establecido. Por ende, es un poder de los jueces que tienen como finalidad la impartición de justicia que en palabras de Tomás de Aquino, sería **"cuidar de los actos y de la vida de todos",** con la intención de lograr el bien común por medio del derecho.

[232] Aquí encontramos, la figura de la policía como el **"que tiene el deber de cuidar de los actos y de la vida de todos."** Esta policía tiene también su fundamentación legal y, por ende, legitima pues su configuración, pasó un proceso de filtros por la Cámara de Diputados, la Cámara de Senadores y el Poder Ejecutivo Federal, artículos 71 y 72 de la Constitución Política de los Estados Unidos Mexicanos. Estos mandamientos legales de las policías, son los siguientes: el artículo 21 de la Constitución Federal Mexicana reconoce que **"La imposición de las penas es propia y exclusiva de la autoridad judicial. La investigación y persecución de los delitos incumbe al Ministerio Público, el cual se auxiliará con <u>una policía</u> que estará bajo su autoridad y mando inmediato. Compete a la autoridad administrativa la aplicación de sanciones por las infracciones**

personas con la intención de crear el bien común como imperativo para garantizar la viabilidad en una sociedad jurídico-política.

❖ Aquí encontramos la constitución de la autoridad judicial como ente que garantiza los actos y vida de las personas, así como el cuerpo de policía.

2.8 EL DELITO DE ROBO EN EL PENSAMIENTO JURÍDICO DE SANTO TOMÁS DE AQUINO.

Conforme vamos avanzando en el estudio jurídico del pensamiento de Tomás de Aquino, es posible ir observando que los delitos de su época han trascendido hasta nuestros días. Por lo tanto, se puede vislumbrar, en la actualidad, la evolución de una delincuencia casi idéntica a los tiempos del santo Padre; la gran diferencia podría ser la implementación de las armas, la ciencia y tecnología contemporánea en el uso de los actos delictivos. En este contexto, podemos apreciar el delito de robo,[233] secuestro,[234] homicidio, adulterio, entre

---

de los reglamentos gubernativos y de policía ..." En este artículo alcanzamos a percibir una policía que depende del Ministerio Público y una autoridad administrativa (policía administrativa-preventiva) que depende del gobierno, en este caso del Distrito Federal. Más adelante, en este mismo artículo, encontramos que **"La seguridad pública es una función a cargo de la Federación, el Distrito Federal, los Estados y los Municipios, en las respectivas competencias que esta Constitución señale. La actuación de las <u>instituciones policiales</u> se regirán por los principios de legalidad, eficiencia, profesionalismo y honradez."** Aquí se puede continuar con la argumentación y consideración de algunos vacíos jurídicos policiales, sin embargo, cerramos este pie de página para continuar con la justicia penal de Tomás de Aquino. Cabe destacar que en el tercer capitulo de este trabajo, se vuelve a tocar el tema de la policía, quienes en los tiempos del santo padre eran militares los encargados de garantizar el orden interno y externo de una comunidad política.

[233] En la obra de Salomón Baltasar Samoyoa y Germán García Beltrán, encontramos que el robo es el delito **más frecuente en la actualidad en todo el país.** La referencia es que el delito de robo es **"... la conducta delictiva más recurrente en la estadística criminal del país."** Cf. Baltasar Samoyoa, Salomón y García Beltrán, Germán. *Casos penales.* Porrúa, México, 2006., p. XIII.

[234] Este delito, el cual es uno de los más impactantes en la actualidad, también había sido considerado por el santo padre. En este sentido encontramos la siguiente cita: **"La ley antigua imponía la pena de muerte en los crímenes más graves, a saber: los crímenes contra Dios, el homicidio, <u>el secuestro</u>, la rebeldía contra los padres, el adulterio y el incesto. En el robo de objetos se ponía la pena de reparación de daños. En las heridas, mutilaciones y falso testimonio, la ley**

otros.[235] Con esta referencia, es posible determinar que el santo padre estaba pendiente de la vida criminal de su época.

Así, Tomás de Aquino consideraba que las propiedades son la base para las disputas, en este sentido hace referencia al derecho positivo como el instrumento racional para garantizar el acuerdo, tolerancia y respeto entre las personas y respeto a sus bienes materiales. La referencia es la siguiente: **"... las cosas son comunes según el derecho natural, no en el sentido de que el derecho natural dicte que todas las cosas han de poseerse en común, y nada como propio; sino en cuanto el derecho natural no distingue las propiedades, sino que esto corresponde al acuerdo humano, o sea al derecho positivo, como ya se ha dicho. Por tanto la propiedad de las cosas no es algo contrario al derecho natural, sino algo sobreañadido según lo ha encontrado conveniente la razón natural."[236]** Entonces la razón natural es lo que va a permitir que las personas se vayan apropiando de los bienes suficientes para su existencia. Sin embargo, para evitar fricciones cuando no haya acuerdo racional, se hace uso del derecho positivo para dirimir las inconformidades y generar por medio de las leyes, la estabilidad para, una vez más, lograr acuerdos por medio de la intervención de la justicia como máxima garantía humana para solucionar los conflictos latentes.

Más adelante, el santo padre reconoce, citando a Isidoro de su libro "Etimologías" libro 10 que, La palabra "ladrón" viene del latín *fur,* y ésta de *furvo* (oscuro), o sea fusco (negro), porque el ladrón se aprovecha de la noche.

En este contexto, el santo padre considera algunos aspectos en la esencia del hurto (robo):

❖ El que contraría la justicia, por la cual se da a cada uno lo suyo, y por tanto el robo[237] es una usurpación de lo ajeno.

---

del talión. En cuanto delitos menores, imponía el castigo de flagelación o infamia." Op. cit. Tomás de Aquino. *Tratado de la ley.,* p. 85.

[235] En el Informe sobre Desarrollo Humano 2005, se establecen los siguientes delitos como los más ejecutados a nivel mundial: Delitos contra la propiedad (daños en propiedad ajena), robo, agresiones sexuales, agresiones (lesiones) y corrupción., op. cit., p. 321.

[235] Op. cit. Tomás de Aquino. *Tratado sobre la justicia.,* p. 183.

[237] Según el Código Penal del Distrito Federal el robo lo considera como: **"Al que con ánimo de dominio y sin consentimiento de quien legalmente pueda**

❖ El que su objeto sea una cosa poseída por otro, y en este aspecto difiere de los pecados (delitos) que tiene contra la justicia que tienen como objeto la persona misma del otro, como sería el homicidio y el adulterio.

❖ El que el robo sea oculto, y según este criterio, el hurto es *el tomar ocultamente lo ajeno.*

❖ También el ocultamiento sería el caso del robo y fraude[238].

❖ El retener lo que se roba a otro daña igualmente que el tomar lo ajeno; por tanto cae bajo la misma noción de robo.

❖ Lo que es de uno principalmente, también en cierto sentido pertenece a otro; por ejemplo, dice el santo padre, tratándose de un depósito, el objeto pertenece simplemente al que lo depositó; pero en cierto sentido pertenece también a quien tiene el depósito, en cuanto a la responsabilidad de su custodia. (Actividades financieras contemporáneas).

Tomás de Aquino también hace una observación en cuanto lo que es el robo y el asalto, es decir, el hurto y la rapiña. Sus observaciones son las siguientes: **"La rapiña y el hurto no difieren sino en cuanto el hurto consiste en tomar una cosa ocultamente, y la rapiña en hacerlo manifiesta y violentamente."**[239] En este sentido, toma en consideración una cita de Aristóteles que es: el Filósofo en la *Ética,* libro 5, cap. 2, distingue entre el hurto "oculto", y la rapiña "violenta". De donde concluimos que, en la actualidad no se maneja la palabra rapiña o asalto, en su lugar se le agrega la agravante "con violencia". De donde concluimos que el robo puede ser con y sin violencia, en el fondo es lo mismo, el desapoderamiento de un bien[240].

---

otorgarlo, se apodere de una cosa mueble ajena," Cf. Artículo 220.

[238] Según el Código Penal del Distrito Federal fraude es: **"Al que por medio del engaño o aprovechando el error en que otro se halle, se haga ilícitamente de alguna cosa u obtenga un lucro indebido en beneficio propio o de un tercero,"** Cf. Artículo 230.

[239] Op. cit. Tomás de Aquino. *Tratado de la justicia.,* p.185.

[240] En el Código Penal del Distrito Federal esta tipificado el robo en los artículos 220-225. En el 225, fracción primera encontramos el robo con violencia física o moral.

2.9 ROBO POR NECESIDAD.

Después de las consideraciones anteriores reconocemos en Tomás de Aquino los siguientes tipos de robo: el hurto (robo), la rapiña (asalto-robo con violencia) y el robo por necesidad, el cual consiste en robar por urgencia. De donde obtenemos que los actos que violentan la justicia, son el robo y la rapiña; mientras que el robo por necesidad se da por urgencia. Su argumentación es la siguiente: el derecho positivo queda por debajo del natural y del divino, en consecuencia, como el hambre, o la urgencia de satisfacer alguna necesidad humana, y no existen las condiciones, posibilidades, antecedentes o circunstancias por actuar en forma positiva, esa naturaleza humana se manifiesta en forma urgente para satisfacer la necesidad. (Seguramente se refiere concretamente al robo de alimentos).

Sus palabras son: **"Lo que es de derecho positivo humano queda derogado por el derecho natural y por el derecho divino. Y según el orden natural, instituido por la divina providencia, todos los objetos inferiores están ordenados a subvenir a las necesidades humanas. Por tanto, siendo la división y apropiación de cosas objeto del derecho humano, nada impida que se socorra la necesidad de un hombre mediante tales cosas."**[241]

En dicha premisa la necesidad natural del robo queda argumentado por la siguiente propuesta tomista: **"Mas si la necesidad fuese evidente y urgente, entonces puede uno satisfacer su necesidad con las cosas ajenas; esto sucede cuando hay que resolver un problema de necesidad inmediata, como cuando una persona puede estar en un peligro inminente y no se le puede ayudar de otra manera."**[242]

En esta hipótesis, considera el santo padre que no se puede dar el acto de robo o rapiña como tal, pues la extrema urgencia y necesidad real, minimiza el acto por si mismo. En suma, la necesidad convierte en suyo lo que ha tomado para sostenimiento de su vida. Por lo tanto, una necesidad natural inmediata humana, sería la alimentación, el vestido o la protección de las inclemencias del tiempo. Si para ello hay que robar como caso urgente, Tomás de Aquino estaría de acuerdo con el actuar delictivo, siempre y cuando se haga con esa intención natural, más no para hacer el mal.

---

[241] Op. cit. Tomás de Aquino. *Tratado de la justicia.,* p. 188.
[242] Ibid., p. 188.

En términos contemporáneos, es válida también esta acción siempre y cuando se haga por una sola ocasión. El mandato legal es el siguiente:

Artículo 379 del Código Penal Federal 2006. **"No se castigará al que, sin emplear engaño ni medios violentos, se apodere <u>una sola vez</u> de los objetos estrictamente indispensables para satisfacer sus necesidades personales o familiares del momento."**

En este artículo encontramos reflejado el pensamiento jurídico, natural y divino del santo padre. Las siguientes son las hipótesis:

- ❖ No hay violencia ni engaño en el actuar.
- ❖ Es un caso urgente inminente.
- ❖ Se da por una sola ocasión.
- ❖ Son objetos estrictamente indispensables.
- ❖ Son necesidades naturales momentáneas.

Con este artículo se humaniza con mayor intensidad la ley y, se da la posibilidad de continuar con vida a las personas que entran en esta acción, mientras se busca la ayuda por las autoridades pertinentes.

Finalmente, Tomás de Aquino considera que es más grave el daño que causa un asaltante que comete rapiña que un ratero que comete su acción sin violencia. Reconoce que el asaltante es más violento generando un mal mayor y que el ratero es más discreto, por ende su actuar genera menos violencia en la persona afectada.[243]

2.10   LA INJUSTICIA EN LOS JUICIOS.

La injusticia siempre va a ser un trauma para las personas que son congruentes consigo mismos, con los que comparten su tiempo y finalmente con las personas que tienen algún tipo de contacto con el justo, con el hombre de bien.

En este sentido, la persona con este principio de justicia se caracteriza por ser responsable, inteligente y amante de la verdad y la tranquilidad: el arte de la vida, diría Tomás de Aquino. Cuando se violan algunos de estos principios,

---

[243]   Ibid., pp. 189-190.

automáticamente se está atentando contra la dignidad de las personas. De su inteligencia y conocimiento. Por lo tanto, esas injusticias por más mínimas que sean afectan a las personas justas.

Sin embargo, el problema certero y conmovedor es cuando se miente en aras de la justicia; es decir, cuando se hace el mal, no se quiere reconocer y se miente con toda la deshonestidad de la inteligencia humana. Ese tipo de injusticias se puede observar especialmente en los ámbitos jurídicos y políticos. En el jurídico está de por medio la libertad y en el político el bien común.

De donde concluimos que es necesario para los servidores públicos en general, ser justos con la intención de no denigrar la esencia de la humanidad que consiste en sus actos inteligentes fundados con una razón brillante y una voluntad fuerte y congruente con las necesidades superiores del ser humano, que es la superación personal y, por ende, de la comunidad en que desarrolla su existencia.

En suma, ser justos es ser sabios en el máximo nivel; en el nivel medio sería ser congruentes con uno mismo respetando la dignidad humana por medio de la aplicación, búsqueda y ejercitación de la verdad en los actos de la vida y en el tercer nivel, el básico, sería hacer el bien y evitar el mal.[244] Con estos fundamentos del actuar humano, seguramente se fortalecerá la praxis humana en el horizonte de la justicia.

Finalmente, podemos iniciar con los cuestionamientos que hace Tomás de Aquino en relación a las injusticias que se cometen en los juicios.

Las siguientes son sus hipótesis:

- ❖ En los juicios pueden cometer los jueces injusticias al juzgar.
- ❖ Los acusadores al acusar.
- ❖ Los mismos reos al defenderse en un asunto injusto.
- ❖ Los testigos al rendir su testimonio.
- ❖ Los abogados al ofrecer su patrocinio injustamente.

De donde observamos que no todos los jueces son injustos pero sí existe la posibilidad de esa injusticia por parte de los impartidores de la justicia. Por

---

[244]   Ibid., pp. 246-247.

ende, para ser un excelente juez no basta sólo la formación jurídica-política, es necesario una fuerte formación filosófica para que entiendan el comportamiento humano más allá de las apariencias y las racionalidades concretas y objetivas. El juzgar es una acto humano bastante complejo, no es como subirse a una bicicleta y empezar a pedalear, se necesita toda una formación humana; insisto con las leyes no es suficiente para juzgar, precisamente porque un juicio mal hecho limita la libertad humana, la dignidad y en algunos casos la vida; asimismo, afecta economías o la mente de las personas generándose problemas complicados y denigrantes.

Por lo tanto, para juzgar, primero hay que aprender a ser sabios como lo diría Platón[245]. Si no se cuenta con un mínimo de sabiduría, las sentencias judiciales, serán demasiado cuadradas, lineales y positivistas. Esto no significa que se esté en contra de la aplicación objetiva de las leyes sino que, se hace la invitación a los ministros,[246] jueces y demás personas que participan directa

---

[245] Los hombres sólo pueden ser justos por medio del conocimiento diría Platón. Op. cit. Leo Strauss y Joseph Crpsey en *Historia de la filosofía política.*, p. 52.

[246] Algunos de los requisitos para ser Ministro de la Suprema Corte de Justicia de la Nación son: Artículo 95 de la Constitución Política de los Estados Unidos Mexicanos, fracción III. **"Poseer el día de la designación, con antigüedad mínima de diez años, titulo profesional de licenciado en derecho (...)"** También encontramos que el Consejo de la Judicatura Federal es un órgano del Poder Judicial de la Federación con independencia y técnica, de gestión y para emitir sus resoluciones (Artículo 100 misma Constitución). Asimismo como los Consejeros de este órgano judicial, no representan a quienes los designe, ejercerán su función con independencia e imparcialidad; por ende, encontramos que su función, entre otras, es resolver sobre la designación, adscripción y remoción de magistrados y jueces. También, para ser miembro de este Consejo, se pide el mismo nivel de estudios jurídicos que el de Ministro de la Suprema Corte, además de **"... ser personas que se hayan distinguido por su capacidad profesional y administrativa, honestidad y honorabilidad en el ejercicio de sus actividades (...) además con reconocimiento en el ámbito judicial."** Cf. Mismo artículo párrafo tercero. En relación a la estructura judicial del Distrito Federal, encontramos características similares para ser Magistrado y Juez, con referencia al Poder Judicial Federal (Artículos del 16-22 de la Ley Orgánica del Tribunal Superior de Justicia del Distrito Federal). Lo interesante son los **principios** que regulan la función judicial, tanto en su aspecto de **impartición de Justicia,** como en su aspecto administrativo, los cuales son: la expeditez, el impulso procesal oficioso, la imparcialidad, la legalidad, la honradez, la independencia, la caducidad, la sanción administrativa, la oralidad, la formalidad, la calidad total en sus procesos operativos, administrativos y contables, la excelencia en recursos humanos, la vanguardia en sistemas tecnológicos, la carrera judicial, la eficiencia

o indirectamente en la impartición y procuración de justicia, para que en una resolución jurídica enriquezcan sus sentencias con una buena dosis de humanismo.[247]

En este sentido Tomás de Aquino considera que: **"La sentencia del juez equivale a una ley particular acerca de un hecho concreto. Y así como la ley ha de tener fuerza coactiva (...), también la sentencia del juez ha de tener fuerza coactiva, por lo cual ambas partes se ven obligadas a cumplir la sentencia del juez; de otro modo el juicio no sería eficaz."[248]**

Sin embargo, más adelante el santo padre reconoce que: **"... el juzgar es oficio del juez, en cuanto realiza su oficio público; por consiguiente al juzgar debe informarse no según lo que sabe como persona privada, sino según lo que conoce como persona pública. Y esto debe constarle según un conocimiento común y otro particular: común en cuanto conoce las leyes públicas, sean <u>divinas</u>, <u>sean humanas</u>, contra las cuales no puede admitir ninguna prueba; y particular en cuanto puede conocer un caso por los instrumentos y testigos, así como por documentos legítimos; <u>y según estos dos conocimientos ha de juzgar.</u>"[249]**

Como podemos apreciar, aquí se dan los dos fundamentos del conocimiento para hacer de un juicio, un acto de justicia por excelencia. El conocimiento

---

y eficacia (Artículo 1º., párrafo tercero). La pregunta sería ¿cuáles son los criterios humanos, filosóficos, políticos y sociales que utilizan los impartidores de justicia, para hacer de la misma, un acto por excelencia humana? ¿Estos principios son suficientes para garantizar la aplicación de la justicia en forma verdaderamente imparcial?

[247] Para enriquecer esta propuesta, hacemos referencia a Maritain respecto a su idea de que **"...el humanismo tiende esencialmente a hacer al hombre más verdaderamente humano y a manifestar su grandeza original haciéndolo participar en todo cuanto puede enriquecerle en la naturaleza y en la historia (...); requiere a un tiempo que el hombre desarrolle las virtualidades en él contenidas, sus fuerzas creadoras y la vida de la razón, y trabaje para convertir las fuerzas del mundo físico en instrumentos de su libertad."** Op. cit.. Maritain, Jaques. *Humanismo integral.*, p. 12. Entonces, es la fuerza creadora y la racionalidad la que, en cierta forma, enriquece la vida de las personas y en especial de aquellas que se dedican a la impartición de la justicia, pues está de por medio la libertad y, en su caso, la vida de los violadores de la ley.

[248] Op. cit. Tomás de Aquino. *Tratado de la justicia.*, p.191.

[249] Ibid., p. 192.

común: filosofía, psicología, antropología, teología, metafísica, gnoseología, fenomenología, hermenéutica, entre otras ciencias del conocimiento filosófico, para poder salir con la conciencia tranquila y limpia después de haber ejercido y empleado leyes y criterio sumamente humano para juzgar. Por el otro lado, tenemos el conocimiento particular concreto y objetivo: las leyes positivas, las cuales serán los instrumentos jurídicos para ejercer el derecho tomando en consideración las pruebas objetivas documentales, testimoniales y tecnológicas[250] para, con base en las mismas, tomar una decisión jurídica concreta, objetiva y real. Por lo tanto, es necesario que los juzgadores se esfuercen un poquito por entender los actos humanos un poco más allá de lo ordinario y así proceder a ejercer sentencias justas con la mayor excelencia jurídica-humana y filosófica posible.

Finalmente cabe señalar que no existe justicia ni personas que ejercen la justicia en forma perfecta. Por ende, existen vacíos jurídicos que gradualmente hay que ir cubriendo con la intención de hacer de la justicia lo más imparcial y humanamente posible.

Tomás de Aquino, también tuvo algunas apreciaciones que en la actualidad suelen ser conflictivas como el hecho, de que el juez puede ser parte acusadora y parte ejecutora. La observación es la siguiente: **"... algunas veces puede el juez llegar a saber el crimen de modo diverso de la acusación; por ejemplo, por una denuncia, o por infamia, o porque el juez personalmente lo haya visto. Luego el juez puede condenar a alguien sin acusador."** [251]

Como toda interpretación es necesario entender la primacía en la construcción de los sistemas judiciales y procesos de impartición de justicia. El tiempo, el lugar, las circunstancias y el horizonte cultural son parámetros que hay que considerar para entender los hechos históricos como lo marcaría la

---

[250] Aquí encontramos que el artículo 135 del Código de Procedimientos Penales del Distrito Federal, considera como medios de pruebas, la confesión; los documentos públicos y privados; los dictámenes de peritos; la inspección ministerial y judicial; las declaraciones de testigos; y las presunciones así como aquellos elementos aportados por los descubrimientos de la ciencia. Así como la información generada por servidores públicos infiltradas en el mundo de los criminales. Por su parte, la Ley Federal Contra la Delincuencia Organizada hace referencia a que los "infiltrados" también pueden no ser servidores públicos.

[251] Op. cit. Tomás de Aquino. *Tratado de la justicia.*, p. 193.

hermenéutica.[252] Ya lo hemos indicado, no hay personas ni justicia perfecta. Ambas (persona-justicia) son potencias hacia la perfección.

2.11 LA ABSOLUCIÓN DEL JUEZ.

En el tiempo de Tomás de Aquino, encontramos que el juez tenía la obligación y el compromiso moral y jurídico de consignar a un malhechor, precisamente porque esa era su función. Para perdonar sólo Dios, diría el santo padre. En este sentido, encontramos la siguiente propuesta del Doctor *humanitatis.*[253] Dos razones, le impiden al juez absolver al reo: **"primera, de parte del acusador, a quien le corresponde en justicia que se castigue al reo, por ejemplo, cuando éste ha cometido una injusticia contra aquél; y entonces la absolución no está en manos del juez, quien por justicia está obligado a dar a cada quien conforme a su derecho. Segunda, el bien público de la comunidad en cuyo nombre ejerce el oficio; pues pertenece al bien de la comunidad el que se castigue a los malhechores."[254]**

Asimismo, encontramos que el juez **"... al absolver desordenadamente de un castigo, hace un daño a la comunidad; pues redunda en bien de ésta el que se castiguen los crímenes (...)"[255]**

Finalmente esta actitud de absolvencia, por parte del juez, dañaría a la persona contra la que se violentó sus derechos. La idea es: **"También dañaría a la persona contra la cual se cometió la injusticia, porque ésta recibe cierta compensación al menos en la restitución de su honor, mediante el castigo del ofensor."[256]**

Por lo tanto, el juez no puede absolver para garantizar por este acto la justicia penal y, por ende, un reflejo para la comunidad en general en el sentido de la creación de la idea, imagen y conocimiento de que: quien viole la ley será acreedor a una penalidad.

---

[252] Op. cit. Gadamer, Hans-Georg. *Verdad y Método I.* Sígueme. España, 2004. Así como Rocieur, Paul. *Tiempo y narración III.* Siglo XXI. México, 2003.

[253] Op. cit. Manuel Ocampo Ponce. *Las dimensiones del hombre.*, p. 12. En esta cita el doctor Manuel Ocampo, hace referencia al nombramiento que le da Juan Pablo II en 1980 a Tomás de Aquino como el Doctor *humanitatis.*

[254] Op. cit. Tomás de Aquino. *Tratado de la justicia.*, p. 194.

[255] Ibid., p. 195.

[256] Ibid., p. 195.

Sin embargo, en la actualidad tenemos las siguientes observaciones en relación a las absoluciones:

❖ De entrada encontramos en el artículo 23 de la Constitución Política de los Estados Unidos Mexicanos que: **"Ningún juicio criminal deberá tener más de tres instancias. Nadie puede ser juzgado dos veces por el mismo delito, ya sea que en el juicio se le <u>absuelva</u> o se le condene. Queda la práctica de absolver de la instancia."** Aquí percibimos que, el mandato constitucional se interesa porque las personas que se encuentran detenidas, aseguradas, a disposición de la autoridad competente, entre otros mandamientos, cumplan con los términos legales para que se proceda conforme a derecho o se le deje en libertad. De donde concluimos que la persona en un proceso penal, no se le puede mantener en la incertidumbre o se es culpable o no. Para eso se da este artículo, para abogar porque se respete la libertad de las personas cuando son inocentes, de lo contrario se tendrá que proceder inmediatamente conforme a los ordenamientos legales.

❖ En el artículo 16 de dicha Constitución Federal, encontramos en el párrafo sexto: **"En casos de urgencia o flagrancia** (de un acto criminal), **el juez que reciba la consignación del detenido deberá inmediatamente ratificar la detención o <u>decretar la libertad</u> con las reservas de ley."** Una vez más, aquí encontramos la absolución traducida en libertad cuando no se acredite el cuerpo del delito.[257]

❖ El tiempo permitido para interrumpir la libertad de un presunto violador de la ley, esta referida en el mismo artículo 16, párrafo séptimo, el cual ordena: **"Ningún iniciado podrá ser retenido por el Ministerio Público por más de cuarenta y ocho horas, plazo en**

---

[257] En esta idea, se genera la consideración del siguiente ordenamiento jurídico: **"En los juicios del orden criminal queda prohibido imponer, por simple analogía y aún por mayoría de razón, pena alguna que no este decretada por una ley exactamente aplicable al delito de que se trata."** Cf. Artículo 14, párrafo tercero de la Constitución Política de los Estados Unidos Mexicanos. De donde concluimos que la autoridad ministerial o judicial, en el momento en que percibe que no hay los elementos suficientes para proceder jurídicamente en contra de un o una presunta (o), debe dejarlo inmediatamente en libertad, de lo contrario, la autoridad estaría siendo sujeto de un procesos penal que podría ser la privación ilegal, el abuso de autoridad y lo que resulte. Por ende, la autoridad jurídica-ministerial, tendrá que estar por encima de la situación criminógena para valorar la misma y actuar con inteligencia y rapidez en relación a la toma de decisiones.

que deberá ordenarse su <u>libertad</u> o ponérsele a disposición de la autoridad judicial; éste plazo podrá duplicarse en aquellos casos que la ley prevea como delincuencia organizada. Todo abuso a lo anteriormente dispuesto será sancionado por la ley penal."

❖ Del artículo 23 de la Constitución Federal, donde refiere que de la práctica de absolver de la instancia, encontramos la siguiente reflexión: **"... prohíbe la injusta practica de <u>absolver</u> de la instancia, consistente en mantener abierto indefinidamente el proceso, so pretexto de falta de pruebas o elementos suficientes para absolver o para condenar."** De donde se concluye que cuando haya imputación hay que demostrar, de lo contrario proceder a la libertad del presunto; asimismo se da la hipótesis de que cuando hay duda de las acciones del presunto, o de la configuración del delito, en suma, cuando haya duda, se procede a la libertad inmediata.

De estas argumentaciones que hemos revisado en torno a la absolución, podemos fortalecer las mismas con el artículo 16 constitucional[258] que refiere el acto de no molestia: **"Nadie puede ser molestado en su persona, familia, domicilio, papeles o posesiones, sino en virtud de mandamiento escrito de la autoridad competente, que funde y motive la causa legal del procedimiento."**

En suma, las leyes son específicas, concretas, objetivas y reales. Se han creado para garantizar el respeto, la tolerancia, la justicia y la armonía en los Estados Democráticos de Derecho contemporáneo. Por lo tanto, mientras menos se moleste a las personas con actos de autoridad, mejor será el pleno desarrollo

---

[258] Asimismo encontramos en el Código Penal del Distrito Federal el titulo quinto, que se refiere a la **"Extinción de la pretensión punitiva y de la potestad de ejecutar las penas y medidas de seguridad."** Artículo 94 fracciones de la I a la XI. En estas fracciones, el indulto es facultad del titular del ejecutivo. También en el Código de Procedimientos Penales del Distrito Federal encontramos los siguientes ordenamientos jurídicos como forma de absolución y en relación a la propuesta originaria de Tomás de Aquino referente a la posibilidad de la absolución por parte de los jueces, la cita es la siguiente: Existe la **"Suspensión del procedimiento"**, artículos 477-481. También **"La libertad por desvanecimientos de datos"**, en los artículos 546-551., ambas, del mismo Código. Finalmente en el Código Penal Federal encontramos las **"Causas de exclusión del delito"**, artículos 15-17 y la **"Extinción de la responsabilidad penal"**, artículos 91-118 Bis. En suma, existen suficientes argumentos jurídicos y también políticos en el caso del indulto para la absolución.

de las personas en la comunidad jurídica-política. Por lo tanto, mientras se marche conforme a las leyes establecidas, se cumpla el derecho, no habrá motivo fundado que moleste a la persona. Precisamente porque, la primacía del derecho es la persona, y esta persona es la realidad central de la sociedad como lo dice Hervada: **"... el hombre no se presenta ante los demás como un ser que pueda ser tratado a capricho, sino como un ser digno y exigente, portador de unos derechos que son inherentes a su propio ser."**[259]

Finalmente, el respeto a la libertad individual personal, es la máxima expresión y acción de un Estado Democrático de Derecho y uno de los actos, posibilidades y potencialidades que ha creado la inteligencia humana. Un ser humano, sin libertad total, queda limitado a un ser vivo. Por ende, hay que esforzarse por mantener esa libertad, cuidando de no violar el derecho, para morir con dignidad en un estado de libertad total. La idea del doctor Manuel Ocampo es: **"La espiritualidad del hombre es el fundamento ontológico de su libertad."**[260] De donde concluimos que la existencia humana es decir, ser, existir, y la calidad de la misma, estará determinada por el grado de libertad con que se viva y se conozca y entienda el mundo y sus construcciones humanas.

En suma, sin libertad, el ser humano no es, precisamente porque su constitución ontológica está determinada por la libertad, la justicia, el derecho y el crecimiento humano como ser racional y mortal.

2.12   LA ACUSACIÓN.

En relación a las acusaciones penales, Tomás de Aquino refiere que, las denuncias se deben hacer por escrito, pues el proceder de forma verbal tiende a perderse la información con el transcurrir del tiempo.

En este sentido encontramos que, si el delito fuese tal que dañe la república, señala el santo padre, está uno obligado a la acusación, **"con tal que uno pueda probarlo, pues esto es parte de la obligación del acusador. (...) Pero si la prueba no redunda en perjuicio de la comunidad, o bien si no hubiere suficientes pruebas de ello, no está uno obligado a la acusación; (...)"**[261]

---

[259]   Op. cit. Hervada, Javier., p.11.
[260]   Op. cit. Ocampo Ponce, Manuel., p. 125.
[261]   Op. cit. Tomás de Aquino. *Tratado de la justicia.*, p.196.

De esta observación tomista, referimos que la primacía de una denuncia es que existan pruebas suficientes para poder hacer imputaciones, en especial, cuando se violenta el bien común o la república. Por ende, quien acusa, está obligado a comprobar y quien defiende su inocencia también, se diría en la actualidad.

Asimismo, la acusación y el proceso tendrá que hacerse por escrito, de lo contrario, como hemos indicado, existe la posibilidad de que se borren u olviden los indicios si es que se quiere proceder en contra de alguien que ha hecho el mal o violado la legalidad.

Con estas ideas de Tomás de Aquino, se van visualizando algunas características del proceso penal mexicano.

En este contexto, encontramos las siguientes referencias jurídicas:

- ❖ Artículo 9º. Bis del Código de Procedimientos Penales del Distrito Federal, fracción II, señala que el Ministerio Público tendrá la obligación de: Recibir la <u>declaración escrita o verbal</u> correspondiente e iniciar la averiguación del caso.
- ❖ Fracción VIII. Asegurar que los denunciantes, querellantes u ofendidos precisen en sus declaraciones los hechos motivos de la denuncia o querella y las circunstancias de lugar, tiempo y modo en que ocurrieron;
- ❖ Artículo 276 del mismo Código ordena que las denuncias y las querellas pueden formularse <u>verbalmente</u> o por <u>escrito,</u> se concretarán en todo caso, a describir los hechos supuestamente delictivos, sin calificarlos jurídicamente. Asimismo, en el párrafo segundo de este artículo se considera que: **"En el caso de que la denuncia o la querella se presenten verbalmente, se hará constar en el acta que levantará el funcionario que la reciba, (...) Cuando se haga por escrito, deberán contener la firma o huella digital del que la presente y su domicilio."**
- ❖ En lo referente a la demostración de las pruebas, en el sentido de quien acusa está obligado a comprobar y quien se defiende, obligado a demostrar su inocencia, encontramos los siguientes artículos: Artículo 247 del mismo Código: **"En caso de duda debe absolverse. No podrá condenarse a un acusado, sino cuando se pruebe que, cometió el delito que se le imputa."** Y el artículo 248 del mismo Código, refiere: **"El que afirma está obligado a probar. También lo está el**

que niega, cuando su negación es contraria a una presunción legal
o cuando envuelve la afirmación expresa de un hecho."

❖ Finalmente consideramos un ordenamiento jurídico, el cual, concuerda
con los principios de legalidad de Tomás de Aquino respecto a obrar
por medio de la verdad y tener pruebas suficientes para mantener
una acusación. Nos referimos al artículo 280 del mismo Código, el
cual refiere: **"A toda persona que deba examinarse como testigo o
como perito, se le recibirá protesta de producirse con verdad, bajo
la siguiente fórmula: ¿PROTESTA USTED BAJO SU PALABRA
DE HONOR Y EN NOMBRE DE LA LEY DECLARAR CON
VERDAD EN LAS DILIGENCIAS EN QUE VA A INTERVENIR?
Al contestar en sentido afirmativo, se le hará saber que la ley
sanciona severamente el falso testimonio."**[262]

De donde podemos confirmar que las declaraciones ministeriales podrán ser
por escrito o verbales. Asimismo, que haya pruebas contundentes para acusar
o para defenderse; de lo contrario se estaría violando la legalidad y tipificando
el delito de **Falsedad ante autoridades.**

También Tomás de Aquino afirma que **"... la escritura no sólo suple la
ausencia de la persona que declara, o de aquella a quien se declara, sino
también el de conservar objetivamente las cosas a través del tiempo."**[263]

Otro punto que es importante para la aplicación de la justicia penal y que
Tomás de Aquino lo considera muy levemente es que nadie puede ser juzgado
dos veces por el mismo delito. La cita es la siguiente: **"... no se ha de dar doble
castigo al mismo pecado (delito), como dice Nahum:** *Dios no juzgará dos
veces sobre lo mismo.*"**[264]

---

[262] De aquí concluimos que la falsedad en declaración se tipifica como el delito
de **"Falsedad ante autoridades",** según el artículo 311 del Código Penal del
Distrito Federal; además, las penas privativas de la libertad dependiendo de la
gravedad y la alevosía de la falsedad, son de hasta 15 años de prisión.

[263] Op. cit. Tomás de Aquino. *Tratado de la justicia.,* p. 197. Aquí es importante destacar
que con la implementación de los juicios orales, ahora con la videograbación se
deja constancia con mayor intensidad de las actuaciones policiales, ministeriales
y judiciales. Reconozco que algunos delitos han sido modificados, sin embargo,
los he considerado como ejemplos ilustrativos.

[264] Ibid., p. 198.

La garantía de esta acción de justicia penal, la encontramos en al artículo 23 de la Constitución Política de los Estados Unidos Mexicanos, quien ordena: **"Ningún juicio criminal deberá tener más de tres instancias. <u>Nadie puede ser juzgado dos veces por el mismo delito,</u> ya sea que en el juicio se le absuelva o se le condene. Queda prohibida la practica de absolver de la instancia."**

Finalmente, el delincuente que se especialice en un solo delito, podrá ser castigado exclusivamente por el mismo acto. No puede haber sumatoria de actos de un mismo delito. Sin embargo, se le podrá agravar por las circunstancias en que cometa el mismo delito.

2.13   LA DEFENSA DEL REO.

El negar los hechos criminógenos es una injusticia, precisamente porque se está haciendo el mal, en el sentido de que los que violan la legalidad o hacen el mal, tendrán que asumir su responsabilidad ante las autoridades competentes. Hay una frase bastante real en relación a las personas que se dedican a hacer el mal, la cual es: "quien obra mal, tarde o temprano tendrá que pagar." Este dicho efectivamente es un hecho pues no hay actos delictivos para siempre ni perfectos. Por ende, actuar mal es ir en contra de la ley común que consiste en hacer el bien. Precisamente porque está demostrado que hay más bien que mal en la humanidad. En este contexto encontramos la aportación de Tomás de Aquino en relación a que no hay que mentir para cubrir la conducta delictiva de otras personas.

Su mensaje es el siguiente: **"... el mentir para librar a alguien de la muerte, cometiendo injusticias contra un tercero, no es simplemente una mentira oficiosa, sino que está mezclada de maldad."**[265]

Claro está que el delincuente perverso siempre negará los hechos delictivos.[266] Sin embargo, está persona cae en falsedad al usar la mentira como arma

---

[265]   Ibid., p. 200.
[266]   Además en la legislación mexicana hay garantías mínimas para el presunto delincuente, las cuales las encontramos en los siguientes ordenamientos jurídicos: Artículo 17 de la Constitución Política de los Estados Unidos Mexicanos, mismo que ordena y manda, párrafo segundo: Toda persona tiene derecho a que se le administre justicia por tribunales que estarán expeditos para impartirla en los plazos y términos que fijen las leyes, así como las garantías del inculpado en el artículo

afirmativa para deslindar responsabilidades criminales. Ahí es donde el policía, el fiscal y la autoridad correspondiente tendrán que armarse de todos los instrumentos tecnológicos, científicos y humanos para el esclarecimiento de los hechos delictivos.

Es precisamente la ciencia la que va a apoyar a los investigadores en la aclaración de los hechos. Ya no será la tortura física, psicológica o moral[267] la que coadyuve en la investigación de la verdad, sino el profesionalismo científico del investigador. Una vez más la ciencia y tecnología como paradigmas para abrir realidades delictivas y llegar a la verdad de los hechos que se buscan.

Más adelante Tomás de Aquino refiere que **"... es lícito al acusado defenderse ocultando la verdad que no está obligado a confesar, mediante prácticas lícitas, como por ejemplo no respondiendo a aquello a lo que no está obligado."**[268]

---

20 de la misma Constitución donde destacamos la fracción II, mencionando que **no podrá ser obligado a declarar.** Seguramente con esta garantía, el presunto delincuente tiene el tiempo suficiente para que en coordinación con su defensor, armen su estrategia para solucionar el problema. Con este hecho se afirma la posición de Tomás de Aquino respecto a ocultar la verdad cuando le convenga al presunto.

[267] En las leyes mexicanas está prohibida la tortura, en este sentido encontramos la siguiente fundamentación jurídico-política: Artículo 22 de la Constitución Política de los Estados Unidos Mexicanos, el cual refiere la prohibición de **las penas de mutilación y de infamia, la marca, los azotes, los palos, el tormento de cualquier especie, la multa excesiva, la confiscación de bienes y cualesquiera otras penas inusitadas y trascendentes.** Ley de Defensoría de Oficio del Distrito Federal de 1988. Ley de la Comisión de Derechos Humanos del Distrito Federal del 2003. Ley de la Comisión Nacional de los Derechos Humanos del 2001 y, finalmente la Ley Federal para prevenir y sancionar la tortura promulgada en 1993. Por lo tanto, el presunto delincuente, mienta o no mienta, está respaldado por toda esta estructura jurídica para su defensa. La pregunta sería ¿los encargados de la administración de justicia, prevención, persecución, investigación, procuración, impartición y rehabilitación de los presuntos delincuentes, con qué garantías jurídico-políticas cuentan? Evidentemente, la creación de las Comisiones de Derechos Humanos fueron creadas precisamente porque los abusos de autoridad estaban sumamente desbordados. Op. cit. Ramírez R, Efrén. *Los derechos humanos en la formación de la policía judicial. Manual de capacitación.* Así como Ruiz, José Luis. *Política y administración de la seguridad pública en el Distrito Federal, 1995-1997.*, p. 37.

[268] Op. cit. Tomás de Aquino. *Tratado de la justicia.*, p. 201.

El delincuente por naturaleza no quiere perder su libertad o su vida, por ende, mentirá en toda su posibilidad en un procedimiento judicial. Por tal motivo es aceptable, para Tomás de Aquino, que el malhechor oculte la verdad. En el fondo, sus actos criminales no han sido graves. El que sí es conmovedor, es el homicida pues ese delito es **"... de entre todos los males el más terrible..."**[269]

Con esta consideración del santo padre, podemos valorar la dimensión grave que les da a los actos criminales, siendo la privación de la vida, el más conmovedor.

2.14   LA APELACIÓN DEL REO.

La apelación es un recurso jurídico que tiene el reo, según Tomás de Aquino, para defenderse de un acto injusto de la autoridad competente. Por tal motivo es válido el amparo cuando se busca protegerse de un acto injusto. El santo padre dice que: **"Por dos motivos podría uno apelar: primero, basado en una causa justa, porque el juez lo ha condenado injustamente. En tal caso es lícito apelar, pues es evadir la sentencia prudentemente (...) Segundo, tratando de conseguir una demora para que no se dicte contra él una sentencia justa, y en tal caso equivale a defenderse calumniosamente."**[270]

En este sentido encontramos que hay dos motivos para la apelación en Santo Tomás:

- ❖   Cuando se procede injustamente en contra del presunto delincuente y
- ❖   Cuando se utiliza dicha apelación para evadir la justicia.

Por lo tanto, son dos líneas de impartición de justicia en el pensamiento tomista totalmente separadas en relación a la apelación. En el fondo, destaca la astucia del presunto delincuente, para minimizar sus penas.

En cuanto a los ordenamientos jurídicos mexicanos para la apelación, tenemos: El Código de Procedimientos Penales del Distrito Federal, artículos 414 al

---

[269]   Ibid., p. 201.
[270]   Ibid., p. 202.

442 y en la Constitución Política de los Estados Unidos Mexicanos, estaría contemplado en el artículo 107 con referencia al amparo.[271]

Entonces, la apelación es una oportunidad para que el presunto transgresor de la ley gane tiempo y pueda recabar suficientes pruebas para demostrar su inocencia o simplemente para evadir la justicia y "darse a la fuga".

Finalmente, en referencia a la hipótesis de Tomás de Aquino, la apelación será para el bien actuar cuando son violadas algunas garantías constitucionales y, también, para el aprovechamiento de los que quieren evadir la justicia. Sin embargo, como está demostrado, es un mandato constitucional y hay que respetarse independientemente de que se esté en la verdad o no, dentro de una causa injusta o no.

2.15 LA INJUSTICIA DE LOS ABOGADOS EN EL JUICIO.

Hay algunos principios fundamentales que el abogado debe tener para hacer con justicia su trabajo. La primera es, creo yo, la defensa de la legalidad por encima de intereses particulares o de grupo; es decir, actuar de tal forma que no afecta a nadie que obre justamente. En el momento en que el abogado ejerce sus funciones como defensor de las personas en los actos jurídicos, dependiendo del caso, tendrá que determinar su posición respecto a si asume, o no, el compromiso y la responsabilidad de trabajar el caso o si no es congruente consigo mismo y sus principios ético-morales, el compromiso laboral adquiere otros matices débiles, como la corrupción, la mentira y la injusticia. Por lo tanto, aquí se genera una interrogante ¿se trabaja por el gusto de ejercer la

---

[271] Asimismo en el artículo 20 de la Constitución Política de los Estados Unidos Mexicanos, vienen las **garantías** mínimas del inculpado, entre las que destacan: El derecho a la libertad caucional. Derecho a no declarar. Conocimiento de la causa penal. Careo con la parte acusadora. Presentación de pruebas. Audiencia pública. Auxilio para su defensa. Plazos procesales. Derecho a la defensa. Prolongación de la prisión. Cómputo de la detención. Derecho a la asesoría. Coadyuvancia con el Ministerio Público. Asistencia médica y psicológica. Reparación del daño. Sin embargo, el delincuente profesional sabe de los "artegios" con los que puede mover a las personas; los tipos penales y la corrupción en el proceso jurídico penal. Por lo que él, o sus asesores sabrán si hacen uso de estas garantías constitucionales, logrando con esto burlar a la justicia penal, cuando es el caso del "delincuente mañoso", por lo menos en el Distrito Federal. Plática con el policía Pedro Higinio Muñiz.

profesión que se obtuvo, o se trabaja por interés económico o por ambas cosas? Estos son algunos cuestionamientos que los abogados tendrán que observar antes de comprometerse por la defensa de un acto jurídico.

Las hipótesis de Tomás de Aquino en relación a esta reflexión sobre la responsabilidad de los abogados en los actos de justicia, son los siguientes:

* ❖ **"Si alguno está en necesidad que de momento no se vea otro modo de ayudarlo, en tal caso está el prójimo obligado a socorrerlo con una <u>obra de misericordia</u>."**[272] Por lo tanto, esta reflexión, nos traslada a la tolerancia del robo por extrema necesidad, que ya hemos considerado. En este sentido, la persona afectada jurídicamente podrá ser ayudada por un abogado por obra de misericordia. En la actualidad, el apoyo del abogado de oficio, que tiene la obligación el Estado de proporcionar.[273]
* ❖ **"Un abogado no está obligado siempre a prestar su patrocinio en las causas de los pobres. Lo mismo se ha dicho del médico en cuanto a la curación de los pobres."**[274] Por tal motivo, sólo se podrá proporcionar el servicio de la defensa jurídica dependiendo de la persona que se dedica a la misma, pues habrá quienes lo hagan por misericordia o los que trabajan por dinero para mantener su hogar, familia e intereses particulares. Lo cierto es que, en el pensamiento tomista, se pueden dar ambas posibilidades.
* ❖ También consideramos que Tomás de Aquino reconoce que no cualquier persona puede ser abogado. Precisamente porque para hacer que se brinde justicia conforme a las leyes, es necesario que el abogado se encuentre bien física y mentalmente, ya que es por medio de la información recibida como va a armar la defensa de sus clientes.

---

[272] Op. cit. Tomás de Aquino. *Teoría de la justicia.*, p. 209.

[273] En el artículo 20 de la Constitución Política de los Estados Unidos Mexicanos, fracción IX, encontramos: **Desde el inicio de su proceso será informado de los derechos que en su favor consigna esta Constitución y tendrá derecho a una <u>defensa adecuada,</u> por sí, por abogado, o por persona de su confianza. Si no quiere o no puede nombrar defensor, después de haber sido requerido para hacerlo, <u>el juez le designará un defensor de oficio.</u>** Aquí observamos que el Juez, a través de las facultades que le da el estado jurídico-político mexicano, le proporciona un abogado defensor de oficio al presunto con sueldo directo del presupuesto del gobierno.

[274] Op. cit. Tomás de Aquino. *Tratado de la justicia.*, p. 210.

Por tal motivo, las personas que presentan algún defecto mental, de comportamiento o fisiológico, tendrán sus limitaciones, precisamente porque la defensa tiene que ver con la inteligencia, astucia y dominio de las leyes, así como las relaciones humanas (en la actualidad)[275] para que se logre una defensa positiva. En este sentido, Santo Tomás reconoce que **"... para abogar es necesario la pericia interior, para que pueda mostrar la justicia en la causa que se le encomienda, y el sentido exterior, como el habla y el oído, para que pueda mostrar y escuchar lo que se le dice. Por tanto, quienes carecen de dichos sentidos legítimamente quedan excluidos de la abogacía, no por culpa propia, sino en bien de los demás."** En la actualidad, en la abogacía mexicana, el tener alguna falla física, no implica que no puedas desarrollar la profesión como abogado ya que se puede auxiliar con otra persona capacitada para cubrir la deficiencia humana. De lo que si no hay perdón, tolerancia, disculpa, es cuando hay fallas en la mente, es decir, la potencialidad racional está afectada; ahí no hay tolerancia, precisamente porque para ser defensor de otra persona, primero hay que estar bien uno mismo, de lo contrario, el trabajo jurídico es otra cosa, menos la defensa jurídica de las injusticias humanas. Finalmente, Tomás de Aquino refiere que **"no conviene que sean abogados los infames, infieles y condenados en causa criminal."**[276]

❖ Por otra parte, el santo padre considera que la injusticia es la base del trabajo de los abogados, pues sin ella, difícilmente habría panorama laboral jurídico. Incluso los propios sistemas jurídico-políticos podrían desaparecer pues, no habría necesidad de implementar mandamientos jurídicos para la existencia humana; lamentablemente este hecho entra al mundo de los sueños y las utopías. Lo cierto es que, la injusticia es un hecho real que va paralelo a la existencia y comportamiento de las personas. Claro está, que no es generalizada la injusticia. Afortunadamente no existen humanos perfectos, por ende, mientras exista la imperfección humana, habrá trabajo para los abogados. En este sentido, Tomás de Aquino, refiere que **"el abogado**

---

[275] Se tiene contemplado que si no tienes una red de contactos humanos en las instituciones de prevención, procuración e impartición de justicia, el trabajo de defensa jurídica es más tardado en relación al trabajo que se genera por medio de los "contactos". Pedro Higinio Muñiz Sánchez, agente de la policía del Distrito Federal, 20 años de servicio.

[276] Op. cit. Tomás de Aquino. *Tratado de la justicia.*, p. 211.

no peca, sino más bien es digno de alabanza, cuando defiende una causa injusta."[277] Más adelante refiere el santo padre que los abogados que se dedican a defender a los verdaderos criminales por causas personales, pecan realmente pues se está cometiendo una injusticia al usar los conocimientos de la abogacía para defender a un criminal. Sus palabras son: **"... el abogado, al aceptar una causa injusta, injustamente daña a aquél contra quien ofrece su patronato. Y aun cuando parezca laudable su pericia en el arte, sin embargo peca en cuanto la injusticia de la voluntad, porque abusa de su arte para el mal."**[278]Una vez más, nos enfrentamos a la pregunta inicial ¿se es abogado para defender las injusticias hechas por criminales o, se es abogado para defender las injusticias de los justos? Qué importa más ¿el dinero, o la libertad y la dignidad de una persona que se dedica a hacer el bien? Para ser abogado excelente, se necesita no sólo conocer de leyes como hemos considerado, sino tener una visión superior del marco jurídico pues, las leyes están hechas para la defensa de las personas no, para mal emplearlas, manipularlas, exprimirlas, doblarlas para intereses personales. Sin embargo, existen abogados que rebasan su dignidad humana para satisfacer sus necesidades materiales, eso es bueno, sobretodo en la actualidad donde el imperativo, lamentablemente es el dinero.[279]Sin embargo, la propuesta de Tomás de Aquino en relación al trabajo de los abogados, es **retomar el lado espiritual de uno mismo**, para encontrar la potencialidad como seres humanos y por ende, hacer el bien en los compromisos laborales. Un abogado que se dedica a hacer el bien con su trabajo, podrá estar en paz consigo mismo, su familia y su existencia; mientras que los

---

[277] Ibid., p. 212.

[278] Ibid., p. 212.

[279] Respecto al dinero, encontramos las siguientes hipótesis: 1. De todos los poderes subordinados a la fuerza del Estado, es el poder del dinero el que más confianza inspira. 2. La riqueza reemplaza al poder como medida de seguridad. (Kant). En el momento en que se inventa la forma metálica del dinero, se agranda enormemente la posibilidad de que aumenten las desigualdades entre los hombres. (Montesquieu) Op. cit. Leo Strauss y Joseph Cropsey. *Historia de la filosofía política.* Por lo tanto, sí al dinero como resultado de la inversión de esfuerzo humano, pero no como obsesión o con fines ilícitos. Finalmente cada quien hace con su dinero lo que quiera, lo cierto es que mientras no afectes a terceros con el uso del dinero, no habrá problemas, pero, en el momento que afectes a otras personas, la situación jurídica cambia: te conviertes en un violador del derecho y de la dignidad humana.

abogados que se dedican a defender el mal, la mentira, las injusticias, por dinero, tendrán una vida rica materialmente, pero pobre en su interior. Entonces ¿qué es lo que busca el santo padre con la propuesta de justicia en los abogados? Simplemente hacer el bien y evitar el mal. Trabajar y ganar dinero por su esfuerzo, profesionalismo y el buen obrar. En este sentido, Tomás de Aquino refiere: " **... que aun cuando el conocimiento del derecho sea algo espiritual, sin embargo su uso es una obra corporal; y por tanto es lícito que se recompense al abogado por su trabajo; de otro modo ningún artista podría lucrar por su arte.**"[280] De donde concluimos que estamos de acuerdo con las remuneraciones dentro de la ley, de la dignidad y justicia humana. Ya lo hemos señalado, cuando se obra mal y salen las cosas bien, no siempre serán así, precisamente porque no hay delitos perfectos y perpetuos, algún día se tendrá que hacer frente a las injusticias, corrupciones, males y deficiencias humanas. Algún día se hará justicia.

2.16   LAS INJURIAS.

Tomás de Aquino considera que las palabras son **signos que representan alguna cosa.**[281] Sin embargo estas palabras mal usadas afectan a las personas, en especial cuando son aquellas que comúnmente se usan para insultar. Lo cierto es que por medio de las palabras construyes o deconstruyes (desbaratas), esquemas socialmente aceptados. Por lo tanto, las palabras mal empleadas llevan un peso más allá de nuestras limitaciones, es decir, con las palabras abres o cierras mundos, posibilidades; hay acuerdos, retrocesos, violencia, poesía, filosofía, entre otras circunstancias. Por ende, las palabras son el medio por excelencia para transmitir la inteligencia humana. Limitarnos en las palabras, es minimizar la inteligencia humana. En suma, mientras más palabras existan a tu disposición, mayores posibilidades tendrás para avanzar en la comunicación y trascendencia humana.[282]

---

[280] Op. cit. Tomás de Aquino. *Tratado de la justicia..*, p. 213.
[281] Ibid., p. 215.
[282] Karl Popper en este sentido refiere: "... **el hombre se distingue de los animales a través de la peculiaridad del lenguaje humano, y que este se distingue de todos los lenguajes animales en que cumple al menos dos funciones que no desempeñan estos últimos. Denominaré esas dos funciones la función <<descriptiva>> o <<informativa>> y la función <<argumentadora>> o <<crítica>>. Éstas son las típicas funciones superiores características del hombre.**" Op. cit. Karl Popper. *El cuerpo y la mente.*, p. 127.

Lo cierto es que para Tomás de Aquino, esas palabras agravantes, si las usas para hablar mal de alguien, realmente lo afectas, precisamente porque detrás de una palabra hay todo un horizonte de complejidades humanas. Por ejemplo, la palabra respirar, es un verbo que indica una acción consistente en satisfacer una necesidad básica del ser humano; pero si decimos torpe, la tendencia toma otro significado. De donde concluimos que las palabras afectan a las personas cuando no existe una actitud madura con respecto a las injurias, insultos, burlas, entre otros mensajes. Por ende, es necesario usar un lenguaje que no afecte a las personas. Cuidar nuestra subjetividad para no objetivar palabras manifestadas a través del lenguaje hablado, escrito o expresivo por cualquier tipo de arte que afecta la inteligencia de otra persona.

La observación del santo padre en este razonamiento es: **Si uno ha adquirido una cierta dignidad, se le deshonra cuando se le priva de ella, puesto que por dicha dignidad gozaba de cierto honor (...) Pero también va contra la honra de alguno cuando alguien difunde tal cosa entre los demás, y esto es lo propio de la injuria.**[283]

Hay una idea que nos parece genial de Tomás de Aquino respecto a las palabras que nos pueden afectar y por ende, que sacuden nuestro ego o importancia personal, sobre todo cuando se trabaja como servidor público: **"La paciencia es necesaria en todo lo que nos hacen, también lo es en todo lo que nos dicen."**[284]

En otras palabras, esta tesis es buena especialmente para los funcionarios públicos que están en contacto con personas de todo tipo de posibilidad humana. Precisamente porque se convive con principios, culturas, costumbres, entre otras, materializados en la forma de ser de las personas. Muchas veces su actitud es insultante o enferma; sin embargo, como servidores públicos, es necesario, como dice Tomás de Aquino, cubrirnos de paciencia; de tolerancia; de madurez humana: usar las virtudes cardinales, una vez más, para superar esta deficiencia de ser derrotado por "palabritas".

Por otra parte, Tomás de Aquino considera que la murmuración, la burla, la maldición, son defectos que hay que ir superando con la inteligencia.

---

[283] Op. cit. Tomás de Aquino. *Tratado de la justicia.*, p. 214.
[284] Ibid., p. 217.

Respecto a este tipo de acciones morales que afectan el orgullo, la vanidad, el ego, el honor de algunas personas, **tenían** sus penalidades en los siguientes artículos del Código Penal del Distrito Federal:

Difamación.-

- ❖ Artículo 214. **Al que con ánimo de dañar, comunique a una o más personas, la imputación que se hace a otra persona física o moral de un hecho cierto o falso, determinado o indeterminado, que pueda causar o cause a ésta una afectación en su honor, dignidad o reputación, se impondrá prisión de seis meses a dos años o cien a seiscientos días multa o ambas sanciones, a juicio del Juez.**[285]
- ❖ En el Código Penal Federal, encontramos que la difamación se castigaba con prisión de dos años o multa de cincuenta a trescientos pesos, o ambas sanciones, a juicio del juez.[286]

2.17   EL FRAUDE.

Vamos a partir de que las personas son libres para adquirir bienes materiales que satisfagan sus necesidades naturales y sociales, por lo tanto, pueden comprar de acuerdo a sus posibilidades, los bienes que deseen. Sin embargo, el vendedor tendrá que ser justo en lo que vende, de lo contrario, si maneja, la mentira, el engaño, la ignorancia como medios para cometer un abuso; se está constituyendo un delito que es tipificado como fraude; por ende, la persona que tiene mente fraudulenta no siempre le saldrán las transacciones como lo desea, habrá en algún tiempo un error y, por consecuencia, tendrá que asumir su responsabilidad como persona abusiva de algunas deficiencias de los compradores. Sin embargo, en la actualidad, los fraudes son ejercidos por personas que buscan su enriquecimiento a costa de las personas inocentes, con mente limpia. Es el caso de personas que venden carros usados en malas funciones a pesar de que afirman que el carro se encuentra en impecables condiciones o, cuando se ofrece la venta de un bien material, pero las situaciones para la compra del mismo, se proyectan más allá de lo razonablemente humano.

---

[285] Cabe destacar que en el Código Penal del Distrito Federal del 2007 y del Código Penal Federal, este delito está derogado.
[286] Cf. Código Penal Federal, artículo 350.

Por lo tanto, el delito de fraude es de los más terribles porque se abusa de la confianza, credibilidad, inocencia y nobleza de las personas. Sin embargo, se seguirá dando mientras existan personas de buena voluntad y personas que les gusta el engaño, hacer el mal por encima de su responsabilidad general. Lamentablemente esa es una de las características de algunas personas, sin embargo, no todas son malas.

En este contexto, Tomás de Aquino destaca que **"El usar de fraude para vender algo a mayor precio del justo es pecado, (delito) en cuanto se <u>engaña</u> al prójimo para su daño."**[287]

Eso es lo que realmente afecta: el engaño. La falta de respeto a la confianza, dignidad y nobleza humana.

Afortunadamente estas conductas terribles, están contempladas en el Código Penal del Distrito Federal:

❖ Artículo 230. Al que por medio del engaño o aprovechando el error en que otro se halle, se haga ilícitamente de alguna cosa u obtenga un lucro indebido en beneficio propio o de un tercero, se le impondrán desde cuatro meses hasta quince años. Asimismo los artículos 386 a 389 bis., del Código Penal Federal maneja penalidades semejantes.

2.18 HACER EL BIEN Y EVITAR EL MAL.

Aquí encontramos la filosofía pragmática de la justicia en Tomás de Aquino, en el entendido de que la justicia es la media entre el bien y el mal, es decir, su rango de acción se da en el punto medio entre dos puntos infinitos. Por lo tanto, este punto medio, estará golpeado por el mal, quienes se dedican a hacerlo, y el bien, quienes obran correctamente sin afectar a las personas ni a sí mismo. Por ende, esta filosofía de hacer el bien evitando el mal, ya genera por el simple hecho de actuar bien: un acto de justicia; mientras actuar mal, automáticamente se esta en la injusticia. Porque el mal es una injusticia que afecta a otro (s). Mientras que el bien hacer, estará impregnado de respeto, responsabilidad en el actuar y máxima inteligibilidad en los actos personales.

---

[237] Op. cit. Tomás de Aquino. *Tratado de la justicia.*, p. 233.

En este sentido, encontramos que Tomás de Aquino reconoce que, **"... la justicia constituye la igualdad haciendo el bien, o sea dando a cada uno lo que le corresponde; y la justicia conserva la igualdad ya constituida evitando el mal, o sea no haciendo ningún daño al prójimo."**[288]

Esta filosofía tomista de la justicia, la pueden aplicar todas las personas racionales normales y sabias. Precisamente porque es práctica, inteligible y objetiva: hacer el bien y evitar el mal. Con esta filosofía, seguramente, la humanidad en la actualidad, tendría menos conflictos, contradicciones y complejidades existenciales.

Asimismo, es importante destacar que una de las premisas que fortalecen el actuar mal, disminuyendo esta filosofía, es cuando se aplica la "omisión" en los actos humanos, es decir, según Tomás de Aquino, **"el pecado de omisión comienza cuando alguien se da a una acción ilícita e incompatible con el acto obligatorio."**[289] En este sentido, partimos de que las personas, por vivir en una sociedad, automáticamente tienen derechos y obligaciones, el no cumplir con cualquiera de los constitutivos de los dos, se está omitiendo una responsabilidad humana y social. Por lo tanto, se esta haciendo el mal y una injusticia porque se afecta a otras personas. Lo contrario sería cumplir cabalmente con esos compromisos que se adquieren por el simple hecho de existir.

De estas consideraciones, podemos hacer mención que la omisión en términos jurídicos, se tipifica como un delito. La siguiente es la ordenación:

- ❖ Artículo 15. (Principio de acto). El delito sólo puede ser realizado por acción o por omisión. Código Penal del Distrito Federal. En donde la acción es una imputabilidad directa y la omisión, es una imputabilidad indirecta donde es posible investigar las circunstancias en que se dio la acción de omisión.
- ❖ Artículo 7º. Delito es el acto u omisión que sancionan las leyes penales. En los delitos de resultado material también será atribuible el resultado típico producido al que <u>omita impedirlo,</u> si éste tenía el deber jurídico de evitarlo. Código Penal Federal.

---

[288] Ibid., p. 247.
[289] Ibid., p. 249.

Por lo tanto, la omisión es casi paralelo a la acción material penal, en este sentido, es necesario estar muy atentos de la vida socio-política de una comunidad para evitar esa culpabilidad cuando se tenga que actuar para mantener el bien jurídico tutelado por el Estado.

Finalmente, Tomás de Aquino hace una generalización hacia las personas en su conjunto, al considerar que la omisión es un delito. Su argumentación es: **Se llama delito** *lo que se deja* (*derelictum*)**; y así parece que se identifica con la omisión.**[290]

Entonces, la palabra delito, diría el santo padre, considerada comúnmente significa omisión ante la existencia. Ante la vida natural y social que influyen en la persona. De tal forma que, cuando la persona omite algún acto existenciario como lo diría Heidegger,[291] en seguida esta incurriendo en un mal y, por ende, en una injusticia.

De donde concluimos que, para evitar todo esto, hay que hacer el bien respondiendo a los derechos y obligaciones que tienen todas las personas en un Estado Democrático de Derecho. En el mundo tangible, objetivo, real, pero también metafísico, es decir, más allá de las concepciones ordinarias que significa la existencia y su interrelación con otros entes humanos.

2.19   RESISTENCIA CIVIL.

Aquí encontramos un principio netamente político que tiene que ver con las injusticias políticas. En este sentido, vale la pena reconocer que el santo padre amarraba lo jurídico con lo político, parte de esta unión es el fundamento de la presente obra. En el fondo, creemos que esta tendencia a la unión de lo jurídico con lo político, se debe a la gran influencia de Aristóteles.[292]

---

[290]   Ibid., p. 250.

[291]   Op. cit. Heidegger, Martín. *El ser y el tiempo.*, pp. 63-65. Sobre la analítica existenciaria.

[292]   De esta forma encontramos en el trabajo del doctor Agustín Basave Fernández del Valle, la siguiente argumentación: **"Tomás de Aquino se encuentra, a veces, condicionado por su apego aristotélico y por la herencia jurídica del Imperio Romano."** Asimismo, más adelante refuerza esta observación con la siguiente hipótesis: **"Santo Tomás, gran luminaria del pensamiento cristiano, fue un discípulo fidelísimo de Aristóteles. Lo repensó, dio vigencia en el área de**

Lo cierto es que, Tomás de Aquino refiere que la resistencia civil se debe al mal gobierno. Sus palabras son: **"... así como es lícito resistir a los asaltantes, así lo es resistir al mal gobernante; a no ser en caso de grave escándalo, del que se siguiera una seria perturbación."**[293]

Esta es la argumentación tomista:

- ❖ La injusticia política como base para la desobediencia civil cuando se violentan las garantías legales referentes al buen desempeño que debe ejercer el gobierno en relación con los gobernados.
- ❖ Los abusos de autoridad como fundamento para la desobediencia civil.
- ❖ La injusticia social como parámetro para las inconformidades.
- ❖ El uso de la razón y el conocimiento jurídico-político para fundamentar dichas inconformidades.

De donde podemos concluir que este tipo de manifestaciones colectivas, es producto de injusticias sociales (penales y políticas), las cuales terminan en dichos fenómenos de inconformidad.[294]

La fundamentación de estas inconformidades, en términos legales, las podemos encontrar en los siguientes mandamientos jurídico-políticos mexicanos:

- ❖ Constitución Política de los Estados Unidos Mexicanos. Artículo 39 que se refiere al derecho que tiene el pueblo de alterar o modificar la forma de su gobierno.
- ❖ Artículo 29, de la Constitución Federal Mexicana, establece la suspensión de garantías. En relación a este artículo el jurista Jorge Madrazo considera que: **"La finalidad de suspensión de garantías es superar un estado de necesidad provocado por una invasión, perturbación grave de la <u>paz pública</u> o cualquier otro hecho, físico o no físico, que pueda poner a la sociedad en grave peligro."**[295]

Occidente y lo cristianizó hasta donde pudo..." Cf. Op. cit. *Meditación sobre la pena de muerte...*, pp. 61-62.

[293] Op. cit. Tomás de Aquino. *Tratado de la justicia.*, p. 203.

[294] Esta hipótesis de desobediencia civil la desarrollamos con mayor amplitud en el capítulo tercero de este discurso.

[295] Op. cit. Constitución Política de los Estados Unidos Mexicanos, comentada. UNAM. México, 1985.

- ❖ Artículo 136 de la misma Constitución, establece: **"Esta Constitución no perderá su fuerza y vigor, aun cuando por alguna rebelión se interrumpa su observancia. En caso de que por cualquier transtorno público se establezca un gobierno contrario a los principios que ella sanciona, tan luego como el pueblo recobre su libertad se reestablecerá su observancia, y, con arreglo a ella y a las leyes que en su virtud se hubieran expedido, <u>serán juzgados,</u> así los que hubieran figurado en el gobierno emanado de la <u>rebelión,</u> como los que hubieran cooperado a ésta."**
- ❖ Código Penal Federal. En éste Código encontramos los siguientes delitos políticos: Sedición 130; Motin 131; Rebelión 132.
- ❖ Código Penal del Distrito Federal. Los delitos políticos en este Código son: Rebelión, art. 361; Motin, art. 364; Sedición, art. 365.

De esta estructura jurídica, podemos decir que se dan una serie de contradicciones legales para la resistencia civil en forma pacífica y, en su caso violenta. Por lo tanto, hay un vacío jurídico en torno a esta garantía constitucional universal pues, afortunadamente, a nivel mundial, existe un artículo que permite la resistencia pacífica, por lo menos. La referencia la encontramos en la "Declaración de los Derechos del Hombre y del Ciudadano" y de la Constitución Francesa de 1789, en su artículo 35, el cual indica: **"Cuando el gobierno viole los derechos del pueblo, la insurrección es para el pueblo y para cada porción del pueblo el derecho más sagrado y el deber más indispensable."**[296]

Con respecto a la resistencia civil pacífica en México, como medida para la reforma o el cambio de sistema jurídico-político, o gobierno, lo revisamos en el capítulo tercero de esta obra.

Entonces:

- ❖ ¿El no estar de acuerdo con el gobierno en función, es un delito político?
- ❖ ¿Cuáles son las estrategias políticas para poder derrotar, por ejemplo, a un gobierno tirano, prepotente, arbitrario, corrupto e injusto, en la actualidad?

---

[296] Ibid., p. 344.

- ❖ ¿Es necesario que el pueblo siga callado para no afectar intereses político-económicos, a pesar de que las condiciones internas del país sean demasiado crueles y, el fenómeno globalizador presiona y abra estructuras culturales y sociales cerradas?
- ❖ ¿Dónde está la evolución y madurez de la clase política? ¿La democracia, la cual, no se limita solamente a las elecciones políticas, sino que su operatividad social, va más allá de las elecciones, pues las mismas solamente son la entrada a la vida política?
- ❖ ¿Qué es más importante en un Estado Democrático de Derecho, el bien común de las mayorías o, el de unos pocos ciudadanos?
- ❖ ¿Qué intereses económico-políticos mueve la vida de los mexicanos?
- ❖ ¿Qué importancia tienen las personas marginadas, de recursos mínimos para subsistir, enfermas y pobres para la clase empresarial mexicana?
- ❖ ¿Se puede modificar por la vía pacífica, el sistema económico-político mexicano?

Estas interrogantes, las intentaremos contestar en el siguiente capitulo, a la luz de la influencia de Santo Tomás de Aquino.

2.20 CONCLUSIONES.

- ❖ Cuando Tomás de Aquino habla sobre la justicia, parece ser que lo hace como si fuera un contemporáneo, precisamente porque su mensaje parte de la premisa de que la "justicia" es la virtud por excelencia que regula la vida de las personas en sociedad. En consecuencia, de las virtudes cardinales (fortaleza, templanza, prudencia y justicia), la justicia va a ser la base para que las otras virtudes y, en general, todas las personas vivan bien; una vez más bajo la estructura del bien común. Por lo tanto, se puede hablar de cualquier justicia (social, política, económica, entre otras), las cuales podrán responder a las necesidades humanas siempre y cuando consideren el bien común como premisa de su trascendencia social.
- ❖ Podemos entender, siguiendo las premisas de Tomás de Aquino, que el derecho, es el objeto de la justicia. Por ende el derecho a través de las leyes, lo que busca es el bien de las personas en una sociedad específica y, detrás de ese bien obrar, se encuentra la justicia en general. Precisamente porque la justicia regula las interrelaciones humanas. Es gracias a la justicia como es posible ir estructurando las políticas sociales que beneficien a las mayorías. Una justicia parcial y limitada,

generará inconformidades, contradicciones y la guerra humana. Por tal motivo, la justicia como imperativo categórico, diría Kant, es el medio por excelencia para garantizar la estabilidad y el crecimiento humano. Las injusticias, por su parte, siempre producirán problemas agudos donde está de por medio la libertad y la vida de las personas, por ejemplo, con los estados autoritarios.

❖ Otra de las premisas del santo padre, es la justicia considerada como la capacidad de igualdad por parte del Estado de dar a cada uno lo suyo. Es decir, de acuerdo a tu inteligibilidad, el buen uso de tus potencialidades humanas y del grado de evolución y explotación de tus peculiaridades, tendrás la vida que te mereces. En el fondo, es la creación de un horizonte de igualdad de oportunidades por parte de los gobernantes para todos los seres humanos, con la intención de que desarrollen sus potencialidades y logren una vida feliz de calidad y en pleno crecimiento. Una felicidad que estará sustentada por una política permanente del bien común por parte de la clase gobernante para que la humanidad logre ese objetivo final que es la felicidad.

❖ Tomás de Aquino, enfatiza que en una comunidad política, el derecho natural marcará la evolución, construcción y deconstrucción del derecho positivo, pues sin la consideración de la naturaleza del ser humano y sus interacciones sociales, se está violando la ley eterna, la cual es el reflejo de la presencia de Dios en la tierra. Entonces, se afirma que primero es la ley eterna, posteriormente la ley natural y finalmente la ley humana, la cual se debe mantener actualizada de acuerdo a las necesidades de las personas. Por lo tanto, las leyes positivas son el resultado de los acuerdos entre las personas en una sociedad jurídico-política.

❖ El trabajo de Tomás de Aquino en torno a la justicia penal, en este caso, es de monumental consideración. En su esquema podemos encontrar los delitos más agudos de su época como el robo, la delincuencia organizada en su etapa primitiva, el secuestro, los delitos sexuales, los fraudes, los homicidios, las lesiones y los delitos políticos. Todos estos delitos se manifestaban en cierta forma en el tiempo de Tomás de Aquino, hoy continúan, lo cual demuestra que la delincuencia no ha cambiado, ha evolucionado, se sigue manifestando, pero con mayor uso de la ciencia y tecnología.

❖ Santo Tomás de Aquino hace referencia sobre la división de la justicia. En este sentido menciona la justicia conmutativa que se da entre los individuos y por otra, la justicia distributiva, en la cual la autoridad ha de dar a cada uno lo que merece, en términos contemporáneos sería el derecho público y el derecho privado.

❖ Finalmente lo que busca la justicia –con todos los funcionarios responsables- en una comunidad política, es hacer el bien y evitar el mal. Precisamente porque cuando se busca el bien, se está en el ámbito de la justicia, mientras que el hacer el mal se está en la esfera de la injusticia, realmente porque se está violentando la justicia de las personas al afectar su vida, sus bienes o su libertad. Por lo tanto, hacer el bien es el imperativo para actuar conforme a la recta razón promovida por Tomás de Aquino. En la medida en que se actúa dentro de este mundo del bien hacer, se está fortaleciendo la justicia social. Una justicia social que incluye la justicia política, la justicia penal, la justicia económica, entre otras. Por ende, cuando se logra la justicia social, se está en un Estado Democrático de Derecho donde lo más importante es el respeto, conservación y trascendencia de la especie humana en una ambiente de tolerancia, igualdad, libertad, paz y crecimiento humano. Con esta política del crecimiento humano, con la aplicación del bien común como combustible para garantizar la felicidad humana, estamos haciendo justicia a la aportación jurídica-política de Tomás de Aquino y preparados para proyectar esta visión tomista en la excelente gobernabilidad de cualquier Estado.

CAPITULO III

3.1 EL CONTEXTO POLÍTICO MEXICANO A LA LUZ DEL PENSAMIENTO POLÍTICO DE TOMÁS DE AQUINO.

Un buen gobierno es realmente la esencia de la política. Buen gobierno es donde la excelencia política se manifiesta permanentemente en los diferentes niveles de poder (ejecutivo, legislativo, judicial y social). A partir de la excelencia en la aplicación de la política, la vida en sociedad tendrá que ser pacífica y en constante superación humana y social. Por tal motivo, una sociedad política con un gobierno legitimado por su acción y constante perfeccionamiento, será un gobierno estable y en constante crecimiento.

En el caso mexicano, la situación política en la actualidad, es bastante contradictoria y compleja, es decir, no existe un auténtico liderazgo político que ordene las decisiones socio-políticas en beneficio de la mayoría de los mexicanos y, por ende, de los intereses extranjeros en el país.[297] Esto significa que la realidad política se encuentra en una coyuntura donde no hay una clara línea política a desarrollar. Se creía que con la salida del priísmo del poder ejecutivo federal la situación política tomaría causes más democráticos y transparentes, la realidad es otra. Hay una lucha por el poder terrible:

1.- El Poder Ejecutivo Federal contra el Gobierno del Distrito Federal.
2.- El Poder Legislativo Federal contra el Poder Ejecutivo Federal.
3.- La lucha interna en los poderes legislativos entre los representantes de los diferentes partidos políticos, con la finalidad de cubrir a sus servidores públicos en el poder y crear las condiciones para garantizar su permanencia en el mismo.

---

[297] Seamos realistas, en este caso objetivo: si no hay inversión extranjera difícilmente se pueden crear mayores fuentes de empleo y crecimiento social.

De donde se desprende que la crisis de gobernabilidad es un hecho y, por lo tanto, base para la desestabilización de una administración política creíble y permanente. Esta realidad, evidentemente genera incertidumbre en las políticas económicas e internacionales, dejando en duda, la credibilidad en México como país estable que garantice sus inversiones.

Por lo tanto, nos damos cuenta que la incertidumbre política a nadie beneficia. Por lo contrario, crea situaciones de magnitudes complejas, que lejos de concretizar una salud económica-política, magnifica y alimenta más la desestabilidad mexicana.

En suma, consideramos que la presencia del pensamiento de Tomás de Aquino en estos momentos de incertidumbre política, invita a la reflexión y estimula la razón para que juntos, gobierno y gobernados, nos esforcemos por crear las condiciones para que se termine con esas luchas entre grupos de interés por el poder y salga al frente la estabilidad y por ende, el bien común, desarrollo y crecimiento de los mexicanos.

En otras palabras, diremos que la política hoy, en México, es el resultado de las deficiencias, contradicciones e intereses políticos y económicos que se han desatado como consecuencia de un pasado donde el control absoluto del titular de Poder Ejecutivo Federal (Presidente),[298] tenía un peso contundente en la acción política. Es decir, las decisiones políticas y sociales del presidente se cumplían, no había oportunidad para que se dieran vacíos de poder que afectara el dominio del titular del ejecutivo federal.

En este contexto, era un control absoluto de la vida política en México. Sin embargo, por la propia dinámica de desarrollo de las sociedades avanzadas políticamente, aunado a la influencia de la ciencia y tecnología, los medios de comunicación, la sociedad civil tenía que buscar alternativas que permitieran salir, a todo el país, de ese Estado político presidencialista, para brindar la oportunidad a otras corrientes y organizaciones que participaran en la escena política. Aunado a esto, la crisis desatada en el sexenio de Carlos Salinas de Gortari con la muerte del candidato a la presidencia de México por el Partido Revolucionario Institucional, Luis Donaldo Colosio, marcó la decadencia de un régimen político desgastado por la lucha de intereses políticos, económicos

---

[298] Cf. Carpizo, Jorge. *El presidencialismo mexicano.* México, Siglo XXI, 1979.

y sociales de diferentes personas y organizaciones que buscaban posiciones en la estructura económica-política mexicana.[299]

Finalmente, a partir de esta decadencia, se dieron las oportunidades para que otras opciones políticas contendieran por el poder; fue así como en el año 2000, Vicente Fox Quesada por el Partido Acción Nacional y Cuauhtémoc Cárdenas Solórzano por el Partido de la Revolución Democrática, tuvieron mayor brillo y simpatía política, mientras que el candidato a la presidencia de la república del Partido Revolucionario Institucional Francisco Labastida Ochoa, quedaba como el representante de un sistema y partido en descomposición. En consecuencia la posibilidad de que el candidato del Partido Revolucionario Institucional ganara las elecciones presidenciales era lejana. Por ende, algunos ciudadanos, grupos de poder y de presión política,[300] optaron por Vicente Fox Quesada para la titularidad del Ejecutivo Federal.

Atrás quedaba la muerte, corrupción y presidencialismo mexicano. La vida política del Partido Revolucionario Institucional, tuvo sus diferentes momentos de consolidación, madurez y lucidez política y, posteriormente, su decadencia. Claro está que en algunos Estados políticos mexicanos aún es fuerte, sin embargo, el poder que el Ejecutivo Federal tenía, de controlar la vida política del país, lo perdieron y, con esto, su fuerza cae a segundos y terceros niveles de participación política. Sin embargo, nada es absoluto y definitivo. Ahora regresa, una vez más, el Partido Revolucionario Institucional a la presidencia de la república. Espero que Enrique Peña Nieto, como titular del poder ejecutivo federal, magnifique el bien común.

Sin embargo, considero que el rumbo político del país, tendrá que irse aclarando con la participación prudencia y sabiduría de los representantes y lideres populares.

---

[299] Op. cit. Ruiz, José Luis. *Política y administración de la seguridad pública en el Distrito Federal.*, pp. 35-43.

[300] Al respecto, Guillermo Haro Bélchez, sentencia que es toda una estructura de intereses que, finalmente es la matriz de los conflictos (y propuestas) sociales. Para él, de esas situaciones conflictivas sobresalen: la idea de país y el compromiso que tiene la elite; la competencia entre las elites y el control y la participación de las masas en la política gubernamental. Revisar *"La lucha contra la corrupción en México"*, de Guillermo Haro Bélchez en http://www.clad.org.ve/haro.html

No se vale continuar en las luchas intestinas, minimizando a la inteligencia, la verdad y felicidad a costa del bien común de los mexicanos. No merecemos que el país se encuentre en situaciones de incertidumbre por la lucha entre las personas que buscan su bien personal o de grupo.

Consideramos que es necesario la reflexión y racionalización de la situación política mexicana en forma profesional y responsable[301] con la intención de llegar a acuerdos que beneficien al país y a las personas que habitamos en él.

En consecuencia, considero que el pensamiento político de Tomás de Aquino, es una oportunidad para la reflexión y sacudida mental de aquellas personas que se limitan a seguir la voluntad de los soberbios sin tomar en cuenta la madurez política de la mayoría de los mexicanos. Es una oportunidad para encontrar, por medio de su pensamiento jurídico-político, respuestas ante situaciones donde la irracionalidad humana se apodera del actuar colectivo.

Por lo tanto, la política en México, tiene que ejercerse en forma responsable y siempre, mirando por el bien de las mayorías, es por México y por las personas que les tocará vivir en este país.

En la actualidad, se nos presenta una vez más el problema de legalidad, legitimidad, credibilidad en las instituciones, lucha por el poder político, económico y social. Realmente es un país donde la prudencia, la justicia y la razón en su máxima expresión, tendrán que ser explotadas para que se logre, a través de la política, un acuerdo que garantice la estabilidad del país. Estamos ante una situación desesperante, como diría Kierkegaard,[302] donde hay que

---

[301] En este idea encontramos que Rawls percibe que: **"Deberíamos estar preparados a descubrir que, cuanto más profundo sea el conflicto, más alto tendrá que ser el nivel de abstracción al que deberemos subir para lograr una clara visión de sus raíces."** Cf. Op. cit. John Rawls. *Liberalismo político.* FCE. México, 2003., p. 65.

[302] Kierkegaar, Sören. *Tratado de la desesperación.* Grupo Editorial Tomo, S.A. de C. V. México, 2002. Aquí encontramos que la desesperación es una contradicción consigo mismo **"... no existe uno exento de desesperación, en cuyo fondo no habite una inquietud, una perturbación, una desarmonía, un temor a algo desconocido o a algo que no se atreve a conocer, un temor a una eventualidad externa o un temor a sí mismo."** Esa es la esencia del fenómeno político coyuntural: el no tener la capacidad de controlar lo que se puede controlar por la vía del esfuerzo racional. Esa angustia es lo que nos mantiene en el limbo: hay racionalidad en los intentos de formulaciones políticas para la salida de los

ceder para avanzar. No se vale pensar en la violencia en lo más mínimo. Hemos superado esa etapa con el movimiento revolucionario. Realmente lo que se necesita es la aplicación de la inteligencia por encima de todo. La violencia será nuestro infierno. Por ende, se hace un llamado a las naturalezas racionales para que, hoy, la razón cubra y minimice los instintos animales y primitivos de los que buscan la confrontación. Sin embargo, razonar, pensar, avanzar, no es fácil; hay que sacudirse la mente para encontrar respuestas que satisfagan a las partes en conflicto. Todo es posible en esta vida, menos la muerte, la cual es absoluta y definitiva.[303] Entonces, mientras estemos vivos, debemos esforzarnos permanentemente para lograr mejores niveles de vida.

Hoy está vigente el pensamiento tomista en el sentido de ver el bien común por encima de intereses particulares, personales, de grupo o de interés específico. La prudencia, la justicia, la razón y la inteligencia del mexicano tendrá que opacar a los que buscan la violencia, la exclusión racional y la lucha entre los mexicanos.

El problema de las elecciones presidenciales del 2006, en México, es de dos personas mortales: Andrés Manuel López Obrador y Felipe Calderón Hinojosa. Que quede claro, los mexicanos jamás votaron por la violencia. <u>Los mexicanos</u>

---

obstáculos generados por los compromisos, pero no se cede a la negociación. Existe la intención, pero, inmediatamente es absorbida por la desesperación donde no hay nada claro. Sólo el transcurrir del tiempo que para unos, pondrá las cosas en su lugar, pero para otros, sólo genera incertidumbre y la desesperanza política. Es necesario reconocer que sólo el ser humano es capaz de darle vida e inteligibilidad a ese transcurrir del tiempo humano por medio de la inyección de buenas obras. De buenos actos; de buscar la salida inteligente por medio de la racionalidad crítica. Alfredo Cruz sentencia que **la angustia es como un vértigo, que nos retrae del abismo, pero que, a la vez, es atracción del vacío.** Esforcémonos por superar estos vacíos y abismos humanos con el uso de la razón crítica, es por el bien común y de los mexicanos en su conjunto. Cf. Cruz Prados, Alfredo. *Historia de la filosofía contemporánea.* Eunsa, España, 1991., p. 85.

[303] Ya Karl Popper ha hechos una propuesta en relación a la complejidad de la racionalidad y sin embargo, posible de considerar para destrabar aquellos encuentros donde no hay intención inteligente para superar dicha coyuntura problemática. Su aportación es: **"La racionalidad no es una propiedad de los hombres, ni es un hecho sobre los hombres. Es una tarea que los hombres deben llevar a cabo –una tarea difícil y muy limitada-. Resulta difícil lograr la racionalidad, incluso en parte."** Op. cit. Karl Popper. *El cuerpo y la mente.,* p. 191.

jamás votaron por el ahora o nunca. Los mexicanos votaron, primero, por la paz y segundo, por el crecimiento de todos en su generalidad.

Por tal motivo, estas personas, por encima de sus principios personales, tendrán que ver por el bien común. No se trata de una decisión de principios individuales; se trata de la seguridad del país y de todos los mexicanos. Está de por medio el futuro de México. No se trata de hacer la violencia por la violencia sin razón. Se trata de aplicar la política como medio por excelencia para minimizar las inconformidades y buscar el bien común como diría Santo Tomás de Aquino.

Es el tiempo de la aplicación, explotación y reconsideración de la política, entendida como la posibilidad de neutralizar las asperezas por medio del diálogo, la negociación y el acuerdo político. Los principios personales quedan en un segundo plano, el bien común es lo que determinará el rumbo del país. La violencia, simplemente no tiene razón de ser en los mexicanos. No se debe magnificar la idea del ahora o nunca, simplemente ceder para avanzar. Razonar para no explotar. Esforzarse en ceder para acordar, permanecer y crecer. No tiene razón de ser la violencia entre los mexicanos. Sí al diálogo, pero de primer nivel y de compromisos reales y recíprocos. Con la inteligencia de todos los mexicanos, la violencia no pasará a ser parte del sistema jurídico-político. Es por México, por el futuro de los mexicanos y por la dignidad e inteligencia humana.

No se trata de embarrarse lodo uno a otro, se trata de demostrar, por encima de principios personales o de grupo, que la nación mexicana está por encima de los enconos, las soberbias y los instintos animales. Se trata de magnificar el diálogo entre los máximos representantes políticos para ver por el bien del país. Con ese diálogo acuerdo-negociación, será posible superar la coyuntura política que se vislumbra mezquina y explosiva, para darle, una vez más, la oportunidad a la política y por ende, a la inteligencia mexicana, en suma, no es la estrategia política del ahora o nunca.[304] México se encuentra por encima de

---

[304] Por lo contrario es toda una ciencia que ha pasado por una teoría hasta llegar a la filosofía política, estamos hablando, evidentemente de la ciencia política. En este sentido, ya lo hemos señalado: todo tiene solución excepto la muerte. Si partimos de esta idea, podemos auxiliarnos de la fórmula por excelencia de Karl Popper para destrabar el problema político postelectoral mexicano y salir adelante, con mayor seguridad, tolerancia e inteligencia refinada. La formula se ha podido aplicar tanto en problemas científico naturales como en problemas sociales y, en

todos los intereses particulares. México es un ente superior al que los mexicanos le debemos lealtad, esfuerzo, compromiso, lucha, coraje y entrega por mejorar los niveles de vida de todos los que hacemos posible este país desde la posición que tengamos en nuestra vida.

Para eso es la política como ciencia: para buscar y encontrar los caminos que lleven al diálogo-negociación. Crear caminos para superar la cerrazón de la sinrazón. Para eso es la política como ciencia, para demostrar a los contendientes políticos que la violencia no soluciona nada, al contrario genera retroceso y más violencia. Desestabilidad y divisionismo. Por lo contrario, esas manifestaciones de resistencia civil, sí pueden parar la violencia, la guerra y la presión para que se rompa la sinrazón y se proceda al diálogo, a la inteligibilidad superior. Todo esto dentro de un ambiente de tolerancia política. Para evitar desgastes y retrocesos, es suficiente que las partes en conflicto se junten a negociar; no hace falta tanto protagonismo y magnificencia de las inconformidades para acordar: Cedamos la oportunidad a la inteligencia política mexicana.

Aquí no se trata de quedar bien con nadie, simplemente aplicar el sentido común por el bien de los mexicanos. ¿Quién quiere violencia entre los mexicanos? ¿Quién quiere ver sangre de mexicanos, generada por actos violentos de mexicanos irracionales? ¿Quién quiere ver desestabilizado al país? ¿Quién quiere el llanto de los hijos y su futuro incierto? ¿Quién quiere el retroceso del país? ¿Quién quiere la muerte de los mexicanos? ¿Quién quiere más pobreza generada por la violencia? ¿Quién quiere más división entre los mexicanos? ¿Quién quiere la incredulidad hacia los mexicanos en el mundo?

Sí estamos de acuerdo en la lucha política dentro de un marco inteligente y tolerante. No estamos de acuerdo por la lucha violenta, criminal e injusta: Los mexicanos no simpatizamos con la violencia.

---

este caso, en un problema de carácter político. La fórmula es sencilla: $P_1 - TT - EE - P_2$. Donde P_1 significa el problema del que partimos. Se puede tratar de un problema práctico o teórico. TT es una teoría provisional que se ofrece con objeto de resolver dicho problema. EE significa un proceso de eliminación de errores por medio de pruebas críticas o de la discusión crítica y finalmente P_2, significa los problemas con los que se finaliza, es decir, los problemas que emergen de la discusión y de las pruebas. Op. cit. Karl Popper., *El cuerpo y la mente.*, p. 42. Con esta leve aportación popperiana, no habría motivo para estancar las soluciones a un problema "x" en la actual situación política mexicana.

México no somos 41, 755, 768 personas que divididos entre el Partido Acción Nacional (35.88%); Partido de la Revolución Democrática (35.31%) y Partido Revolucionario Institucional (22.27%) votaron por un gobernante. México somos esto y más, aproximadamente 103, 946, 866 habitantes en 2005[305]que buscamos la paz y el crecimiento económico y social del país.

La vida de los mexicanos no debe estar supeditada a los movimientos de los cambios del poder político. Precisamente porque en México no solamente somos animales políticos y sociales como lo hemos señalado en este trabajo, más que esto, también somos *hommo oeconomicus*, con la lucha permanente por el crecimiento humano (salud, ciencia, bienestar, entre otras) por ende, minimizar la vida social mexicana y definirla con base a los resultados y vida política, es decir, dependiente del gobierno, es una gran falsedad; pues los mexicanos somos más que entes políticos, somos potencialidades inteligentes en búsqueda de la libertad, el bien común y el crecimiento personal y en consecuencia general.[306]

---

[305] Cf. Periódico "La jornada", 18 de septiembre del 2006.

[306] Manuel Jiménez Redondo considera que: **"El crecimiento societario y socio-económico de la sociedad sólo puede tenerse al precio de una disminución del poder político."** Cf. Op. cit. Habermas, Jürgen. *Facticidad y validez. Sobre el derecho y el Estado democrático de derecho en términos de teoría del discurso.,* p. 51. Consideramos que en México ya es tiempo de minimizar toda esa fiesta política y concentrarnos en respetar el Estado de Derecho para garantizar certidumbre a las inversiones para que el país crezca. No enfrascarnos en la política, la cual ya ha sido rebasada como paradigma para las determinaciones socio-políticas del país. Precisamente porque, las condiciones estructurales son diferentes. Las manifestaciones de libertad y ejercicio democrático, son otras. La vida política del país, depende más de su economía que de su clase política, pues finalmente, la economía de un país, determina el grado de felicidad y bien común que prevalece en el mismo. No estamos a favor de reducir la política mexicana, sino de tomarla como un modelo político que garantice la administración del país, no que lo violente o lo confronte. Ya Emanuel Kant ha señalado que de todos los poderes subordinados a la fuerza del Estado, es el poder del dinero el que más confianza inspira. Op. cit. Leo Strauss., p. 576. Hemos considerado esta observación, porque la política no debe ahorcar a la economía, por lo contrario, la política debe ser el medio para el crecimiento humano a través de la economía y la calidad de vida humana, en otras palabras, estamos a favor de la apertura de mercados, inyección de capitales, inversiónes sólidas, generación de empleo, finanzas públicas sanas, crecimiento y desarrollo sostenido, entre otras tendencias de economías sólidas, fuertes y biene definidas, fortalecidas por un Estado de derecho práctico y efectivo.

Finalmente, la vida de los mexicanos no depende del gobierno en función o en transición, sino de la libertad, el crecimiento económico y la justicia social; enfrascar la vida de los mexicanos en los vaivenes políticos es atentar contra la dignidad y magnificar la injusticia política en la vida de los habitantes de este noble país. En otras palabras, es minimizar la potencialidad mexicana a la política. Hoy, México depende de todo el mundo, no sólo de la política interna.

Superar esta coyuntura política por medio de la razón, la justicia y el bien común, sería la enseñanza finalmente del santo padre Tomás de Aquino.

3.2   LA GOBERNABILIDAD.

Iniciamos con una idea fundamental que deben saber los ciudadanos y los que influyen directamente en la vida política: sabios son **"quienes ordenan directamente las cosas y las gobiernan bien"** (Contra Gent., I,1).[307]

Aquí está hablando Tomás de Aquino de dos ideas de primer orden que se deben manejar en los estados políticos de derecho: el orden y el buen gobierno.

Al hablar de orden, nos remite a las comunidades humanas pasadas, donde prevalecía el caos: la ley del más fuerte. Donde la razón quedaba minimizada a los instintos naturales. La violencia, brutalidad e ignorancia cubrían los actos cotidianos de las personas. La vida animal humana, se desarrollaba conforme a las circunstancias del lugar y el tiempo. Su actuar predilecto: la lucha por el mando, la vida conflictiva, la cacería y recolección de alimentos.[308]

En un primer momento, fueron las necesidades humanas: alimento y protección, las que determinaron que las personas se unieran con la finalidad de alimentarse y protegerse de las inclemencias del tiempo.

Las palabras de Gordon Childe, en este sentido son: **"En la Antigüedad de Piedra, los hombre vivían enteramente de la caza, la pesca y la recolección de granos silvestres, raíces, insectos y mariscos. Su número estuvo limitado a la provisión de alimentos ofrecida por la propia naturaleza (...) En la**

---

[307]   Op. cit. De Aquino, Tomás. *Suma contra los gentiles.* Porrúa, Sepan cuantos. No. 317, México, 1998.

[308]   Op. cit. Canetti, Elías. *Masa y poder.* Alianza Editorial, España, 2002.

Nueva Edad de Piedra, los hombres controlaron su abastecimiento de alimentos, cultivando plantas y criando animales..."[309]

Posteriormente, el descubrimiento y control del fuego, permitió que la inteligencia humana creciera y, por ende, ya con el fuego dominado cocieran algunos alimentos y dieran calor a su tribu.

Al respecto Gordon Childe indica:

"El control del fuego, fue, presumiblemente, el primer gran paso en la emancipación del hombre respecto de la servidumbre a su medio ambiente. (...) El hombre ya no tuvo que limitar sus movimientos a un tipo restringido de clima, y sus actividades no quedaron determinadas necesariamente por la luz del sol."[310]

Con el control del fuego y asegurando su alimento, el hombre empezó a ser más autónomo. Comenzó a desarrollar sus capacidades intelectivas, a inventar sus armas y utensilios para continuar viviendo. Evidentemente las personas más inteligentes y con mayor fortaleza, comenzaron a distinguirse como guías, jefes, líderes, etc.

Gordon Childe, considera que fue en las batallas, en donde se puso de manifiesto la superioridad del cobre y el bronce, sobre el pedernal y la piedra quebradizos. **"... la guerra dio oportunidades excepcionales a los individuos prominentes, para demostrar valor y aptitud para dirigir, ganando así prestigio y autoridad. De esta manera, se convirtió en un factor decisivo y coadyuvante para la aparición de caudillos investidos con un poder temporal efectivo y, por último de monarcas."[311]**

Es así como Childe va aclarando la formación de las comunidades políticas, a través del aseguramiento del alimento, la seguridad de la comunidad y el combate. Además del dominio de otras personas que son vencidas y, por ende, en ese tiempo, esclavizadas.

[309] Cf. Gordon Childe, V. *Los orígenes de la civilización.* FCE, México, 1981.
[310] Ibid., p. 66.
[311] Ibid., p. 166.

Comunidades que irán creciendo en población, alimentación y conquistas para perfilar las comunidades políticas, donde los líderes serán los encargados de manejar la viabilidad de las ciudades.

En este contexto, Gordon Childe, reconoce que hacia el año 3000 a.C., ya se distinguían algunas personas: los sacerdotes, príncipes, escribas y funcionarios, y por un ejército de artesanos especializados, soldados profesionales y trabajadores de diversos oficios.[312]

La sociedad se dividió en clases económicas. Una clase dirigente formada por reyes, sacerdotes y funcionarios y la otra, una clase inferior formada por campesinos y trabajadores manuales.

Como poemos apreciar, ya se perfilaba una división entre los gobernantes y los gobernados. La política era: mantener la seguridad y bienestar de las personas. Una seguridad interna y externa. La interna, controlar que los habitantes vivan en armonía y en paz y, la externa, cuidar que no invadan otras personas las comunidades.

Para el sociólogo alemán Max Weber, esto sería ya un Estado político, **"un instituto político de actividad continuada, cuando y en la medida en que su cuadro administrativo mantenga con éxito la pretensión al monopolio legítimo de la coacción física para el mantenimiento del orden vigente."**[313]

Aquí aparece "el monopolio legítimo de la coacción física", pero, regresando al pensamiento de Tomás de Aquino, en el sentido de que los que gobiernan bien son los sabios; entonces, más allá de la coacción, debe existir la sabiduría para ser buen gobernante. No solamente la fuerza garantiza el poder, es necesario la legitimidad política para hacer del ejercicio del poder: un bien permanente.

Asimismo, es fundamental que el gobernante sabio, tenga conocimiento de algunas etapas político-sociales, donde el poder se caracteriza por la legitimidad que se puede lograr a través de la ejecución de buenas obras. Es decir, el poder real, auténtico, no solamente se obtiene de los acuerdos jurídico-políticos, se necesita la legitimidad humana para poder afianzar el poder y que, por lo tanto,

---

[312] Ibid., p. 175.
[313] Cf. Weber, Max. *Economía y sociedad*. FCE, México, 1974., p. 43.

en la toma de decisiones políticas, la mayoría de los ciudadanos respondan en forma acertada a dicha toma de decisión.

Continuando con Max Weber refiere que existen tres tipos de dominación legítima: la racional, la tradicional y la carismática.[314] Cada una de estas tres formas de legitimación política, tiene un fin: el preocuparse por el bien de los demás y mantenerse en el poder. Por lo tanto, una sociedad política que procura que su clase gobernante tenga algunas de estas peculiaridades, será gobernada racionalmente y con sabiduría. Objetivo que busca Tomas de Aquino en los gobernantes: procurar el bien común.

Una de las tesis centrales del pensamiento político de Tomás de Aquino es que **"el hombre es un animal social y político que vive en comunidad."** Por ello, sólo puede ayudarse a resolver sus necesidades viviendo comunitariamente. Y en esa comunidad debe existir un guía, un caudillo, un sabio, quien será el que buscará procurar el bienestar a los habitantes de dicha comunidad.

Este hecho nos remite a la situación que hemos considerado anteriormente, en el sentido de que gracias a la unión de varias personas, se logra una actividad más inteligente que beneficie a todos los habitantes de las comunidades. Una persona por sí sola, sin el menor contacto con la humanidad, queda marginada y por ende, muere.

Precisamente porque el ser humano es materia y también alma racional. Es la unión del cuerpo y el alma racional, quienes permiten la unidad humana. Si falta alguno de estos dos constitutivos, estaremos considerando otras formas de ser (entes ordinarios, cosas, seres espirituales): no el ser humano en su integridad.

Para Sto. Tomás de Aquino, según Copleston[315], el ser humano es una sustancia compuesta de materia y alma racional. Asimismo, el doctor Manuel Ocampo, considera que la persona humana es **"unidad substancial de espíritu-cuerpo (autoconciencia y autopercepción del cuerpo) y, por eso mismo, principio sensitivo-intelectivo-volitivo; todo en unidad sintética total..."** [316]

---

[314] Ibid., p. 172.
[315] Cf. Copleston, F.C. *El pensamiento de Santo Tomás.* FCE, México, 1999, p. 101.
[316] Op. cit. Ocampo Ponce, Manuel. *Las dimensiones del hombre.* Edicep, España, 2002, p. 62.

En otras palabras, el ser humano es un constitutivo formal donde la percepción, la razón y la voluntad, van a determinar su actuar ante sí y el mundo que le rodea.

Por otra parte, la comunidad política traerá beneficios materiales y espirituales a las personas y, una comunidad política bien ordenada y gobernada, donde el imperativo sea el bien común en búsqueda de la felicidad generalizada, será la respuesta a las necesidades políticas contemporáneas donde las desigualdades sociales son claras; las crisis políticas son evidentes y la paz mundial está supeditada a las consideraciones de unos cuantos poderosos.

Por lo tanto, en esta aportación, intentamos encontrar una respuesta jurídico-política que nos muestre también, una posibilidad inteligente a seguir para lograr un Estado político mundial que se preocupe por el bienestar no de unos cuantos, sino de toda la humanidad.

Consideramos que es a través del acuerdo político imperado por la racionalidad de las personas que tienen mayor conocimiento en torno a los problemas contemporáneos, como se puede vislumbrar una luz para garantizar el bienestar perpetuo de las personas que habitan este planeta.

Sabemos que las personas tienen un fin en su existencia, un objetivo: conservar y disfrutar su vida. Ese es su más contundente fin. Los medios para lograrlo pueden ser diversos.

Habrá múltiples posibilidades materiales para lograr el fin y mantener los medios para canalizar la energía hacia la satisfacción de dicho fin. Lo cierto es que los gobernantes deben procurar que ese fin se cumpla. Los gobernantes, deben apoyar a las personas (animal racional de naturaleza espiritual)[317] para que logren sus objetivos de vida, para ello, deben garantizar:

---

[317] Cf. Hans, Kelsen. *Teoría pura del derecho*. Ediciones Peña Hermanos. México, 2001. Por su parte este jurista considera a la persona desde un horizonte jurídico. Sus palabras son: **"La persona es el *soporte* de los deberes, de las responsabilidades y de los derechos subjetivos que resultan de estas normas, o más exactamente, el punto común al cual deben ser referidas las acciones y las omisiones reguladas por estas normas."** , p.150.

> ➢ Seguridad, alimentación, vivienda digna, salud, educación y medio ambiente adecuado para su desarrollo y bienestar.[318]En otras palabras: calidad de vida.

La propuesta de Tomas de Aquino, sería que los gobernantes logren el bien común para la felicidad de los habitantes de un estado político. "... **el hombre necesita quien lo guíe hacia el fin.**"[319]

En consecuencia, el gobierno va a ser un guía para los gobernados. Además será quien les proporcione los satisfactores suficientes para que las personas logren sus fines particulares.

Es así como el gobierno tiene "razón de ser" con las personas, sin ellas, no es, podrá ser otra cosa, menos un gobierno.

Los gobiernos deben partir del reconocimiento pleno para la aplicación de sus políticas que están tratando directamente con personas inteligentes y, que su función primordial radica en garantizar el pleno desarrollo de los habitantes del Estado político.

Las palabras de Gabriel Chalmeta en este sentido son:

"... en la concepción política que surge de la filosofía política tomista, cada miembro del cuerpo social es visto como un ser cuya dignidad es de valor inconmensurable, en virtud de su autonomía y capacidad de autodeterminación."[320]

Claro está que esto es en hipótesis, se necesita hacer mucho para que la humanidad logre arribar al nivel de dignidad que se busca para garantizar su pleno desarrollo y objetivo de vida.

¿Qué significa esto?

---

[318] Cf. Artículo 4º. De la Constitución Política Mexicana.
[319] Op. cit. Aquino, Tomás. *Tratado de la ley. Tratado de la justicia..*, p. 257.
[320] Cf. Chalmeta, Gabriel. *La justicia política en Tomás de Aquino. Una interpretación del bien común político.* Eunsa, España, 2002., p. 220.

Simplemente que en la actualidad no existen los niveles de desarrollo humano dignos de las personas y que es necesario reformular y aplicar políticas públicas que eleven los niveles y calidad de vida de las personas a escala mundial. Por ejemplo, para formularnos una idea, podemos apreciar las siguientes desigualdades sociales.[321]

País	Población Total (Millones) 2003.	PIB (En dólares americanos) 2003.	Esperanza de vida al nacer (años) 2003	Índice de desarrollo humano de 177 países.
Estados Unidos.	292.6	37,562.	77.4	10
México	104.3	9,168.	75.1	51
Sierra Leona	5.1	548.	38.3	176

Evidentemente, estas desigualdades sociales, son el resultado de la historia particular de cada país. Lo cierto es que todos vivimos en un solo planeta; una misma atmósfera, un mismo movimiento terrestre y, estas diferencias nos comprometen a todos, por lo menos, a los que estamos consciente de lo que es la importancia de la aplicación del **bien común** por encima de los intereses particulares.

¿Podemos continuar tolerando estas enormes diferencias sociales? ¿Qué se necesita para que la mayoría de las personas que habitamos este planeta logremos una vida digna y una felicidad permanente que es el máximo objetivo al que aspira el pensamiento político tomista para las personas humanas?

Una ilustración más. En el discurso del "The world bank group" del 2003, titulado "*Un nuevo equilibrio global. El desafío del liderazgo*", encontramos las siguientes cifras:

"En un mundo de 6 000 millones de habitantes, 1 000 millones poseen el 80% del PIB mundial, mientras que otros 1 000 millones luchan por subsistir con menos de US$1 al día. Este es un mundo falto de equilibrio."

---

[321] Op. cit. Organización de Naciones Unidas. Informe Sobre Desarrollo Humano, 2005.

Realidades más conmovedoras, no podemos invocar. ¿Dónde podemos encontrar una respuesta efectiva?

Podemos continuar cuestionando la realidad económica, política y social, sin embargo, la respuesta tiene que salir de personas sabias, que a través de su inteligencia, iluminen a los gobernantes con decisiones que beneficien a la humanidad.

No podemos seguir tolerando la agudeza de las diferencias sociales y personales. La realidad nos compromete a todos. Tenemos que esforzarnos por controlar nuestras diferencias existenciales y tomar decisiones inteligentes que nos permitan mejorar nuestro nivel de vida en forma gradual, pero segura.

Una visión mundial, estimula más nuestra imaginación y, por ende, sacude nuestra inteligencia para encontrar respuestas integrales. Otra propuesta de diferencias económicas:

Índice de Desarrollo Humano1	Población total (millones) 2015 de 177 países.	Esperanza de vida al nacer en años. (2003)	PIB per cápita (en dólares americanos) 2003.
Alto Desarrollo Humano	De 57 países: 928.4	78.0	25,665
Desarrollo Humano Medio	De 88 países: 4,707.7	67.2	4,474
Desarrollo Humano Bajo	De 32 países: 1,217.5	46.0	1,046
Total mundial	7,048.2	67.7	8,229

Como podemos apreciar las diferencias son enormes. La aplicación de políticas eficientes y su ejecución por los gobernantes es de vital importancia. Por lo tanto, los dirigentes tienen un compromiso local y, en consecuencia mundial, por el simple hecho de habitar el mismo planeta: hacer todo lo posible a su alcance, para crear condiciones de vida humana de calidad.

Hoy, la realidad política, social, y económica, deja mucho que desear; al respecto el discurso del doctor José Florencio Fernández Santillán, destaca:

"... aún no hemos logrado construir un orden internacional que nos haga salir de esta especie de estado de naturaleza en el que nos encontramos. Existen fuerzas de muy distinto tipo que compiten y chocan sin ningún control supranacional." [322]

Con esta idea, nos encontramos en un estado de naturaleza disfrazado, donde el esfuerzo sistemático por ascender en los niveles de vida a escala mundial ha fracasado o se manifiesta demasiado incierto.

No se han llevado a cabo políticas económicas, educativas y jurídicas de acuerdo a las nuevas demandas locales e internacionales que se han formulado en foros internacionales o que han quedado asentadas en constituciones políticas. ¿Dónde está ese bien común que demandaba Aristóteles, Tomás de Aquino y tantas personas que se han preocupado por los seres humanos?

Santo Tomás de Aquino considera que, para darse el orden en la comunidad política mundial, es necesario que el gobernante sabio, sepa dirigir el objetivo común: la felicidad humana.

Sus palabras son: "**... si es natural al hombre el vivir en sociedad, es necesario que tenga una guía dentro de la multitud. Ya que son muchos los hombres y cada uno busca para sí mismo lo que necesita, la multitud se dispersaría en sus fines, si no hubiese quien tuviese cuidado de procurar que todo se dirija al bien común.**"[323]

Pero no un guía cualquiera, este debe ser el sabio, el que se mete más a la espiritualidad, a la racionalidad y voluntad humana; porque la materialidad consume, destruye y te convierte en una persona egoísta, soberbia, pendiente de las ganancias, mientras que un sabio político no debe estar ligado a cuestiones materiales, precisamente porque su objetivo en la vida es el bien común y, por ende, el bien común está por encima de los intereses particulares.

En suma, el sabio gobernante tendrá que dedicar su mayor tiempo al bien de la humanidad.

---

[322] Cf. Fernández Santilla, José Florencio. *Norberto Bobbio: el filósofo y la política.* FCE, México, 2002., p. 8.

[323] Op. cit Tomás de Aquino. *Opúsculo sobre el gobierno de los príncipes.*, p. 258.

Claro está que, para lograr plenamente este objetivo, es necesario que el sabio político:

> Se conozca a sí mismo.
> Satisfaga sus necesidades ordinarias.

Para que, a partir de la seguridad y garantía de estas necesidades naturales, pueda usar su tiempo y energía al bienestar de las personas.

Un sabio político que no ha logrado satisfacer estas necesidades, estará inquieto y, por lo tanto, no entregará plenamente su compromiso con la humanidad: el bienestar común.

Por otra parte, Platón refiere que, sabio **es el que posee la mayor habilidad y el mayor valor para procurarse el poder.**[324]

Pero un poder personal para satisfacer el bien común. De nada sirve que se busque el bien común, si la clase gobernante está vacía de poder personal, es decir, no posee la suficiente ecuanimidad y conocimiento para atender a las personas: no es sabia, no es íntegra, no se conoce a sí misma. No se esfuerza por ir más allá de una concepción política ordinaria. Su visión de la política se limita a lo cotidiano. Su pensamiento es reducido. Para esto existe la filosofía política que, en términos generales, y de acuerdo al pensamiento de Norberto Bobbio, es el analizar los conceptos políticos fundamentales para aplicarlos a una realidad concreta.

La política es inagotable. Siempre habrá posibilidades para encontrar respuestas a los problemas complejos. En este sentido, he acudido al profesor José Fernández Santillán quien en forma concisa nos muestra un esquema de no sólo la ciencia política, sino que trasciende a la misma, y arriba a lo que sería la filosofía política.

De esta forma encontramos que la filosofía política se puede dividir en tres grandes áreas:

A) Autores clásicos

---

[324] Cf. Platon. *Georgias o de la Retórica*. En Obras selectas, Edimat, España, 2000, p. 425.

B) Temas clásicos y
C) Problemas contemporáneos.[325]

A partir de este esquema, se puede partir para ir formulando y cuestionando políticas públicas eficientes, que tengan como objetivo el bienestar de las personas, asimismo con la información política, teórica y práctica, utilizando estas premisas de reflexión filosófica-política, es más fácil concretar respuestas a demandas socio-políticas.

Pero ¿qué es la sabiduría, que tanto hemos mencionado?

Del latín *sapientia,* comportamiento racional que dirige el pensamiento en todos los ámbitos del conocer y el obrar.[326]

Mientras que Aristóteles en la "Ética a Nicómaco", distingue la sabiduría como **el supremo conocimiento, el del saber desinteresado de lo universal o saber por el saber, identificable, con la filosofía primera o unión de la razón con el conocimiento pleno de los primeros principios.**

En suma, el sabio es el filósofo. En este caso el filósofo político. Como lo fue Tomás de Aquino. Justamente porque como lo estamos viendo, su trabajo social es una obra de filosofía política de su tiempo y que, en la actualidad, ayuda a encontrar y proponer alternativas políticas que beneficien no sólo a los gobernantes de los estados nacionales, sino a los gobernantes a nivel mundial.

Precisamente porque el pensar en un problema socio-político nacional, significa que este problema se refleja en el resto del mundo. Por ejemplo, mercados financieros inmersos en el "capitalismo salvaje", tráfico de drogas, órganos humanos y armas, conflictos militares, conflictos interétnicos, lavado de dinero, delincuencia organizada, terrorismo, entre otros.

Todos estos son problemas reales y que es necesario observarlos desde un punto de vista filosófico para sacudir aquellos esfuerzos intelectuales ordinarios que no han podido vislumbrar respuestas a sus demandas jurídicas, políticas y sociales.

---

[325] Op. cit. Fernández Santillán, José. *Norberto Bobbio: el filósofo y la política.*, p. 31.
[326] Cf. Herder. *Diccionario de Filosofía en cd rom.* España.

Posiblemente con una pequeña dosis filosófica se pueda encontrar respuestas en aquellos vacíos políticos donde sólo se percibe continuar con políticas conformistas, tradicionalistas y sin mayor trascendencia.[327]

Pero, ¿qué es la filosofía y, para qué sirve?

Estamos de acuerdo que cada escuela de pensamiento[328] tiene un concepto de lo que es la filosofía y, por ende, esta diversidad filosófica, permite la actualidad del liberalismo filosófico, donde, la libertad intelectual fortalece y engrandece las ideas filosóficas ortodoxas que paralizan el pensamiento en general: oxigenando propuestas de acuerdo a las necesidades sociales. En este caso, optaremos por algunos autores que han influido en la consolidación intelectual de este trabajo.

Así tenemos que, para Gabriel Vargas Lozano, presidente de la Asociación Filosófica de México, la filosofía, "**… es la única disciplina que puede proporcionar, a cualquier persona, una conciencia racional de su situación en el mundo, capacidad para resolver los problemas y para analizar conceptos y argumentos, desarrollo de la capacidad de expresión y comunicación, así como cultura necesaria para desempeñar, de mejor manera, cualquier trabajo.**"

---

[327] En este sentido ya hemos considerado la fórmula para superar conflictos, hipótesis, teorías y verdades, utilizando como fundamento la fórmula de Karl Popper. Op. cit., *El cuerpo y la mente*.

[328] Las escuelas de pensamiento filosófico serían, entre otras, las siguientes: Hegelianismo, marxismo, voluntaristas, racionalistas, positivistas, pragmatistas, liberales, vitalistas, evolucionistas, historicistas, fenomenólogos, existencialistas, los estructuralistas, los postmodernistas, entre muchas otras, que estarán determinadas por las circunstancias específicas de cada tiempo, lugar y posibilidades latentes en su momento. De donde concluimos que son múltiples las formas de poder entender la filosofía. Lo cierto es que en el fondo se busca la verdad de lo que está más allá de los conocimientos ordinarios y que es posible acariciar y disfrutar con esta sabiduría por medio de la metafísica, teología, gnoseología, fenomenología, entre otras ciencias. Por lo tanto, la filosofía es una ciencia que busca la verdad de lo que es, por medio de las ciencias consideradas. Cf. Op. cit. Alfredo Cruz Prados. *Historia de la filosofía contemporánea*. Así como, Reale, Giovanni y Antiseri, Dario. *Historia del pensamiento filosófico y científico. III. Del romanticismo hasta hoy*. Herder, España, 1995.

Por su parte el doctor Manuel Ocampo Ponce, tomista integral, considera que la filosofía, "... **es un saber del ser, que busca conocer con certeza y desde sus causas lo que realmente es, no el fenómeno o lo que aparece, sino el ser, desde un punto de vista puramente humano o racional.**"[329]

Aquí lo destacable de este pensamiento filosófico, es ir a lo más íntimo de la persona: el ser, es decir, su existencia. Porque para poder ser, hay que existir. Si no hay existencia, no hay ser: no hay persona. No hay comunidad, no hay política.

Continuando con Tomás de Aquino, el bien común, es la base de todo proyecto político, de todo Estado nacional y mundial. Sus palabras son:

"... todo gobernante ha de buscar el bien de la comunidad que dirige."[330]

Lo contrario de la búsqueda del bien común en la clase gobernante, sería la tiranía, la oligarquía y la demagogia. En el caso de la tiranía se va a caracterizar por ser un régimen injusto, que busca su bien personal. Esta persona se rige por el poder, el miedo, la violencia y no por la razón, la justicia, la sabiduría. Evidentemente estamos hablando del tiempo de Santo Tomás de Aquino.

En este contexto, para Tomás de Aquino, el mejor gobernante era el rey, pues el dirige toda la muchedumbre de una provincia o ciudad hacia el bien común.

Con respecto a la mejor Constitución indica que: **"... la mejor constitución de una ciudad o reino es aquella en la cual uno solo tiene la presidencia de todos y es el depositario del poder; pero de tal modo que otros participen de tal poder, y que <u>todos sean los dueños de tal poder,</u> tanto porque puedan ser elegidos cualesquiera del pueblo, como porque deban ser elegidos por todos. Tal es la mejor política: la que está presidida por uno pero con un régimen mixto; se da también entonces la aristocracia, ya que algunos participan del poder, y la democracia, o sea el poder del pueblo, en cuanto al pueblo corresponde la elección de los gobernantes, los cuales pueden ser elegidos de entre el pueblo."**[331]

---

[329] Op. cit. Ocampo Ponce, Manuel. *Las dimensiones del hombre.*, p. 32.
[330] Op. cit. De Aquino, Tomás. *Opúsculo sobre el gobierno de los príncipes,* p. 258.
[331] Op. cit. De Aquino, Tomás. *Tratado de la ley.*, p. 76.

En esta idea de Santo Tomás, percibimos que la mejor Constitución se va a dar en aquellas ciudades o reinos que tengan de gobierno a una sola persona, pero que participen en la elección del mismo el pueblo, así como la aristocracia. En el fondo, una mezcla de personas con recursos mínimos y recurso medios y altos. Logrando con esto un régimen democrático, precisamente porque todos tienen la misma posibilidad de elegir a una persona para gobernante.

Era el tiempo de Tomás de Aquino: era su tiempo. (1225-1274)

En este contexto, Gabriel Chalmeta,[332] considera que es necesario analizar y valorar el tiempo y las circunstancias en el que se desarrolló el pensamiento político tomista, sus hipótesis son:

1. La propuesta política de Tomas de Aquino surgió hace siete siglos y fue elaborada cuando las características de la sociedad política y sus problemas específicos eran distintos de los típicamente postmodernos.
2. Presupone en sus destinatarios, una determinada visión metafísica, antropológica y ética, hoy tenida, si no como imposible de ser propuesta en nuestras sociedades pluralistas, al menos como incompleta.
3. Desconocedora de tantas profundizaciones realizadas por pensadores políticos posteriores.
4. Puede ser plenamente comprendida sólo por los que participan de la fe en Cristo o, al menos, en otra vida a la que está destinado el hombre.

Además de tomar en consideración estas tesis, destacamos que hay ideas precisas en el pensamiento tomista que actualizan y estimulan el panorama político contemporáneo. Por lo tanto, Tomas de Aquino es un clásico de la filosofía política, precisamente porque fundamenta las bases jurídicas, políticas y sociales que debe poseer un Estado Democrático de Derecho para mantener la estabilidad, el crecimiento y la administración estatal eficiente, con la tendencia de lograr un Estado político mundial, en donde el bien común prevalezca sobre los intereses personales.

Para ilustrar la filosofía política de Santo Tomás de Aquino, citamos las diferentes formas de gobierno:

---

[332] Op. cit. Chalmeta, Gabriel. *La justicia política en Tomás de Aquino.*, pp. 29-30.

1. Tirano.- Régimen injusto, con una sola cabeza. Busca su provecho personal. Su arma es el poder en su máxima expresión.
2. Oligarquía.- O sea el principado de unos pocos. Esos pocos oprimen al pueblo por sus riquezas.
3. Si el régimen injusto es ejercido por muchos, es la democracia o sea, el poder del pueblo. El cual se da cuando el pueblo bajo oprime a los de arriba por el poder que le da la muchedumbre.
4. República.- Si lo administra una multitud de ciudadanos.
5. Aristocracia.- Si el gobierno es ejercido por una minoría virtuosa, o sea el gobierno de los mejores.
6. Rey.- Si el gobierno está en manos de una sola persona.

En síntesis, tenemos que hay dos clases de gobierno: el de los justos e injustos.

Justos: República-Aristocracia-Reino (Rey)
Injustos: Tiranía-Oligarquía-Democracia.

De donde se observa que, para Tomás de Aquino, el mejor gobierno era la monarquía mixta, precisamente porque estaba constituido por las mejores personas y las más virtuosas. En dicho contexto, el santo padre considera en su obra "Suma contra los gentiles" que: **En todo gobierno, quien lo preside tiende a la unidad. Por ello el más perfecto de los gobiernos es la <u>monarquía</u> o <u>reino</u>; y aun cuando se dan muchos gobernantes, uno sólo es la cabeza. Por ello es evidente que debe ser uno aquel a quien corresponde el gobierno."** [333]

Con esta argumentación se puede interpretar que pueden participar varias personas en la elección del gobernante pero, sólo uno es el que será el monarca o el rey. A pesar de que fue elegido por el pueblo y la aristocracia.

Por su parte, Aristóteles[334] refiere de los gobiernos lo siguiente:

---

[333] Op. cit. Tomás de Aquino. *Suma contra los gentiles.*, p. 52. Así como Santo Tomás de Aquino. *La monarquía.* Tecnos. España, 2002., pp. 13-26.
[334] Op. cit. Aristóteles. *La política.* Capítulo Quinto, libro tercero.

GOBIERNOS BUENOS	GOBIERNOS VICIOSOS
Reino (1 persona)	Tiranía (Mal gobernada)
Aristocracia (Hombres buenos y principales en virtud y valor).	Oligarquía (Unos pocos malos y poderosos).
Gobierno popular (Todo el pueblo tiene voto en el buen regir).	Viciosa democracia o Vicioso gobierno (Todo el pueblo rige mal).

Para Aristóteles, quien fue teórico de Tomás de Aquino, el mejor gobierno era la verdadera democracia pues en ella existe la libertad e igualdad. Sus argumentos son:

"... es la que consiste en la igualdad, porque la ley de ésta prescribe que los ricos no tengan más parte del público gobierno que los pobres, ni que los unos ni los otros sean señores de él, sino que todos sean semejantes. Porque si la libertad, según el parecer de algunos, y la igualdad consisten principalmente en la democracia, de esta manera la habría completamente si todos por igual participaren del gobierno."[335]

Es entonces la libertad y, por ende, la igualdad, lo que va a permitir que en las mismas circunstancias participen las personas que se interesan por la acción política.

En suma, ya tenemos que para lograr un buen gobierno en Tomás de Aquino, es necesario que el gobernante sea un sabio, es decir, que su conocimiento se extienda más allá del conocimiento ordinario y científico:[336]que rebase lo

---

[335] Ibid. Libro tercero, capitulo cuarto.

[336] Para ilustrar este apartado, me parece importante dejar constancia de lo que es la ciencia política y la filosofía política en el campo de la actividad política. Para ello regresamos con el doctor José Florencio Fernández Santillán, quien como buen discípulo de Norberto Bobbio reconoce que: La ciencia aborda la política como materia de análisis cuantitativo por medio de hechos verificables mediante técnicas de la razón como la estadística, el muestreo y las encuestas. La metodología utilizada es empírica; se mueve en los datos que deben ser interpretados para extraer conclusiones útiles, practicables.

Mientras que, la filosofía política, no se mueve tanto en el marco cronológico según la secuencia temporal, ni en el empírico siguiendo los datos obtenidos. Más bien se maneja en el terreno de los argumentos y de los valores, de la construcción de sistemas de pensamiento. Por lo tanto, la ciencia política es más práctica, mientras que la filosofía política, se eleva al campo intelectual de los argumentos

puramente sensible y experimental. Es prudente que el conocimiento filosófico influya directamente en sus decisiones políticas, pues, como se ha considerado, el máximo objetivo de una verdadera filosofía política es el bien común. Y para entender el bien común con mayor efervescencia es necesario el conocimiento de la filosofía y en particular la obra de Santo Tomás de Aquino, en este caso.

Para ser más explícitos, seguimos con el doctor José Fernández Santillán quien reconoce que:

"La política es una profesión, como cualquier otra, que debe cumplir con el propósito que se le encomendó. A quien ejerce esa actividad lo que se le pide es que vele por <u>el bien común</u> y por garantizar <u>el orden público</u>, no que esté atento a no violar algún ordenamiento moral abstracto."[337]

De ésta cita, destaco el "bien común" y "el orden público". Estas dos premisas, son fundamentales para entender la trascendencia del Estado Democrático de Derecho y, asimismo, la actualización del pensamiento político de Sto. Tomás de Aquino a la actividad política contemporánea.

Un gobierno de sabios, filósofos políticos, buscará el bien común. Precisamente porque el mismo conocimiento impide, moralmente que los sabios tiendan a tomar decisiones por el camino del mal, mediocres o vacías de excelencia humana.[338] Por lo menos, teóricamente, no se vale que un sabio político se incline por la soberbia, la prepotencia, la tiranía o el orgullo personal. El deber político, implica disciplina racional y voluntaria, es decir, los sabios políticos en el gobierno, tienen una sola línea: el bienestar de las personas a través del bien común.

Ese sería un Estado Democrático, donde la libertad e igualdad que hemos recogido del pensamiento aristotélico va a garantizar la justicia en la política, es decir, se va a dar una actividad política donde los participantes van a caracterizarse, independientemente de sus condiciones económicas y sociales, por su equidad en la participación del poder político. Sin embargo, lo

---

y de las estructuras políticas. Op. cit. José Fernández Santillán. *Norberto Bobbio: el filósofo y la política.*

[337] Op. cit. Fernández Santillán, José F. *Norberto Bobbio. El filósofo y la política,* p. 36.

[338] Op. cit. Yepes Stork, Ricardo y Aranguren Echavarria, Javier. *Fundamentos de antropología. Un ideal de la excelencia humana.*

deseable de los participantes para Tomás de Aquino es que sea gente culta, gente sabia, con la intención de que sus acciones y decisiones políticas se den en el más alto nivel de la inteligencia humana. Precisamente porque aquellas democracias, donde la mayoría de sus integrantes de su gobierno no tienen estas peculiaridades políticas, normalmente tienden a la anarquía, corrupción y baja calidad en el ejercicio de la acción política.

Un Estado Democrático de Derecho, ¿por qué de Derecho?

Precisamente porque esto va a ser la instrumentación para mantener la integridad del propio Estado por medio del ejercicio del aparato jurídico, es decir, de la aplicación de las leyes, reglamentos, etc., que van a permitir a través de la coacción, garantizar la paz social y por ende, la integridad de las personas y sus bienes materiales.[339]

En este sentido, el bien común y el orden público, en el pensamiento del doctor Fernández Santillán, es parecido a la inquietud de Tomás de Aquino respecto a la ejercitación del buen gobierno.

Manteniendo estas dos políticas públicas, el bienestar y la felicidad de las personas, en una comunidad política, están garantizadas.

Tomás de Aquino en esta línea de pensamiento refiere:

"... el bien de toda multitud asociada es el conservar la unidad, de donde resulta la paz, puesto que desapareciendo ésta termina toda utilidad de la vida social, de manera que la sociedad dividida resulta gravosa para sí misma."[340]

De tal modo que la paz será la integradora de la sociedad política. Un Estado político, sin paz social, es un Estado anárquico que rompe con la estabilidad jurídica-política del Estado político.

---

[339] Op. cit. Kelsen, Hans. *Teoría pura del derecho.* Ediciones Peña, México, 2001.
[340] Op. cit.. De Aquino, Tomás. *Opúsculo sobre el gobierno de los príncipes.,* p. 259.

Max Weber, en relación al Estado de Derecho[341] considera que es necesario para garantizar la estabilidad jurídico-política y administrativa de sus habitantes las siguientes funciones:

1. El establecimiento del derecho (función legislativa).
2. La protección de la seguridad personal y del orden público (policía).
3. La defensa de los derechos adquiridos (justicia).
4. El cuidado de los intereses higiénicos, pedagógicos, político-sociales y otros (las diferentes ramas de la administración).
5. La enérgica protección organizada dirigida hacia fuera (régimen militar).

Por tal motivo, para que haya paz en un Estado Democrático de Derecho, es necesaria la concordia entre las diferentes instituciones del gobierno y, en especial, la actitud de los gobernantes hacia los gobernados para que existan las condiciones básicas para el buen desarrollo y entendimiento de las personas.

Tomás de Aquino indica que lo máximo que debe pretender quien dirige una sociedad es procurar la unidad en la paz.

Sus argumentos son:

"... en tanto un gobierno será útil en cuanto tenga éxito en conservar la unidad de la paz."[342]

Por ende, la premisa básica para la estabilidad de todo Estado político es la paz. Una paz duradera y verdadera. No fingida ni mucho menos disfrazada.

En su momento Norberto Bobbio destaca que el ser humano ha comenzado a aspirar a los beneficios de la paz partiendo de los horrores de la guerra. Es así como las personas buscan la paz con la finalidad de garantizar su existencia, de sus familiares y bienes materiales.

Ciertamente la paz generada después de una guerra, queda en ese límite. Posteriormente vienen las indiferencias, el trabajo constante para afinar

---

[341] Op. cit. Weber, Max. *Economía y sociedad,* p. 664.
[342] Op. cit. De Aquino, Tomás. *Opúsculo sobre el gobierno de los príncipes.,* p. 260.

las discordias y finalmente, asumir una paz auténtica y perpetua agregaría Emmanuel Kant.[343]

La pregunta es ¿las diferencias sociales entre pobres y ricos no generan violencia, incomodidad inclusive odio?

La respuesta la encontramos en la siguiente tesis de Bobbio:

"... una vez eliminada la guerra (...) la humanidad no habrá entrado en el paraíso terrenal, sino que se encontrará frente a otros problemas no menos graves y difíciles, como la justicia social, la sobrepoblación, el hambre, la libertad."[344]

Por lo tanto, el fenómeno de la paz, no es sencillo, se necesita mucho, sobretodo de la clase política gobernante mundial para que tome decisiones que beneficie a todas las personas. No sólo a su Estado o comunidad política. Ya hemos señalado que el problema humano es a nivel planeta.

En consecuencia, es fundamental que se consolide un Consejo Político Mundial, con la intención de que se busquen soluciones a nivel planeta. Las soluciones unilaterales y nacionalistas, serán momentáneas. Hoy se necesita una visión global.

Lamentablemente, un ente político internacional que sirvió en un tiempo para lograr acuerdos internacionales y establecer la paz, a través de la razón y la voluntad ha quedado rebasado: la Organización de Naciones Unidas.

Las palabras del filósofo-jurista, Norberto Bobbio dice que la Organización de las Naciones Unidas, al haber nacido como **"asociación de Estados y no como un superestado, es demasiado débil para imponerse a los Estados más fuertes, que de hecho la desprecian y se sirven de ella, cuando lo hacen, únicamente para hacer valer sus intereses y para tratar de obstaculizar la satisfacción de los intereses ajenos."[345]**

---

[343] Cf. Kant, Emmanuel. *La paz perpetua.* Porrúa, México, 2003.
[344] Op. cit. Fernández Santillán, José F. *Norberto Bobbio. El filósofo y la política.*, p. 319.
[345] Ibid., p. 340.

¿Qué hacer? Preguntaría Lenin.[346]

Montesquieu[347], diría, el espíritu de las monarquías es la guerra y el deseo de grandeza, mientras que el de las repúblicas es la paz y la moderación.

Con la inteligencia de los sabios políticos, se podrán ir estructurando, a través del diálogo, y acuerdos, aquellas políticas internacionales que puedan lograr poner un límite a las grandes diferencias sociales o por lo menos moderar esas divisiones.

Con la participación verdadera y con el ánimo de influir en la construcción de un Consejo Político Mundial capaz de garantizar la supervivencia y subir los niveles de calidad de vida de las personas en el planeta, la clase política mundial (Líderes políticos, jefes de estado y de gobierno, sabios y guías espirituales, empresarios e intelectuales), tendrán que unir sus esfuerzos, para encontrar ese nuevo ente político mundial que ponga orden en la tierra y garantice la paz que consideró Tomás de Aquino.

Los argumentos del santo padre son:

"... varios gobernantes no podrían mantener la unidad de la multitud, si no estuviesen de acuerdo. Por tanto se requiere de todos ellos una cierta unión, para poder gobernar de algún modo."[348]

Es el "acuerdo" de Tomás de Aquino, lo que genera una esperanza en la política mundial contemporánea, que influya en la consolidación del nuevo **ente político** (Consejo Político Mundial), capaz de garantizar la supervivencia humana y el bienestar de las personas.

Finalmente, es la razón, la que irá prevaleciendo sobre la ignorancia. Tomás de Aquino dice que el hombre, despojado de la razón, se deja arrastrar por el instinto.

La cita es:

---

[346] Cf. Lenin, V.I. *¿Qué hacer? Problemas candentes de nuestro movimiento.* Ediciones en lenguas extranjeras, Pekín, 1975.

[347] Cf. Montesquieu. *Del espíritu de las leyes.* Porrúa, México, 1985.

[348] Op. cit. De Aquino, Tomás. *Opúsculo sobre el gobierno de los príncipes.*, p. 260.

"... el hombre despojado de la razón, se deja arrastrar por el instinto, como la bestia, cuando gobierna."[349]

Aquí Santo Tomás, nos revela toda una filosofía antropológica. Permite darnos cuenta de nuestro instinto animal, diferenciándonos de esa animalidad por medio de nuestra herramienta fundamental: la razón.

Sin embargo, el alma animal no es espiritual[350]. La propuesta es la siguiente:

"... los animales tienen un alma, un principio de vida inmaterial, es decir, irreductible a la pura materia. La cuestión está resulta de antemano: puesto que viven, tienen un alma. Y puesto que poseen facultades superiores a las de los vegetales, tienen un alma de un orden o de una naturaleza superior. Para caracterizarla, no podemos hacer nada más ni mejor que llamarla sensitiva."

Por lo tanto, nuestra racionalidad nos separa de la animalidad. De tal forma que, nuestros actos se convierten en racionales, en el entendido de que, lo que hacemos está avalado por el querer. Y entonces nos enfrentamos ante un dilema el querer y el hacer. ¡Tremenda la situación!

Sin embargo, lo que obliga a admitir la espiritualidad del alma humana es la presencia en el hombre de actos como la abstracción y la reflexión, que no pueden ser orgánicos, sentencia Vernaux.[351]

En otras palabras, la razón y la voluntad unificadas en el hacer: en el actuar, en el pensar. Acto impregnado de voluntad y racionalidad, como base para el avance intelectual y social de los seres humanos. Si estos actos están fundamentados con la mayor inteligencia humana, entonces se convierten en actos excelentes, en actos impecables. Esa impecabilidad en el actuar, es lo que necesitan por obligatoriedad la clase política, es decir, las personas encargadas de garantizar el camino del bien común y hacer propuestas políticas en beneficio de la humanidad.

---

[349] Ibid., p. 262.
[350] Cf. Verneaux, R. *Filosofía del hombre.* Herder, España, 1997.
[351] Ibid., p. 86.

En suma, es necesario que nuestros actos desde una posición política, sean sumamente inteligentes, es decir, que prevalezca el bien común sobre el bien particular. Que seamos capaces de explotar al máximo nuestra potencialidad como seres racionales. Que la inteligencia opaque a la soberbia. Que la justicia, la templanza, la prudencia y fortaleza, sean las virtudes cardinales del actuar humano y, por ende, del actuar político: hacer el bien y evitar el mal como lo consideramos en el capitulo anterior.

Finalmente, que la inteligencia marque nuestro destino. Pero una inteligencia virtuosa; sin deficiencias humanas, crítica y propositiva. Buscar al máximo la perfección humana.

En referencia a la inteligencia, retomamos a Vernaux, quien enfatiza:

"... la inteligencia se distingue radicalmente del instinto animal en que es capaz de reflexión. El instinto es pura espontaneidad ciega, pone unos medios con vistas a un fin sin haber reflexionado ni sobre el fin ni sobre los medios más apropiados para conseguirlo. Mientras que la inteligencia es no sólo consciente, sino reflexiva, es decir, capaz de examinar su propia actividad, su orientación y su funcionamiento." [352]

3.3   EL CONTROL POLÍTICO.

Sto. Tomás, refiere también que **"muchos ejercen la tiranía bajo el pretexto de gobierno regio."**[353]

Aquí encontramos una situación política bastante compleja. Iniciaremos con algunos cuestionamientos con la intención de ir encontrando la razón de ser de esta tesis tomista.

1. Sin duda es impensable la idea de un gobierno tirano en una sociedad política desarrollada. Precisamente porque la educación y patrones culturales no lo permiten. Al contrario, mientras menos gobierno exista, mejor es la viabilidad humana en el entendido de que el gobierno, tenía un principio, la paz y felicidad. En estas sociedades

---

[352]   Ibid., p. 92.
[353]   Op. cit. *Opúsculo sobre el gobierno de los príncipes.*, p. 263.

avanzadas, ya están garantizadas, por ende, un gobierno mínimo, para una administración mínima es lo deseable.

2. En países que buscan el bienestar general, es necesaria la implementación de una estructura política-administrativa que garantice el crecimiento y la estabilidad del Estado político. En estos países, sí es fundamental la burocracia política para garantizar el camino del bienestar humano, pero una burocracia mínima, sería lo ideal. Las leyes y el poder coercitivo (policías) son fundamentales para educar y controlar a la gente. El ejercicio de la acción política es de vital importancia. Por ende, el gobierno debe ser certero en la aplicación de las leyes y la clase política, debe estar formada por las personas mejor preparadas para que no existan márgenes de deficiencias políticas (corrupción, injusticias, mediocridades, conformismos, apatías, entre otras.)

3. Finalmente, para poner orden entre los países bien desarrollados y los que se encuentran en la búsqueda del desarrollo, es necesaria, la moderación política para encontrar los caminos que lleven al bien común, el cual, es el imperativo de la sociedad política mundial contemporánea. Por lo tanto, se necesita la ejercitación de las leyes y la ecuanimidad política; la negociación y aplicación efectiva de la praxis jurídico-política. Buscar políticas alternativas para que la población mundial mejore sus niveles y calidad de vida, garantizando así el crecimiento humano.

En este orden de ideas, para afirmar estas hipótesis tomistas, hemos encontrado algunas de las ideas centrales del doctor Agapito Maestre[354] en torno a la aplicación de la política, mismas que citamos para fortalecer nuestra propuesta:

➢ La política es lo decisivo.
➢ La política es el ámbito determinante de la existencia auténtica.
➢ La política es el espacio privilegiado donde al hombre le es dado realizarse en cuanto tal.
➢ La política hace a los hombres verdaderamente humanos.

Entonces, los que en cierta forma participan de las decisiones políticas locales y mundiales, son los que tendrán que marcar los límites de la tolerancia política

---

[354] Cf. Maestre, Agapito. *La escritura de la política*. Ediciones Cepcom. México, 2000, p. 25.

con una idea central: proyectar como fin, en la estructura de sus políticas, el bien común. Sin este objetivo bien definido estaremos en una incertidumbre política perfecta, lista para ser cultivada por una tiranía, por el caos y/o la resistencia civil.

En suma, encontramos que la idea central en la política es el bien común, en términos generales; si para lograr el bien común hay que ser duros con la aplicación del derecho, es un acto de justicia. Por lo tanto, aplicar el derecho cuando se vulnere la legalidad y se atente contra la paz pública y, por ende, el bien común, es hacer justicia. En otras palabras, utilizar la fuerza pública cuando sea jurídicamente necesario para vivir en paz, lo cual es lo más importante en una sociedad diría Santo Tomás de Aquino.

Otro aspecto que destaca el aquinante para gobernar bien, es que no haya división en la clase gobernante; que exista una plena coordinación, confianza, y responsabilidad entre los gobernantes hacia sus superiores, sus iguales y sus descendientes, en otras palabras, el horizonte de participación política se encuentra controlado por la aplicación del derecho como instrumento jurídico capaz de garantizar la interacción entre las personas en forma inteligente; asimismo que el trabajo que efectúen hacia los gobernados sea eficaz, no superficial, ni mucho menos mediocre.

La propuesta tomista es la siguiente:

"... es normal que, divididos los gobernantes, lo estén los súbditos." [355]

La unidad y lealtad en la clase gobernante, guiados por un líder moral, carismático, legítimo y legal, y un plan de trabajo político, jurídico y económico bien estructurado, generará eficacia en el compromiso político.

El divisionismo no cabe en un gobierno democrático, es necesario que la clase política en función, independientemente de las ideas, partidos, simpatías políticas, sea disciplinada con las líneas políticas de los titulares de los poderes democráticos (ejecutivo-legislativo-judicial) que busquen el bien común, la armonía, la tolerancia y el diálogo como máximo instrumento de la racionalidad humana. Que el ejercicio del poder político no sea motivo para el desequilibrio de la persona que ejerce el poder y, por ende, afecte la integridad de la clase

---

[355] Op. cit. *Opúsculo sobre el gobierno de los príncipes.* Op. Cit., p. 264.

política y sus respectivas estructuras directivas. Precisamente porque "**... el poder político que no es controlado degenera, no sólo a los hombres, sino también a las formas de gobierno.**"[356]

Por tal motivo, para que exista cohesión política en un Estado Democrático de Derecho, es necesaria la estabilidad y eficiencia de la clase política. La búsqueda permanente del bien común.

Ese es el parámetro de cohesión en la clase política: el bien común y, quien no lo entienda así, que renuncie o se abstenga de participar en la función pública; precisamente porque esa es la idea central de los gobiernos en las sociedades políticas con alto índice de desarrollo humano: el bienestar de la mayoría de las personas con una administración sana y el impulso permanente por el confort.

En suma, lo que desea la sociedad de sus gobernantes, es que estos propicien el bienestar y felicidad personal. Que sea un gobierno eficiente y responsable; capaz de responder a los problemas e inconformidades. Un gobierno con estas características, difícilmente tendrá conflictos de legitimidad y aceptación en los ciudadanos.

Que los gobernados estén pendientes del actuar de la clase política en general, con la finalidad de que el funcionario que es negligente sea removido. En el fondo, lo que se busca es la excelencia a través de la responsabilidad política.

Hoy vivimos en países con sistemas políticos democráticos, por ende, la participación es con mayor apertura, por lo menos en las naciones que buscan su desarrollo.

En su tiempo Santo Tomás de Aquino consideraba que: "**... se ha de trabajar diligentemente para que el pueblo controle de tal manera al rey, que éste no llegue a convertirse en tirano.**" [357]

Entonces, debe existir un control de la clase política con la intención de que responda a las demandas ciudadanas en forma oportuna y quien no se sienta

---

[356] Cf. Huerta Ochoa, Carla. *Mecanismos constitucionales para el control del poder político.* UNAM. México, 2001, p. 20.

[357] Op. cit. *Opúsculo sobre el gobierno de los príncipes.*, p. 265.

capaz de esta actitud política que renuncie. Esta observación política la hace el santo padre con referencia al rey; seguramente su pensamiento quedaría actualizado con la aplicación de esta tesis a los gobernantes contemporáneos.

Santo Tomás de Aquino es enérgico respecto a esta deficiencia política, sus palabras son las siguientes:

"... si por derecho toca a un pueblo el elegir su propio rey, sin injusticia puede el mismo destituir al rey elegido o recortar su poder, si abusa tiránicamente del mismo. Y no ha de pensarse que es infiel la multitud que derroca a un tirano, aun cuando desde mucho tiempo atrás le hubiese estado sujeta; porque él mismo, al no cumplir su oficio fielmente como lo exige su obligación regia, ha merecido que la multitud no le sostenga el pacto por el cual ha sido hecho rey." [358]

Aquí nos encontramos ante un hecho político de vital importancia para países con gobiernos débiles, mediocres, corruptos o tiranos.

En este sentido, estamos de acuerdo de que cuando un gobierno no funciona correctamente, generará motivos para que las personas empiecen a inconformarse, en un primer momento en forma pacífica, a través de marchas, mítines, huelgas, entre otras; posteriormente vienen los momentos difíciles, donde la violencia verbal, física o armada son una posibilidad real de activarse. Sin embargo, gracias a la inteligencia humana, los antecedentes históricos, así como la política como horizonte para dirimir controversias, estas posibilidades de inconformidad, tendrán que ser superadas por la misma presión histórica, así como la población pacífica, la cual es mayoría en la humanidad. Por lo tanto, el diálogo y la inteligencia, tendrán que rebasar las posibilidades de violencia.

En suma, ratificamos el cambio de la clase gobernante por medio de la resistencia pacífica, sin llegar a la violencia, cuando no haya eficiencia política. Estamos de acuerdo con los cambios de la clase gobernante por medio de las siguientes líneas políticas:

---

[358] Ibid., p. 266. En el caso del sistema político mexicano, el artículo 39 de la Constitución Federal, es el que fundamenta legal y legítimamente a los mexicanos para modificar la forma de su gobierno.

❖ Vía pacífica.

❖ Diálogo.

❖ Crítica y propuesta política.

❖ Respeto a los derechos naturales y garantías constitucionales.

❖ Un Consejo Político local y mundial, en su caso, autónomo integrado con los mejores hombres y mujeres. Capaces de dirimir controversias y lograr acuerdos que beneficien a la mayoría. Con poder real pues este Consejo político estaría legalizado y legitimado por los ciudadanos y representantes políticos a nivel mundial y local.

❖ Este Consejo Político, estaría integrado por líderes políticos, líderes espirituales, empresarios, intelectuales y lideres de las diferentes religiones.[359]

Las propuestas de Santo Tomás de Aquino, cuando se esta abusando del poder político, serían:

a) Destitución sin injusticia.

b) En su caso, recortar el poder del tirano.

c) En estas acciones no es infiel la multitud, pues ha buscado todas las salidas políticas humanamente posibles.

d) El derrocamiento de un tirano es incuestionable.

e) Como consecuencia de la tiranía, la multitud ya no tiene paciencia para sostener el pacto o elección política.

Con estas hipótesis tomistas del derrocamiento de los regímenes mediocres, se actualiza el pensamiento del Santo padre, al grado de legitimar su propuesta de derrocamiento de regímenes por vías pacíficas. ¿Desobediencia civil se preguntaría John Rawls?[360]

---

[359] Aquí encontramos la primacía de la sabiduría sobre la fuerza en la integración de los gobernantes: "**... quienes resaltan por su capacidad intelectual son quienes por naturaleza gobiernan; quienes son robustos físicamente, pero no bien desarrollados intelectualmente, parecen destinados por la naturaleza a servir..**" Op. cit. Tomás de Aquino. *Suma contra los gentiles.*, p. 408. Asimismo, Santo Tomás de Aquino destaca que **el dominio de un tonto es débil, a menos que se refuerce por el consejo de los sabios**.

[360] Filósofo norteamericano contemporáneo, quien se preocupó por la justicia y el liberalismo político.

EL BIEN COMÚN, EN LA POLICÍA, LA JUSTICIA Y LA GOBERNABILIDAD

Un gobierno eficiente, tendrá siempre que preocuparse por el bien común y atender las demandas ciudadanas con la intención de llevar una administración pública sana y en forma pacífica; de lo contrario, deberá estar preparado para la desobediencia civil, la cual es una forma democrática de encontrar respuestas a las cerrazones políticas.

Respecto a la intención de controlar el poder de los gobernantes, ahora no se necesita mucho conocimiento. Precisamente porque existen los mecanismos de poder legítimo y legal que garantizan el control de los gobernantes.[361] (En este caso en el sistema jurídico-político mexicano).

En primer término, tenemos la estructura jurídica de los Estados políticos, además, las Organizaciones No Gubernamentales y las Organizaciones de la Defensa de los Derechos Humanos. Por lo tanto, existen los instrumentos de control jurídico, político y social.[362]

Asimismo, la propia sociedad política va estructurando, en forma diversa, la penetración hacia el poder real. Por ejemplo, para Michael Foucault, existe un poder en miniatura que todo lo penetra, lo articula y desarticula, lo hace dependiente, lo teje y lo transforma. Su idea es la siguiente:

"... Se sabe bien que no son los gobernantes los que detentan el poder. Pero la noción de 'clase dirigente' no es ni muy clara ni está muy elaborada. 'Dominar', 'dirigir', 'gobernar', 'grupo en el poder', 'aparato de Estado', etc., existen toda una gama de nociones que exigen ser analizadas. Del mismo modo, sería necesario saber bien hasta dónde se ejerce el poder, por qué conexiones y hasta qué instancias, ínfimas con frecuencia, de jerarquía de control, de vigilancia, de prohibiciones, de sujeciones. Por todas partes en donde existe poder, el poder se ejerce. Nadie, hablando con propiedad, es el titular de él; y sin embargo, se ejerce siempre en una determinada dirección, con los unos de una parte y los otros de otra; no se sabe quién lo tiene exactamente; pero se sabe quién no lo tiene."[363]

---

[361] Op. cit. Huerta Ochoa, Carla. *Mecanismos constitucionales para el control del poder político.*

[362] Cf. Valadés, Diego. *El control del poder.* UNAM-Porrúa, México, 2000.

[363] Cf. Foucault, Michael. *Microfísica del poder.* Las Ediciones de la piqueta, España, 1980., pp. 83-84.

Es así como Michael Foucault, observa la genealogía del poder. Y lo encuentra en todo la construcción social, desde el hogar, pasando por las cárceles, los manicomios, las policías, los gobernantes. Toda acción humana implica poder. Respecto al poder político reconoce que, es un poder oficial que, sin embargo, puede ser desarticulado y modificado por un "poder microscópico" cuando no responde a los compromisos del buen gobierno en la implementación de políticas en búsqueda del bien común.

Sus palabras son:

"... es el funcionamiento de este nuevo poder microscópico, capilar, el que ha presionado al cuerpo social para rechazar la corte, el personaje del rey. La mitología del soberano no era ya posible a partir del momento en el que una cierta forma de poder se ejercía en el cuerpo social. El soberano se convertía entonces en un personaje fantástico, monstruoso o arcaico a la vez."[364]

Si las personas que integran este poder microscópico están satisfechos con los actos de gobierno, por lo menos se portarán en forma neutral sin afectar las actividades políticas; por el contrario, si el gobierno no es congruente con las demandas ciudadanas, la situación política tendrá que cambiar. Es entonces cuando ese poder microscópico empieza a actuar y sacudir las estructuras de gobierno.

En esta idea, John Rawls en relación a las acciones de gobierno que afectan los intereses de las mayorías, considera la "resistencia civil" como acto de protesta legítima por parte de los gobernados.

Esta "resistencia civil", sería la última forma de presión política para modificar o cambiar a la clase política.

Por tal motivo, es necesario considerar que el poder político no es absoluto, sin embargo, las personas que tienen contacto con dicho poder, si no son capaces de controlar sus facultades racionales y/o volitivas, estando en él, tienden a sufrir deslices de personalidad, es decir, sufren cambios repentinos en su forma de actuar y de ser. Ésta situación es sumamente peligrosa porque ponen en peligro la integridad de un gobierno y del Estado político.

---

[364] Ibid., p. 89.

Por lo tanto, es fundamental, una vez más, hacer uso de las virtudes cardinales (prudencia, justicia, templanza y fortaleza) por excelencia, para controlarse cuando se pierde o tambalea parte de la constitución de la integridad personal, cuando se ejerce el poder político o se va a asumir alguna responsabilidad política.

La clase política en el poder, podría ser educada bajo estas virtudes con la intención de que, mientras ejercen el poder, sus capacidades humanas no se deterioren perdiendo la ecuanimidad y calidad humana.

Regresando a Sto. Tomás, recuérdese que para él, los hombres sabios tendrán mayor capacidad para enfrentarse a situaciones de personalidad y de ejercicio del poder político, por ende, es necesario mantener la ecuanimidad política para que el Estado se mantenga íntegro y se desarrolle y crezca en un ambiente pacífico y de tolerancia.

John Rawls con respecto a la "resistencia civil" señala que, **"la teoría de la resistencia civil, intenta formular las bases sobre las que se puede desobedecer a una autoridad democráticamente legítima, por medios que, aunque reconocidamente contrarios a la ley, expresan no obstante una fidelidad a la ley y una apelación a los principios políticos fundamentales de un régimen democrático."** [365]

---

[365] Op. cit. Rawls, John. *Teoría de la justicia.* FCE, México, 2000. Rawls maneja las siguientes hipótesis en relación a la desobediencia civil: 1. La desobediencia civil es uno de los recursos estabilizadores del sistema constitucional, aunque sea, por definición, un recurso ilegal; 2. La desobediencia civil, utilizada con la debida moderación, ayuda a mantener y reforzar las instituciones justas; 3. La teoría constitucional sobre la desobediencia civil descansa exclusivamente sobre una concepción de la justicia; hasta los rasgos de publicidad y de <u>no violencia</u> se explican también sobre esta base; 4. La desobediencia civil es una parte de la teoría del libre gobierno; 5. La teoría de la desobediencia civil complementa la concepción puramente legal de democracia constitucional. Intenta formular las bases sobre las que se puede desobedecer a una autoridad democráticamente legítima, por medios que, aunque reconocidamente contrarios a la ley, expresan no obstante una fidelidad a la ley y una apelación a los principios políticos fundamentales de un régimen democrático y, 6. Si la desobediencia civil justificada parece amenazar la concordia cívica, la responsabilidad no recae en los que protestan, sino en aquellos cuyo abuso de poder y de autoridad justifica tal oposición, porque emplear el aparato coercitivo del Estado para mantener instituciones manifiestamente injustas es una forma de fuerza ilegítima a la que

Aquí reconoce Rawls que cuando los gobernados no están de acuerdo con las políticas implementadas por los gobernantes, no cumplen con los intereses que los motivaron a elegirlos, es entonces cuando surge esta posibilidad de la sociedad civil por estimular el trabajo político o crear un cambio de gobierno para mejorar la realidad política. Que quede claro, no está considerando, para nada la violencia, en cualquiera de sus posibilidades y menos violencia física.

Por su parte, la Constitución Política de los Estados Unidos Mexicanos, considera en su artículo 39 lo siguiente:

"La soberanía nacional reside esencial y originariamente en el pueblo. Todo poder público dimana del pueblo y se instituye en beneficio de éste. El pueblo tiene, en todo tiempo, el inalienable derecho de alterar o modificar la forma de su gobierno."

Como podemos observar, en este artículo se acentúa que el pueblo es el autor intelectual y material de las formas de gobierno; además, el pueblo tiene el derecho de alterar o modificar al gobierno y, por ende, controlar a los gobernantes.

Por lo tanto, el pueblo mexicano está facultado legal y legítimamente para influir directamente en la gobernabilidad del país y, por ende, en su modificación.

Antes de entrar al estudio del marco jurídico que en un primer momento, le da libertad a los mexicanos para modificar o desplazar a los gobernantes (artículo 39 de la Constitución Política de los Estados Unidos Mexicanos) y posteriormente los reprime, minimizando sus propuestas de desobediencia civil, queremos dejar claro, que ambas hipótesis son posibles **sin violencia, en un ambiente de respeto y tolerancia, fortalecidos por la inteligencia humana y en búsqueda del bien común.**

---

los hombres tienen derecho a resistir., pp. 347-355. Con estas argumentaciones jurídico-políticas, Rawls, ubica en forma brillante, el derecho que tienen los gobernados para cambiar a su clase política y, en su defecto, una reforma de Estado y de los gobernantes, como se dice en México.

3.4 DELITOS CONTRA LA SEGURIDAD DE LAS INSTITUCIONES DEL DISTRITO FEDERAL.[366]

REBELIÓN.-

Artículo 361. Se impondrá de dos a diez años de prisión, a los que con <u>violencia</u> y <u>uso de armas</u> traten de:

I.   Reformar, destruir, impedir o coartar la integración de las instituciones constitucionales del Distrito Federal o su libre funcionamiento; o
II. Separar o impedir el desempeño de su cargo al Jefe de Gobierno del Distrito Federal, algún Jefe Delegacional, Diputado de la Asamblea Legislativa o servidor público que desempeñe funciones jurisdiccionales.

No se impondrá la pena por el delito de rebelión a los que <u>depongan las armas</u> antes de ser detenidos, salvo que hubieren cometido otros delitos durante la rebelión.

Este delito no simpatiza con las propuestas de Tomás de Aquino pues, la primer condición del derrocamiento de los tiranos es por la resistencia pacífica que consiste en: **destitución sin injusticia** (es decir, que se va a actuar dentro de los límites de la justicia socialmente aceptada); **recorte del poder** del tirano (En el caso mexicano, no dejar pasar ni aceptar las propuestas de los titulares de los poderes ejecutivo, legislativo o judicial, en el caso de que sus leyes estén en contra del bien común como lo diría Santo Tomás de Aquino); **no hay infidelidad por parte del pueblo**, pues se han agotado todos los medios racionales y humanamente posibles; el **derrocamiento del tirano**, es una realidad, pues, ya no existen posibilidades de negociación, ya que se agotaron los medios para evitar el derrocamiento; **la multitud no sostiene el pacto** político, ha sido superado y, por ende, no tiene razón de ser, pues, el derrocamiento de la tiranía ha violado la confianza, entrega e inteligencia política del pueblo.

---

[366]   Op. cit. Código Penal del Distrito Federal, México, 2008.

MOTIN.-

Artículo 364. Se impondrá prisión de seis meses a siete años a los que, para conseguir que se les reconozca o conceda algún derecho, en forma tumultuaria:

I. Amenacen a la autoridad para obligarla a tomar alguna determinación; o

II. Por medio de <u>violencia</u> en las personas o sobre las cosas, perturben el orden público.

Este delito tampoco es materia de defensa de Santo Tomás de Aquino pues está de por medio la violencia, para presionar a las autoridades y, como la violencia, cualquiera que sea su manifestación, no entra en el mundo de Santo Tomás de Aquino, automáticamente queda descartado.

SEDICIÓN.-

Artículo 365. Se impondrá de seis meses a ocho años de prisión, a los que en forma tumultuaria, **sin uso de armas**, resistan o **ataquen** a la autoridad para impedir el libre ejercicio de sus funciones con alguna de las siguientes finalidades:

I. Reformar, destruir, impedir o coartar la integración de las instituciones constitucionales del Distrito Federal o su libre ejercicio; o

II. Separar o impedir el desempeño de su cargo al Jefe de Gobierno del Distrito Federal, algún Jefe Delegacional o Diputado de la Asamblea Legislativa o a servidor público que desempeñe funciones jurisdiccionales.

La pena se aumentará en una mitad para quienes dirijan, organicen, inciten, compelen o patrocinen económicamente a otros para cometer el delito de sedición.

Esta forma de resistencia política, de entrada es un delito con una contradicción. Primero, maneja el **no uso de armas** y después, considera los ataques, sin especificar qué tipo de ataques, por lo tanto, no hay claridad; en consecuencia, el santo padre estaría en contra del mismo, pues existe un verbo contundente que desvirtúa la resistencia pacífica: ataquen. Como si fueran personas irracionales; como si fuera una masa amorfa[367] sin objetivos específicos.

Respecto al Código Penal Federal del 2008, encontramos los mismos delitos de desobediencia civil; con el uso de violencia y armas. En este contexto, quedan descartados de las hipótesis de desobediencia civil aceptadas por Santo Tomás de Aquino. El título es lo que cambia por "Delitos contra la seguridad de la nación."

De las consideraciones anteriores, tenemos las siguientes observaciones, todo esto, evidentemente a la luz del pensamiento jurídico-político tomista, sin lo cual, la presente propuesta no tendría razón de ser.

a) Tenemos que la Constitución Política de los Estados Unidos Mexicanos, en su artículo 39, el pueblo: es el soberano del país, no hay otro personaje o grupo de poder político o económico dueño del país. El pueblo genera el **poder político** y se da para **beneficio** del pueblo y, finalmente tiene el **derecho** de **alterar** o **modificar** la **forma de gobierno.** Por ende, el pueblo es el amo y señor del sistema jurídico-político mexicano. No hay grupos o personas propietarios del poder político en México (en teoría). En consecuencia, el pueblo, *en todo tiempo,* (como lo marca la Constitución Federal) puede modificar la forma de gobierno. De tal forma que, si el pueblo reconoce deficiencia en la forma de gobierno, tendrá el derecho de modificarlo; el problema es el ¿cómo? Jurídicamente es por medio de los poderes políticos a través del cambio y propuesta de nuevas leyes, es decir, una reforma de Estado jurídico-político. Y estas atribuciones, la tienen los

---

[367] En este sentido encontramos que Elías Canetti refiere: **"Si todos juntos pueden liberarse de sus cargas de distancia. Eso es exactamente lo que ocurre en la masa. En la *descarga,* se desechan las separaciones y todos se sienten *iguales.* En esta densidad, donde apenas hay hueco entre ellos, donde un cuerpo se oprime contra otro, uno se encuentra tan cercano al otro como a sí mismo. Así se consigue un enorme alivio. En busca de este instante feliz, en que ninguno es *más,* ninguno mejor que otro, <u>los hombres se convierten en masa.</u>"**, p. 12. Op. cit. Canetti, Elías. *Masa y poder.* Esa masificación humana, no la quiere Tomás de Aquino, por lo contrario, quiere responsabilidad individual y colectiva. Todos conscientes de su objetivo de derrocar al tirano. Por vía pacífica. Por el uso de la política, para buscar las estrategias de presión y derrocar a un tirano junto con su gabinete.

poderes federales (Poder ejecutivo-Poder legislativo)[368] de tal forma que sólo ellos pueden hacer dichas reformas jurídicamente. Por lo tanto, los cambios, por la vía violenta y/o armada, no está contemplada en nuestra Constitución. En concreto, la legalidad, permite los cambios políticos por las vías institucionales y, a través del uso racional de la política como medio legítimo para la convención, la negociación y la propuesta. Quien desee una reforma política en México, tendrá que enfocar sus propuestas hacia la legalidad, la cual es la forma legítima jurídicamente. No hay otro camino pues el de la violencia, lo único que podría generar es lastimar al país y sus habitantes. No se vale enfrascarse en la idea de la violencia a través de las armas como el paradigma del cambio político mexicano pues, ya hemos considerado que <u>México, no es solamente política</u>. Se acabó el tiempo donde, la mayoría de la vida en México dependía de la política. Hoy ha sido rebasada esa posición por el poder económico influenciado por la globalización. Por lo tanto, el cambio político en México por la vía armada, no tiene razón de ser, pues ha sido superada esa etapa. Ahora lo que toca es el convencimiento político para que por vías legales se busque, encuentre y conquiste el poder. El cambio es gradual pero seguro. La violencia nos arrojaría a etapas ya superadas. La precipitación intelectual, política, ética o personal es válida pero sin comprometer la estabilidad del país. En suma, sí al cambio de régimen político, pero por la vía y resistencia pacífica, jamás por el camino de la violencia.

b) Asimismo, el artículo 136 de dicha Constitución Federal, refiere la inviolabilidad de la misma, así se haya presentado otro gobierno, el cual será juzgado en cuanto se recupere la estabilidad política. Por lo tanto, queda prohibida la rebelión y el gobierno contrario a esta Constitución. Con este ordenamiento, el único camino que queda es el de la desobediencia civil por vía pacífica. Con mucho trabajo y convencimiento político; con la intención de ir asumiendo puestos políticos en forma gradual. Por lo tanto, por la vía pacífica es por donde se pueden dar los cambios de régimen, sin una sola gota de sangre. En suma, sería una revolución pacífica. En este sentido encontramos las siguientes observaciones de Jorge Carpizo: "**... cuando un orden**

---

[368] Aquí el Poder Judicial es el que se encargará de neutralizar las inconformidades, desacuerdos o contradicciones del poder ejecutivo y legislativo en el sistema jurídico-político mexicano. Esa es su razón de ser, entre otras: dirimir las controversias constitucionales.

jurídico deja de satisfacer las necesidades, aspiraciones e ideales de una comunidad, cuando él se convierte en opresión, entonces nace el derecho a la revolución, pero no como una facultad jurídica, sino como un derecho de la vida, de la realidad. (…) Así, el derecho a la revolución es una facultad de índole sociológica y ética, pero nunca jurídica."[369] Por lo tanto, hay legitimidad política, pero no legalidad para la génesis de una revolución pacífica.

c) Ya revisamos que en los Códigos penales Federal y del Distrito Federal, los derechos de desobediencia civil, están tipificados como delitos, por ende, penalmente, la desobediencia civil esta prohibida pues ha sido tipificada en los Códigos Penales como violenta y armada, de donde se concluye que no existe una desobediencia civil tipificada como pacífica en estos Códigos penales. Se tiene conocimiento que en la "Declaración de los Derechos del Hombre y del Ciudadano de 1789, su artículo 35, indicaba que: **"Cuando el gobierno viole los derechos del pueblo, la insurrección es para el pueblo y para cada porción del pueblo el derecho más sagrado y el deber más indispensable."**[370]Eran otros tiempos, otro espacio, otras demandas. Hoy la ciencia política y la inteligencia, son el arma por excelencia de las personas para suprimir los gobiernos nefastos[371]. No con violencia, sino con ecuanimidad, paciencia y eficiencia política es como se puede avanzar en la implementación de políticas públicas para la operatividad del bien común, pues, finalmente la política es la ciencia que se encarga de articular todas esas inconformidades que se disparan sin llegar a acuerdos propositivos. Gracias a la ciencia política es como se podrán encontrar respuestas a esas cerrazones e intransigencias violentas de unas minorías que ejercen el poder político, económico o social. Precisamente porque no se puede generalizar la violencia como arma política para dirimir inconformidades. La historia es clara: la violencia genera más violencia.

d) Finalmente, John Rawls afirma que la desobediencia civil no es violenta: La participación en actos violentos que probablemente causarían heridas y daños es incompatible con la desobediencia civil

---

[369] Op. cit. Constitución Política comentada., p. 345.
[370] Ibid., p. 344.
[371] En esta idea, encontramos que Manuel Kant considera que **la posesión de la fuerza perjudica inevitablemente al libre ejercicio de la razón.** Op. cit. Kant, Manuel. *La paz perpetua*. Porrúa. México, 2003., p. 269.

como medio de reclamación y cualquier violación a las libertades civiles de los demás tiende a oscurecer la calidad de desobediencia civil del propio acto.[372]Por su parte Habermas se inclinaría más por el diálogo a través de la producción de normas resultado de una compleja red de procesos de entendimiento y prácticas de negociación. Por lo tanto, el diálogo será la base para la solución de la inconformidad política en Habermas.[373] De donde concluimos que Rawls dice sí a la desobediencia política pero sin violencia; Habermas, por su parte, diría: sí a las inconformidades pero con soluciones a través de la acción comunicativa.

En suma, para no caer en esta contradicción, es necesario que la clase gobernante cumpla cabalmente con su responsabilidad de gobierno, y utilice la política y el derecho como instrumentos básicos para atender las demandas ciudadanas.

Si no se es capaz de asumir esta responsabilidad, que se renuncie para no afectar a los gobernados y, además, para no ser sujeto de "juicio político" que, al parecer, para ejercicio del mismo, no existe impedimento legal. Sólo se necesita la voluntad política para que los gobernados y gobernantes acuerden para consolidar la tipificación de este delito y proceder en consecuencia contra los malos gobernantes

3.5 EL JUICIO POLÍTICO.

El juicio político lo encontramos tipificado en la Constitución Política de los Estados Unidos Mexicanos y se lleva a cabo, para sancionar concretamente a los servidores públicos que violentan la legalidad y la confianza política. Por ende, los gobernantes y servidores públicos de alto nivel, tendrán que responder a las demandas ciudadanas, garantizando credibilidad y confianza en la clase gobernante y por lo tanto, en la propia estructura jurídico-política.

El "juicio político" es la mejor arma en la actualidad para que el pueblo ejercite su derecho constitucional para sancionar a los servidores públicos y gobernantes que no cumplen con su trabajo.

---

[372] Op. cit. Rawls, John. *Teoría de la justicia.*, pp. 133-134.
[373] Op. cit. J. Habermas. *Facticidad y validez.*, pp. 248-252.

En esta idea, señalamos los artículos mexicanos que se refieren a la sanción de los servidores públicos, y por ende, de la destitución de los gobernantes, más no del propio sistema político, precisamente porque son las personas las que fundamentalmente le dan vida a la estructura política. Son las personas en el gobierno, las candidatas a sufrir el juicio político.

En suma, queremos destacar que el juicio político es la continuidad de la desobediencia civil, es decir, es una forma de controlar a los servidores públicos que no cumplen con sus compromisos políticos de buscar el bien común; garantizar la felicidad y hacer el bien evitando el mal. Con estas premisas tomistas, se le da continuidad a lo que eran las hipótesis básicas del santo padre para derrocar a un régimen autoritario y tirano.

Con estas observaciones coadyuvamos a la revolución pacífica mexicana donde se controlaría a los servidores públicos en forma inteligente con la aplicación del juicio político garantizado por la Constitución Federal. Por ende, no habría motivos para la apatía o indiferencia hacia sus labores de gobernantes, es decir, es una forma de controlar a los funcionarios mediocres.

3.6 LA CONSTITUCIÓN POLÍTICA DE LOS ESTADOS UNIDOS MEXICANOS.

En esta línea de conocimiento, encontramos el:

TITULO CUARTO. De las responsabilidades de los servidores públicos y patrimonial del estado, el cual refiere:

Art. 108.- " ... se reputarán como servidores públicos a los representantes de elección popular, a los miembros del Poder Judicial Federal y del Poder Judicial del Distrito Federal, los funcionarios y empleados, y, en general, a toda persona que desempeñe un empleo, cargo o comisión de cualquier naturaleza en la Administración Pública Federal o en el Distrito Federal, así como a los servidores del Instituto Federal Electoral, quienes serán responsables por los actos u omisiones en que incurran en el desempeño de sus respectivas funciones."

"El Presidente de la República, durante el tiempo de su encargo, sólo podrá ser acusado por traición a la patria y delitos graves del orden común."

En este artículo encontramos las personas que entran en la categoría conceptual de servidores públicos. También, son claras las acusaciones penales en que puede incurrir el Presidente de la República, las cuales son:

➢ Traición a la patria[374] y,
➢ Delitos graves del orden común.

Para entender algunos de las motivos por los que se puede proceder al juicio político, el artículo 109 de la Constitución Política de los Estados Unidos Mexicanos, destaca que, cuando los servidores públicos "en el ejercicio de sus funciones incurran en actos u omisiones que redunden en perjuicio de los **intereses públicos fundamentales** o de su buen despacho."

Asimismo, en la fracción II, indica que "La comisión de delitos por parte de cualquier servidor público será perseguida y sancionada en los términos de la legislación penal; y fracción III, se aplicarán sanciones administrativas a los servidores públicos por los actos u omisiones que afecten la legalidad, honradez, lealtad, imparcialidad y eficiencia que deben observar en el desempeño de sus empleos, cargos o comisiones."

Asimismo encontramos en el artículo 109 de la Constitución Federal Mexicana, fracción III; párrafo cuarto, las personas que pueden iniciar el juicio político:

"Cualquier ciudadano, bajo su más estricta responsabilidad y mediante la presentación de elementos de prueba, podrá formular denuncia ante la Cámara de Diputados del Congreso de la Unión respecto de las conductas a las que se refiere el presente artículo."

---

[374] Cf. Artículos 123 al 126 del Código Penal Federal 2008. En referencia a los delitos graves del orden común encontramos en el artículo 268, fracción III, párrafo cuarto del Código de Procedimientos Penales del Distrito Federal, la siguiente hipótesis: **"Para todos los efectos legales, son graves los delitos sancionados con pena de prisión cuyo termino medio aritmético exceda de cinco años. Respecto de estos delitos no se otorgará el beneficio de la libertad provisional bajo caución previsto en la fracción I del artículo 20 de la Constitución Política de los Estados Unidos Mexicanos. El término medio aritmético es el cociente que se obtiene de sumar la pena mínima y la máxima del delito de que se trata y dividirlo entre dos."** Entonces, el Presidente de los Estados Unidos Mexicanos, no es sujeto de juicio político pero sí de la aplicación de los delitos graves y traición a la patria sólo durante el tiempo de su mandato como ha quedado formulado.

De donde se desprende que, en la función de los servidores públicos, cuando incurran en un acto u omisión de su labor, existen dos formas de ser sancionada: administrativa y penalmente.[375]

Cómo podemos observar no hay mucha necesidad en el sistema jurídico-político mexicano de recurrir a la desobediencia civil, en forma generalizada, pues para controlar a un servidor público que no cumple con su función es posible activar el juicio político y los delitos cometidos por los servidores públicos tipificados en los códigos penales. El problema es cómo aterrizar las premisas de la aplicación del juicio político por:

a) Actos u omisiones que redunden en perjuicio de los intereses públicos fundamentales y
b) Actos u omisiones que redunden en perjuicio de su buen despacho.

Estas hipótesis parecen demasiado generales, por ende, difícil de aplicar pero no imposible, por lo tanto, si se quiere controlar a los servidores públicos en forma inteligente, será necesario estar muy pendientes de sus actos y obras públicas para así tener suficientes pruebas para la integración de una demanda penal o la aplicación del juicio político en el caso y cuando proceda jurídica y políticamente.

En la actualidad, en el sistema jurídico-político mexicano, se sanciona a las personas físicas y no a las morales o instituciones de gobierno. Por lo tanto, quien viole la normatividad, tendrá que asumir su responsabilidad no importando el puesto público que desempeñe.

En esta idea, Porfirio Muñoz Ledo indica que en materia penal, **"el responsable es el que comete el delito o los que lo cometen o los que son cómplices, pero directos, no hay culpabilidad de personas morales, eso no existe, la culpabilidad siempre es de individuos."**[376]

---

[375] Para mayor profundidad, revisar el Código penal del Distrito Federal, el Titulo décimo octavo. Delitos contra el servidor público cometidos por servidores públicos y el Código Penal Federal Mexicano, Titulo décimo. Delitos cometidos por servidores públicos. México, 2008.

[376] Revisar el periódico *Reforma*. México, D. F., 7 de marzo del 2004, p. 12A

¿Pero quiénes son los funcionarios sujetos de juicio político? El artículo 110 de la Constitución Política de los Estados Unidos Mexicanos considera que podrán ser sujetos de juicio político:

> - Los senadores y diputados al Congreso de la Unión.
> - Los Ministros de la Suprema Corte de Justicia de la Nación.
> - Los Consejeros de la Judicatura Federal.
> - Los Secretarios de Despacho.
> - Los Jefes de Departamento Administrativo.
> - Los Diputados a la Asamblea del Distrito Federal.
> - El Jefe de Gobierno del Distrito Federal.
> - El Procurador General de la República.
> - El Procurador General de Justicia del Distrito Federal.
> - Los Magistrados de Circuito.
> - Los Jueces de Distrito.
> - Los Magistrados y Jueces del Fuero Común del Distrito Federal.
> - Los Consejeros de la Judicatura del Distrito Federal.
> - El Consejero Presidente.
> - Los Consejeros Electorales.
> - El Secretario Ejecutivo del Instituto Federal Electoral.
> - Los Magistrados del Tribunal Electoral.
> - Los Directores Generales y sus equivalentes de los organismos descentralizados.
> - Empresas de participación estatal mayoritaria.
> - Sociedades y asociaciones asimiladas a éstas y
> - Fideicomisos públicos.

Asimismo, los Gobernadores del los Estados, Diputados locales, Magistrados de los Tribunales Superiores de Justicia Locales y, en su caso, los miembros de los Consejos de las Judicaturas Locales, continúa el artículo 110 constitucional, sólo podrán ser sujetos de juicio político en los términos de este título por violaciones graves a esta Constitución y a las leyes federales que de ella emanen, así como por el manejo indebido de fondos y recursos federales, pero en este caso la resolución será únicamente declarativa y se comunicará a las Legislaturas Locales para que, en ejercicio de sus atribuciones, procedan como corresponda.

Aquí la pregunta sería ¿cuáles son las violaciones graves a la Constitución Federal Mexicana? ¿Otro abismo jurídico-político? Lo cierto es que en el caso mexicano, se podría nombrar como titular a un servidor público del partido de oposición del titular del Ejecutivo Federal, en la Secretaría de la Función Pública, la cual se encarga de supervisar la función de los servidores públicos, con la finalidad de tener un control de los servidores de las altas esferas políticas con la intención de hacer justicia, en referencia al pensamiento de Santo Tomás de Aquino, para derrocar a aquellos funcionarios (tiranos) que no cumplan bien con su trabajo y violen el bien común.

Por otra parte, tenemos que las sanciones consistirán en la destitución del servidor público y en su inhabilitación para desempeñar funciones, empleos, cargos o comisiones de cualquier naturaleza en el servicio público.

Entonces no hay problemas en relación al derrocamiento de los malos funcionarios por la vía pacífica, simplemente estar pendiente de sus funciones para juntar pruebas y demostrar su conducta deficiente para proceder en consecuencia con la aplicación del juicio político, la destitución, inhabilitación o iniciarle un proceso jurídico por sus actos penales o administrativo, en su caso.[377]

De donde se observa que, en la Constitución Política Mexicana, el pensamiento político de Santo Tomás de Aquino, con respecto a que "**el pueblo puede destituir al rey elegido o recortar su poder**", en palabras contemporáneas, controlar a los titulares de los poderes de la unión y demás funcionarios y servidores públicos, es una realidad jurídica; pero políticamente hablando, todavía falta buen tiempo para crear esa cultura de control político efectivo por parte de los gobernados. Al referirme a la efectividad, quiero dar a entender que se sancione, a cualquier servidor público, que haya fallado en su función desde los altos funcionarios hasta el de menor jerarquía en el servicio público.

Siguiendo con el pensamiento de Tomás de Aquino, el doctor Manuel Ocampo Ponce, refiere en torno a la idea del bien común, que es abandonada por los gobernantes y, por ende, el pueblo debe actuar; su propuesta es: "**El bien común es la razón de ser de la sociedad y de la autoridad que la representa,**

---

[377] Para mayor seguimiento de estas sanciones en contra de funcionarios y servidores públicos, se puede revisar la Constitución Política de los Estados Unidos Mexicanos Titulo cuarto, artículos 108-114, referente a: De las responsabilidades de los servidores públicos y patrimonial del Estado.

por esta razón, si la autoridad falla en su legitimidad para lograr el bien común pierde su razón de ser retornando la autoridad al pueblo."[378]

Evidentemente en el tiempo de Tomás de Aquino, la clase gobernante era el rey, la aristocracia o la monarquía mixta[379]. Hoy, éste esquema político se traduce en república democrática.

Finalmente, existe un fenómeno social, que está afectando las integraciones nacionales, y que por más que los Estados Nacionales se cierren a este fenómeno, la ciencia y tecnología rompe barreras sin violencia y generan en la sociedad política internacional una cultura universal: la globalización.

Esta globalización sin violencia, va despertando conciencias, enriqueciendo culturalmente a las personas y creando lenguajes universales electrónicos. Por lo tanto, los gobiernos tendrán que asumir la responsabilidad de que las comunidades políticas están plenamente conectadas con el mundo-tierra. Se acabaron las cerrazones políticas.

El discurso de Jürgen Habermas, en este sentido es: "**La globalización fuerza al Estado nación a abrirse, en su interior, a una pluralidad de formas de vida culturales nuevas o extrañas. Y al mismo tiempo** restringe la capacidad de acción de los gobiernos nacionales en la medida en que fuerza a los Estados soberanos a abrirse a otros Estados. **Una nueva 'clausura' que no derive en patologías sociales sólo será posible mediante una política que, aún estando a la altura de la nueva constelación que representan los mercados globales se materialice en formas institucionales que no caigan por debajo de las condiciones de legitimidad de las formas de autodeterminación democrática.**" [380]

Por lo tanto, la propia dinámica globalizadora, vulnera la estabilidad jurídico-política en algunos países, para actualizarse en relación a otras formas de gobernabilidad y, en este sentido, con la posibilidad de asumir modelos político-económicos que mejoren los niveles de vida de las personas.

---

[378] Op. cit. Ocampo Ponce, Manuel. *Las Dimensiones del hombre.*
[379] Op. cit. Santo Tomás de Aquino. *La monarquía.*, pp. 13-21.
[380] Op. cit. Habermas, Jürgen. *La constelación posnacional.* Paidós, España, 2000., p. 112.

¿Es buena o mala la globalización? En términos generales, es buena porque abre nuevas posibilidades de interacción humana. Es decir, se crean otros horizontes económicos y culturales.

Surgen los liberalismos políticos contemporáneos, entre ellos el de John Rawls quien considera:

❖ El liberalismo político presupone que, en cuanto a propósitos políticos, una pluralidad de doctrinas comprensivas razonables, aunque incompatibles entre sí, es el resultado normal del ejercicio de la razón humana dentro del marco de las instituciones libres de un régimen constitucional democrático. Entonces, con el liberalismo político tenemos: libertad, tolerancia, justicia y racionalidad. ¿Qué más le podemos pedir a los seres humanos y su relación con el mundo social?

❖ Sin embargo, según Rawls, hay un problema central en el liberalismo político que se limita con la siguiente pregunta **¿cómo es posible que pueda existir a través del tiempo una sociedad estable y justa de ciudadanos libres e iguales profundamente dividida por doctrinas religiosas, filosóficas y morales, razonables, aunque incompatibles entre sí?**[381]Una vez más vuelve a surgir la tolerancia tomista como virtud contemporánea para aceptar la interacción e integridad humana.

En cuanto a los valores políticos liberales, Rawls propone:

a) **La primera clase –los de la justicia política- son valores que forman parte de los principios de justicia para la estructura básica: los valores de la libertad política y civil igual para todos; la igualdad de oportunidades; los valores de la igualdad social y de la reciprocidad económica; y podemos añadir los valores del** bien común **en tanto que condiciones necesarias para todos estos valores.**

b) **La segunda clase de valores políticos –los valores de la razón pública- forman parte de las directrices para la indagación pública que convierten esa indagación en libre y pública. También se incluyen en esta clase ciertas virtudes políticas, como la razonabilidad y la disposición de acatar el deber (moral) de la civilidad que,**

---

[381] Op. cit.. John Rawls. *Liberalismo político.*, pp. 9-26.

como virtudes de los ciudadanos, contribuyen a hacer posible la discusión pública razonada de las cuestiones políticas.[382]

Después de las consideraciones anteriores, podemos apreciar que el liberalismo político, en términos reales, no es un atropello para las clases mayoritarias, sino que es la oportunidad que se brinda a la mayoría de la población para que se busque la superación personal por medio de la libertad, la tolerancia, la política inclusiva, la inversión económica, la racionalidad y la justicia política. Con estas formas de liberación política, ciertamente se logrará la felicidad humana por medio de actos políticos responsables. Precisamente porque en el fondo de este liberalismo político, se busca la realización de la persona a través del cumplimiento y desarrollo de sus objetivos de vida.

Rawls, en este sentido reconoce que: "**... los integrantes de una sociedad democrática tienen, por lo menos en alguna forma intuitiva, un plan de vida racional, a la luz del cual programa sus más importantes actividades y colocan sus diversos recursos (incluidos los de la mente y cuerpo, tiempo y energía), para intentar realizar sus concepciones del <u>bien</u> durante toda la vida, si no de manera más racional, por lo menos en forma sensata (o satisfactoria).**"[383]

El pensamiento de Rawls tiene mucha similitud con el de Santo Tomás de Aquino, precisamente porque le interesa la justicia política. Asimismo, toma en consideración algunas premisas básicas para entender la complejidad humana, las cuales son la libertad, la racionalidad, la justicia, la tolerancia, el bien común y la superación permanente de las personas en una sociedad compleja pero tolerante e inclusiva de la diversidad y creencias humanas.

Entonces, es un liberalismo político tolerante, incluyente y con objetivos de superación humana en un marco de justicia social, política y económica. De aquí la consideración de la presencia de Rawls para enriquecer la propuesta tomista referida a la aplicación del bien común en las comunidades políticas.

En este contexto, los estados nacionales deben estar abiertos a las nuevas tecnologías; no temerle al cambio y, por lo tanto, esperar mejoras generales en

---

[382] Ibid., p. 214.
[383] Ibid., p. 174.

las personas para incrementar el bien común y por ende, subir los niveles de confort y bienestar humano.

Una sociedad cerrada, en términos de Karl Popper,[384] no podría aguantar demasiado la propia dinámica de la tecnología, comunicaciones y cientificidad en las demandas ciudadanas y que influyen en la determinación del mundo socio-político.

Sus propias contradicciones internas tendrán que abrir el camino para la penetración de la tecnología global contemporánea.

Por lo tanto, las sociedades cerradas por su propia seguridad, tendrán que abrirse a los nuevos cambios mundiales. Ignorar esta posibilidad de vida es imposible, precisamente porque hoy, la ciencia invade las barreras políticas humanas. Se acabó el tiempo de las sociedades cerradas. Bienvenida la apertura general, pero no sin compromisos y en un marco de libertad y justicia social.[385]

Al respecto Karl R. Popper, propone un "Programa Humano Universal", en el cual, reflexiona sobre la libertad, la política, la pobreza, el control de la natalidad, los medios de comunicación, los cuales son problemas prioritarios contemporáneos que tendrán que ser considerados por las nuevas políticas mundiales.

Las siguientes propuestas sintetizan la posición popperiana:

a) Más libertad, pero controlada con responsabilidad.
b) Paz mundial; todas las sociedades civilizadas deberán colaborar para conservar la paz.
c) Luchar contra la pobreza; gracias a la tecnología el mundo puede suprimir la pobreza.
d) Lucha contra la explosión demográfica; es urgente que se combatan las causas de la explosión demográfica que está en conexión con la pobreza y el analfabetismo.

---

[384] Cf. Popper, R. Karl. *La sociedad abierta y sus enemigos.* Paidos. España, 1992.
[385] Por su parte Rawls con referencia a la sociedad cerrada afirma que: Está contenida en sí misma y sin tener relaciones con otras sociedades; Sus integrantes ingresan a ella sólo por nacimiento, y salen de ella sólo al morir. Op. cit. *Liberalismo político.*, p. 36.

e) Educación para la no-violencia, en el sentido de que la crueldad es el mayor de todos los males

f) Dominio y limitación de la burocracia.[386]

Si nos vamos a fondo en cada una de estas tesis popperianas, nos damos cuenta que las mismas, son responsabilidad en términos generales de los gobiernos, en consecuencia, estos gobiernos tienen el compromiso de moderar las grandes diferencias sociales y garantizar e inyectar "el bien común" de Tomás de Aquino en forma gradual pero segura.

Auxiliándose los gobernantes con estas tesis, la creación de políticas públicas tendrán que ser más acertadas y con mayor eficacia. Por lo tanto, es recomendable la consideración de estas premisas para ser congruentes con las necesidades políticas actuales.

Con la implementación de estas reflexiones popperianas, se puede afinar la constitución de una política mundial que ataque gradualmente la gran división que hay entre las personas que no poseen los mínimos bienes de bienestar. Por ende, la libertad, la paz mundial, la lucha contra la pobreza, la lucha contra la explosión demográfica, la educación para la no-violencia y el dominio y limitación de la burocracia es un compromiso urgente, para el bien común de la humanidad.

Gracias a estas tesis de Karl Popper, las grandes contradicciones de la política mundial contemporánea, pueden simplificarse en los seis puntos que hemos considerado y encontrar respuestas a las demandas políticas actuales.

La referencia de Popper es: "**... estoy a favor de un gobierno responsable: responsable en primer lugar frente a sus electores; pero también, y quizás aún más, moralmente responsables frente a la humanidad.**"[387]

Esta es la preocupación de Popper, pero también de Bobbio, Tomás de Aquino, Manuel Kant[388] y tantas otras personas que se preocupan por el bienestar de la humanidad. Evidentemente las ideas son un estímulo para ir configurando

---

[386] Op. cit. Popper, R. Karl. *La responsabilidad de vivir.*, p. 265-268.

[387] Ibid., p. 11.

[388] Manuel Kant considera la mundialidad como un "Estado de Derecho Público Universal." Op. cit. *La paz perpetua.*, pp. 235-283.

respuestas a las nuevas necesidades mundiales. El esfuerzo vale la pena, es por el bien de la humanidad.

En suma, con estas reflexiones nos damos cuenta que el pensamiento de Tomás de Aquino trasciende hasta nuestros días, en el sentido de que el pueblo controla las acciones de los gobernantes con la posibilidad de inhabilitarlos para su función o consignarlos en caso de culpabilidad delictuosa. Es necesario fortalecer ésta cultura política para tener gobiernos de excelencia. Asimismo, la propia evolución de la ciencia y tecnología, ha demostrado que los gobiernos conservadores y cerrados, tendrán que actualizar su visión para no ser rebasados por la nueva cultura política del siglo XXI y los gobernantes de los países desarrollados no perder la ecuanimidad y calidad humana.

3.7   LA AMBICIÓN POLÍTICA.

Continuando con el pensamiento político de Tomás de Aquino, llegamos a lo que es la ambición. Al respecto menciona que: "**La ambición ha forzado a muchos hombres a la hipocresía.**"[389]

Aquí nos enfrentamos a una realidad terrible que los gobernantes tendrán que superar. Es decir, deberán manejar con mucha seguridad las virtudes fundamentales: prudencia, justicia, templanza y fortaleza. Con el control y operatividad de estas virtudes, auxiliadas con la inteligencia y voluntad, la acción de gobierno tendrá que estar encaminada al bien común.

En otras palabras, la sabiduría, ecuanimidad e impecabilidad en los altos funcionarios de gobierno, auxiliados por las virtudes antes mencionadas, no permitirán que sus actos se vuelvan vulgares, mediocres y mezquinos; por lo contrario, estas peculiaridades humanas, podrán controlar el comportamiento para no dejarse llevar por la soberbia política.

Como podemos observar, ser dirigente o funcionario político, que toma decisiones para la sociedad no es fácil. Siempre, los principios éticos y morales marcarán el actuar de las personas,[390] por ende, un político sabio difícilmente afectará el bien común.

---

[389]   Op. cit. Aquino, Tomás. *Opúsculo sobre el gobierno de los príncipes.*, p. 268.
[390]   Cf. Aristóteles. *Ética.* Edimat. España, 2002. Habermas, Jurgen. *Escritos sobre moralidad y eticidad.* Paidós. España, 1998, así como del mismo autor: *Aclaraciones*

La ambición y la hipocresía son de los defectos más denigrantes de las personas; en especial, de aquellas que se encuentran en el poder político. Donde se maneja cantidades inmensas de bienes materiales y financieros. Evidentemente, hoy, por la propia dinámica de la evolución humana y por ende, de sus sistemas políticos, el lenguaje universal es el dinero. Sin embargo, la persona, no sólo es materia, también es espíritu. Claro está que es necesario participar de la propia dinámica económica, pero no ir más allá de lo que corresponde justamente, afectando los intereses de otras personas y, en el caso político, del bien común.

Para esto es importante darnos cuenta de nuestros actos y responsabilizarnos de nuestra acción humana.

Pero, este hecho no es nada fácil. Reconocerse uno mismo, darse cuenta de tus límites, deficiencias, potencialidades y objetivos concretos de vida, implican una completa recapitulación de vida y aclaración de aquellos obstáculos personales que limitan la libertad, la conciencia y, por tal motivo la felicidad. En suma, ser una persona integra, responsable y con objetivos claros existenciales lleva toda una vida, por ende, hay que aprovechar el tiempo para alcanzar nuestros objetivos de vida, antes de morir. En este sentido, hay que utilizar los medios que permiten enriquecer el conocimiento personal y en consecuencia el mundo social, o sea dos mundos: el personal y el social.[391] En otros términos el mundo objetivo (realidad) y el mundo subjetivo (personal).

Hay que saber moverse y dominar la esencia de ambos mundos con la finalidad de obtener una acción personal brillante y satisfactoria. Para ello, es necesario conocerse uno mismo, para que a partir de ese dominio, se empiece a controlar lo que nos rodea, por medio de actos impecables, es decir, lo mejor que podamos.

De este dominio personal, podremos rebasar las tentaciones materiales y convertirnos en auténticas personas racionales que por naturaleza buscan el bien, es decir, el llevar una vida íntegra y cómoda, para no caer en "la ambición" y por lo tanto, la "hipocresía" que afecta a las personas, en especial a las que

---

a la ética del discurso. Trotta. España, 2000.

[391] Para mayor explicación en torno a los mundos social e individual, revisar: Habermas, Jürgen. *Teoría de la acción comunicativa II. Crítica de la razón funcionalista.* Taurus, España, 1999., p. 161-280.

se encuentran en posibilidades reales de manejar grandes cantidades de bienes materiales y poder político.

En suma, para no caer en estos terribles defectos que afectan a muchas personas (ambición-hipocrecía-soberbia), es necesario revisar el concepto de hombre para valorar la viabilidad del actuar humano y lograr sus fines terrenales en forma inteligente y en plenitud, es decir, con la máxima capacidad de la integridad humana.

En este sentido, el doctor Manuel Ocampo Ponce destaca que:

"El hombre es una substancia corpóreo-espiritual en la que el despliegue de su actividad se da a través de sus facultades o principios operativos que podemos agrupar en tres niveles jerarquizados: vegetativo, sensitivo y espiritual."[392]

De este concepto nos auxiliaremos para poder entender, con mayor profundidad la dimensión humana. Es decir, la persona es, porque existe. Mientras exista, tiene dos constitutivos que juntos integran a la persona: el cuerpo y el alma-espiritual. A partir de estos constitutivos unidos podemos hablar de una persona humana, que además, reconoce que, para poder existir y trascender como persona racional tiene que:

1. Alimentarse
2. Educarse y
3. Razonar.

Con el dominio-operatividad de estas necesidades y características humanas, se puede lograr el pleno desarrollo de la persona. En el caso del actuar bien, además se necesita llevar a la práctica en toda la vida, las virtudes básicas, las cuales ubican, estimulan y orientan el actuar humano para el bien hacer.

En este contexto, el doctor Manuel Ocampo Ponce, en relación a las virtudes considera:

"Para la aplicación de estos principios en aras de este fin último de la persona y de la sociedad son indispensables las virtudes morales a cuya

---

[392] Op. cit. Ocampo Ponce, Manuel. *Las dimensiones del hombre.*, p. 142.

cabeza se encuentra la prudencia, virtud intelectual que hace las veces de una virtud general, encargada de guiar a las otras virtudes morales como la justicia, la fortaleza y la templanza en la elección de los medios que los conducirán a sus fines."[393]

Por lo tanto, la conciencia de la existencia humana, junto con sus constitutivos formales, aunados con la aplicación de las virtudes morales, difícilmente una persona no será responsable de sus actos y, mucho menos, no buscará su felicidad y, por ende, el bienestar de quienes le rodean. De tal forma, la ambición-hipocrecía reconocida por Tomás de Aquino en los gobernantes, en la actualidad, es recogida por personas enfermas de su integridad humana, es decir, son personas, que tienen problemas existenciales y que tienen que ir a prisión, a una institución de salud mental,[394]o simplemente, moverlos de la acción política.

Precisamente porque tanto la ambición, se da en aquellas personas que no tienen un equilibrio existencial, es decir, sus objetivos de vida no van de acuerdo con la realidad y, por lo tanto, buscan los caminos fáciles para obtener lo que sus capacidades ordinarias no pueden satisfacer. La ambición, el querer más de lo ordinario, más de lo suficiente para llevar una vida digna, es lo que los convierte en personas terribles. Mientras que, la hipocresía es un defecto capital, precisamente porque es el vivir en un mundo de mentiras y, un mundo de mentiras es una tortura porque la libertad queda limitada por las ideas falsas y, por lo tanto, se vive en un mundo artificial, superficial, sin calidad humana.

El mundo de la ambición y de la hipocresía, simplemente no existe para las personas de bien, por ende, hay que corregir, proteger y ubicar a las personas que viven en este mundo de la mentira, la mediocridad, la falsedad, la soberbia y la barbarie.

La racionalidad con tendencia al bien tendrá que imponerse sobre la irracionalidad hacia el mal.

---

[393] Ibid., p. 140.
[394] Cf. American Psychiatric Association. *"Manual diagnóstico y estadístico de los trastornos mentales."* Masson, España, 1988.

Para concretar esta observación regresamos con Tomás de Aquino, quien es el guía de esta reflexión, jurídico-política-antropológica.

La hipótesis es:

"... quien tiene deseo de dominio, careciendo del anhelo de gloria no teme desagradar los juicios de los hombres, tratará de obtener lo que ansía por crímenes descarados, y así superará a las bestias en crueldad o en vicios de lujuria."[395]

En otras palabras, toda persona que busque el poder, debe hacerlo con humildad e impecabilidad. Debe ser ecuánime y complacer a las personas procurando el bien general sobre el particular o de grupo. Debe, finalmente activar las virtudes morales: prudencia, justicia, fortaleza y templanza para ser un buen gobernante.

En este contexto, el pensamiento político de Tomás de Aquino, menciona una idea de vital importancia que ha modificado la conducta de las aspiraciones materiales humanas y, que es causa de discordia, envidias, guerras y actitudes mezquinas por parte de las personas bajo esta tendencia.

La idea es la siguiente:

"... quien tiene riquezas aún desea más, y lo mismo sucede con los demás anhelos (...) ninguna cosa de la tierra puede aquietar el deseo..." [396]

Claro está que, no estamos en contra de la acumulación de la riqueza, pues, es un esfuerzo natural, que se logra a través del trabajo, la herencia, la administración sana, entre otras virtudes. Lo que inquieta es el hecho de adquirir riquezas en forma soberbia, y, sobretodo aprovecharse de los puestos públicos para enriquecerse generando corrupción y enriquecimiento ilícito; eso no se vale, pues, se está abusando de la confianza de los ciudadanos que creen en determinadas personas para que sean representantes y responsables de la política y la economía junto con todo su equipo de colaboradores.

---

[395] Op. cit. De Aquino, Tomás. *Opúsculo sobre el gobierno de los príncipes.*, pp. 268-269.
[396] Ibid., p. 270.

Entonces, partimos de la idea de que la riqueza es una aspiración natural de los seres humanos, el problema radica en que ciertas personas no son capaces de controlar dicha tendencia hacia la riqueza y buscan todos los medios para lograr su objetivo: la riqueza material por medio de todas las posibilidades, lícitas e ilícitas.

Se valen del engaño, de la corrupción, de la criminalidad para adquirir bienes materiales; incluso atentan contra la vida de las personas en el caso del crimen organizado, para ellos, el mejor lenguaje es el dinero y, por ende, la violencia en cualquiera de sus manifestaciones.[397]

Por tal motivo, las personas deben aprender a controlar esa tendencia materialista y, lograr sus riquezas en forma lícita, pues quien obra mal, en algún tiempo tendrá que asumir su actitud negativa y criminal ante sí mismo, su familia o el Estado de Derecho, pues no hay delitos perfectos.

En suma, el problema central de la riqueza, es el obtenerla por medio de acciones que van en contra de la dignidad de las personas y, por ende, del bien común, en este caso de las personas que ejercen un rasgo de confianza en el gobierno y abusan del mismo para enriquecerse en forma soberbia.

Para sancionar esta actitud, existen leyes que son claras en esta acción, las cuales son las siguientes:

Art. 271 del Código Penal del Distrito Federal.[398]- **TRÁFICO DE INFLUENCIA**. Al servidor público que por sí o por interpósita persona, promueva o gestione la tramitación de negocios o resoluciones públicas ajenos a las responsabilidades inherentes a su empleo, cargo o comisión, se le impondrá de dos a seis años de prisión y de cien a quinientos días de multa.

Si la conducta anterior produce un beneficio económico, la sanción se aumentará en una mitad.

---

[397] Cf. Mc. Intosh, Mary. *La organización del crimen."* Siglo XXI. México, 1981. Asimismo, Op. cit. Macedo de la Concha, Rafael. *Delincuencia organizada*. García Ramírez, Sergio. *Delincuencia organizada* y, Buscaglia, Edgardo. González Ruiz, Samuel. *Reflexiones en torno a la Delincuencia organizada*. Instituto Tecnológico Autónomo de México-Instituto Nacional de Ciencias Penales. México, 2005.
[398] Actualizado al año 2008.

De donde se desprende que, los servidores públicos deben actuar con "legalidad, honradez, lealtad imparcialidad y eficiencia."[399] Estas son las premisas éticas, políticas y jurídicas que deben observar todos los servidores públicos que estén dispuestos a efectuar bien su trabajo y procurar el bien común.

También está el delito de **COHECHO**, que refiere:

Art. 272. Al servidor público que por sí o por interpósita persona, solicite o reciba indebidamente para sí o para otro, dinero o cualquier otra dádiva, o acepte una promesa, para hacer o dejar de hacer algo relacionado con sus funciones.

El PECULADO:

Art. 273, fracción I. Disponga o distraiga de su objeto, dinero, valores, inmuebles o cualquier otra cosa, si los hubiere recibido por razón de su cargo; o, fracción II. Indebidamente utilice fondos públicos (...), con el objeto de promover la imagen pública o social de su persona, de su superior jerárquico o de un tercero, o a fin de denigrar a cualquier persona.

La CONCUSIÓN:

Art. 274. Al servidor público que con tal carácter exija por él o por interpósita persona a titulo de impuesto o contribución, recargo, renta rédito, salario o emolumento, dinero, valores, servicios o cualquier otra cosa que sepa no es debida, o en mayor cantidad de la que señala la ley.

Finalmente el ENRIQUECIMIENTO ILÍCITO:

Art. 275. Comete el delito de enriquecimiento ilícito el servidor público que utilice su puesto, cargo o comisión para incrementar su patrimonio sin comprobar su legítima procedencia.

---

[399] Op. cit. Constitución Política de los Estados Unidos Mexicanos, artículo 113. México, 2008.

A nivel federal[400] también encontramos la configuración de los delitos mencionados.

Como podemos observar, el delito de enriquecimiento ilícito existe en los Códigos Penales antes mencionados; el estar consciente de esta conducta indebida, es responsabilidad directa de las personas que se desempeñan como servidores públicos, por lo tanto, no se vale utilizar los puestos públicos para abusar de esa confianza y credibilidad de la voluntad política depositada en el servidor público.[401]

En el tiempo de Santo Tomás fueron los monarcas, tiranos y déspotas, hoy son los mediocres, soberbios, los que tienen valores distorsionados. Los que no tienen principios firmes, podría decirse, los que están enfermos, [402] obsesionados por el dinero, el poder y los bienes materiales. La corrección de estas acciones es responsabilidad de uno mismo; la respuesta está en tu conciencia, en tu racionalidad, en tu persona. Nadie más que uno mismo es responsable de sus actos.

Resumimos esta reflexión con una aportación de Tomás de Aquino: **"... todas las cosas terrenas son inferiores a la mente humana."**[403]

En estas palabras encontramos una filosofía pragmática, es decir, mientras más información le proporciones a tu mente, pero información que te enriquezca como persona, mayor será tu valor y poder como ser racional: como ser espiritual y ser mortal.

No sirve de mucho tener grandes riquezas materiales con una mente espiritual pobre. Por tanto, lo vital es ser una persona culta con tus potencialidades racionales bien actualizadas con el fin de vivir dignamente.

---

[400]   Para mayor referencia revisar el Código Penal Federal, 2008, Titulo Décimo. Delitos cometidos por servidores públicos, artículos: 212-224. México, 2008.

[401]   Ya hemos mencionado con anterioridad que para que haya mayor control en la operatividad de los funcionarios y servidores públicos, es necesario que el titular de la Secretaría de la Función Pública Federal Mexicana sea una persona que pertenezca al partido mayoritario opositor del partido que se encuentra en el poder ejecutivo, con la finalidad que se ejerza la justicia y la aplicación del derecho conforme al marco jurídico vigente.

[402]   Cf. Japers, Karl. *Psicopatología general*. FCE, México, 2001, pp. 489-499.

[403]   Op. cit. Aquino Tomás. *Opúsculo sobre el gobierno de los príncipes.*, p. 270.

Continuamos con el pensamiento virtuoso en Santo Tomás de Aquino, para ello consideramos la siguiente tesis: **"... se requiere mayor virtud para gobernar la familia que para gobernarse a sí mismo, y mucha mayor para regir toda una ciudad o reino."**[404]

De donde deducimos que un gobernante debe ser virtuoso, es decir, tener pleno conocimiento de las virtudes fundamentales (prudencia, justicia, templanza y fortaleza), con la finalidad de hacer un trabajo político eficiente.

Ya lo hemos señalado con anterioridad, la persona que tiene una responsabilidad en la administración pública, si conoce estas virtudes, y las sabe llevar a cabo, sus resultados laborales tendrán que ser eficientes y ecuánimes. Precisamente porque tiene un dominio de sus actos como persona desde el momento en que cada uno de estos actos están plenamente impregnados de responsabilidad y, más aún, cuando las virtudes son actualizadas en los diversos actos de la vida política.

En suma, la persona con responsabilidad política, que ignore las virtudes y la forma de aplicarlas en la vida pública, será un persona con responsabilidad política ordinaria, sin mayor trascendencia que lo que le marca la tradición, las leyes o su conciencia limitada; en consecuencia, para hacer un trabajo político dignamente humano, es necesario prepararse intelectualmente para dar a las personas una acción política satisfactoria. En el fondo de esta propuesta aquinista, lo que se busca es hacer labor política con dignidad, con preparación y con humildad, pues gracias a esta humildad, se logra el bien común por encima de los intereses particulares, y si las virtudes ayudan a gobernar correctamente, es imprescindible entenderlas, aceptarlas y activarlas.

Para profundizar en esta tesis, hemos acudido a la doctora Luz García Alonso, con la intención de entender un poco más estas virtudes y considerar la importancia que tiene su aplicación como paradigma para la humanización y eficiencia de la acción política.

Para la doctora Luz García Alonso, existen algunas peculiaridades en cada una de las virtudes; es decir, las mismas son facultades racionales y por eso perfeccionan al apetito racional que es la voluntad.

---

[404] Ibid., p. 271.

Comenzaremos por la justicia, siguiendo el pensamiento de la doctora Luz García Alonso:

LA JUSTICIA.- es la recta razón sobre la propia voluntad. La permanente voluntad de dar a cada uno lo que le corresponde (Platón). Su objeto es el derecho. Sus partes fundamentales son: hacer el bien y evitar el mal. Dos conceptos fundamentales. Crear y proponer el bien. Mantenerlo en la línea de vida y por otro lado, evitar el mal, es decir, salirse de aquellas acciones que afectan el bien actuar de la persona. Con esta idea de hacer el bien y evitar el mal, se consolida toda una filosofía de vida. Con estas ideas, el actuar humano se puede corregir a cada instante. Procurar el bien, en cada acto de la existencia y alejarse del mal: de aquellas situaciones que inclinan al mal. Esta idea filosófica no sólo beneficia a los gobernantes o servidores públicos, sino que trasciende a la vida personal y social. Con esta idea llevada a cabo durante una vida, la muerte, seguramente será placentera en el entendido de que existe una conciencia personal tranquila y, por ende, dispuesto a morir con la plena convicción de que se actuó bien y, por lo tanto, dejar de ser más, cuando llega el momento definitivo-absoluto, en forma tranquila.

Para la doctora Luz García Alonso, la justicia, tiene partes subjetivas:

> ➤ La justicia legal, de la sociedad respecto al bien común, en la forma que determine la ley.
> ➤ La justicia distributiva, de los gobernantes respecto a los súbditos, y,
> ➤ La justicia conmutativa, de los particulares entre sí.[405]

En esta observación, hacemos un paréntesis para mencionar únicamente que la justicia legal, además, trasciende la subjetividad para llegar a acuerdos racionales comunes y objetivos que regulan el actuar de las personas en sociedad, creando leyes positivas que garanticen la seguridad y convivencia humana.[406]

---

[405] Estas divisiones de la justicia, ya la hemos revisado en el capitulo anterior.

[406] En la filosofía jurídico-política de Habermas, encontramos que "... **el derecho positivo (...) posibilita comunidades altamente artificiales, que se entienden a sí mismas como asociaciones de miembros libres e iguales, cuya cohesión descansa en la amenaza de las sanciones externas y simultáneamente en la suposición de un acuerdo racionalmente motivado.**" Op. cit. *Facticidad y validez.*, p. 70.

Por su parte, la justicia conmutativa se da directamente entre los particulares, entre la sociedad civil. Entre las personas que se comprometen a compartir o adquirir un bien material.

Asimismo, la justicia distributiva es necesaria que la entienda la clase gobernante, con la idea de no confundir la política con el derecho, la justicia política con la justicia penal; aunque, los políticos sabios y profesionales, sabrán manejar la política en el ámbito de la justicia y la justicia en el ámbito de la política,[407] es decir, que las leyes no son absolutas, cuando llegan a un límite de no-efectividad, tendrá que proponerse nuevas leyes, asimismo, habrá que ver siempre el interés de las mayorías cuando un caso particular afecta la totalidad.

A manera de ejemplo, citamos un pensamiento de Tomás de Aquino **"... es más valioso y divino el bien común, que el particular; por ello aun se castiga haciendo el mal a uno, como cuando se ejecuta a un ladrón, en bien de la paz común."**[408]

Esta idea nos invita a la reflexión jurídico-política contemporánea. Nos traslada a lo que es la justicia penal. A la aplicación de la ley a los que se atreven a no cumplirla o violentarla. A la imposición de un castigo ejemplar en beneficio de la ciudadanía. Lamentablemente no se puede tolerar en un Estado de Derecho que algunos "ciudadanos" atenten contra la seguridad de personas e instituciones. Para eso son las leyes, el Estado de Derecho, para mantener la estabilidad y convivencia social.

Por otra parte, tenemos la virtud considerada como la prudencia, la misma, es la recta razón del obrar, es decir, de los actos libres respecto al fin último o eterno del hombre. Se trata de una virtud formalmente intelectual y materialmente volitiva. Es la rectora de las virtudes cardinales morales. La prudencia, señala la doctora Luz García Alonso, marca a las otras virtudes morales el justo medio en el que ellas consisten.

---

[407] Al respecto John Rawls, considera que la justicia política tiene tres condiciones para que la sociedad sea un sistema justo y estable de cooperación entre ciudadanos libres e iguales que están profundamente divididos por las doctrinas comprensivas razonables que profesan. Op. cit. *El liberalismo político.*, p. 63.

[408] Op. cit. De Aquino, Tomás. *Opúsculo sobre el gobierno de los príncipes.*, p. 271.

Mientras que las partes subjetivas de la prudencia son:

La prudencia personal y la prudencia social, la cual esta constituida por:

a) Prudencia gubernativa.
b) Prudencia política o cívica.
c) Prudencia familiar.
d) Prudencia militar.

Como podemos observar y siguiendo la reflexión de la doctora Luz García, la prudencia es la virtud más importante; con el dominio de la misma, se puede partir para el obrar bien, ya sea en el medio personal o en el social.

Por su parte, el doctor Manuel Ocampo Ponce, en su obra sobre "Las dimensiones del hombre", reconoce que la prudencia es indispensable para que en una sociedad se logre la justicia, el orden y el bien común.

Su hipótesis refiere: **"Es una virtud muy difícil de adquirir, por lo que la educación debe desarrollar las habilidades para contribuir con los educandos desde temprana edad (...)"**[409]

Por lo tanto, se puede ejercer la prudencia para todos los actos de las personas. Específicamente, en este caso, para las que desempeñan una actividad relacionada con la función política. Una persona prudente, siempre sacará la mejor alternativa en un encuentro humano.

Asimismo, tenemos la virtud conocida como la templanza. La cual debe moderar las pasiones, como son el amor, el odio, el deseo, la aversión, el gozo, la tristeza.

Las partes de la templanza son:

- Partes integrales.- Vergüenza y honestidad.
- Partes subjetivas.- Abstinencia, sobriedad, castidad y virginidad
- Partes potenciales.- Continencia, mansedumbre, clemencia y modestia.

---

[409] Op. cit. Ocampo Ponce, Manuel. *Las dimensiones del hombre.*, p. 140.

Finalmente, está la fortaleza, la cual es la recta razón sobre el apetito irascible, es decir, ésta virtud modera impulsando y refrendando a la esperanza, desesperanza, miedo, la audacia y la ira.

Sus partes son las integrales, formadas por la magnanimidad y la magnificencia, cuando se quieren lograr grandes cosas, grandes actos, y, partes potenciales por la paciencia y longanimidad, en momentos de tristeza y con la perseverancia y constancia cuando se prolonga un sufrimiento.[410]

Todo ser humano que sabe, conoce y aplica las virtudes, tendrá que disfrutar su vida con la seguridad de que hará una buena obra durante su existencia.

En suma, para gobernar bien, según Tomás de Aquino, es necesario siempre, buscar el bien común. De lo contrario surgen las inconformidades, luchas sociales, revoluciones y contra-revoluciones.

Finalmente, siempre debe estar el bien común por encima de los bienes particulares o de grupo. Claro está que, para cumplir cabalmente esta filosofía tomista, se necesita la aplicación de diferentes políticas que afinen las deficiencias en una comunidad humana. Que los gobernantes, sean elegidos democráticamente y sepan de la función política y por ende, responsables ante sus actos de gobierno.

Karl Popper resume: **"... tenemos que recordar a nuestros políticos que su responsabilidad no acaba con su muerte."**[411]

---

[410] Cf. García Alonso, Luz. *Repertorio de casos y nociones de ética.* Ediciones Eficiencia. México, 1999., pp. 47-56.

[411] Op. cit., Popper, R. Karl. *La responsabilidad de vivir.*, p. 13.

3.8 EL ARTE Y RESPONSABILIDAD DE GOBERNAR.

Un gobierno legítimo, siempre contará con el apoyo de la clase gobernada y, por lo tanto, como diría Tomás de Aquino **"... quienes han sido llamados al oficio de gobernar, han de comportarse como reyes, no como tiranos."**

Ser gobernante además de los compromisos políticos, significa mayor responsabilidad ante sí mismo. Actuar de la mejor manera posible; controlar los instintos animales y fortalecer el hábito de la racionalidad en cada acto de vida. Actuar como rey, no como tirano, ni mucho menos en forma mediocre, diría Tomás de Aquino. Hoy la humanidad ya no acepta deficiencias en la acción política.

Asimismo, para gobernar bien, es necesario que en una comunidad política, -la cual es básica para el pleno desarrollo humano, pues la persona por sí misma no puede desarrollarse cabalmente-, necesita de los otros para su pleno desarrollo como lo hemos considerado; deben contar con leyes para conservar y desarrollar a la sociedad. Pues, como hemos referido, una sociedad sin leyes, de entrada no es sociedad, puede ser un Estado de naturaleza, donde la barbarie sobresale por encima de la razón humana. En una sociedad sin leyes positivas, lamentablemente la animalidad es lo que marca la estabilidad social. Mientras que un sociedad políticamente constituida, con leyes bien establecidas y fundamentada para el pleno desarrollo y crecimiento de sus habitantes, siempre buscará el bien común; de lo contrario se caerá en los Estados tiránicos, los cuales no pueden ser eternos pues, no hay felicidad y una de las prioridades humanas es la felicidad, por lo tanto, la tiranía, la arbitrariedad, la injusticia y la soberbia de los gobernantes tendrá que ser desaparecida por el bien de la humanidad.

Para lograr que una sociedad humana viva correctamente, Tomás de Aquino, propone:

1. Que viva en paz.
2. Que la sociedad unida con el vínculo de la paz dirija sus esfuerzos a obrar bien.
3. Que el gobernante tenga cuidado de que haya suficiente abundancia de todo lo necesario para la vida.

En suma, tenemos tres líneas políticas para mantener la estabilidad y bienestar en una sociedad:

- La paz.
- El bien obrar.
- Lo necesario para vivir.

Estas tres estrategias políticas garantizan la estabilidad política de una comunidad y, por ende, el bienestar de las personas.

Primero, la paz en una comunidad política, corresponde a la clase política en cuanto que, su función es aplicar las leyes con la intención de mantener la estabilidad social (económica, política y cultural); mientras que el bien obrar, corresponde a los guías espirituales, sacerdotes, maestros, intelectuales, filósofos, sabios. En otras palabras, educar a las personas para su plena realización humana. No olvidar su lado espiritual, manejar su educación en forma integral, sin descuidar sus potencialidades naturales.

En cuanto a que el gobernante debe procurar que haya suficiente abundancia de todo lo necesario para la vida, es de vital importancia. Pues no existe una justicia política si hay deficiencias en una comunidad política. Volvemos al inicio del bien común. Todas las personas tienen derecho a una vida digna. Donde sus necesidades biológicas y materiales sean atendidas, para eso está el Estado político, para cumplir con las necesidades humanas. Para eso está una buena administración, para superar los vacíos existenciales humanos. Para eso está la religión, la fe, la razón, para cubrir aquellas incógnitas de la vida y complejidad humana.

Esas son las demandas humanas permanentes, la felicidad y el bienestar, en una sociedad políticamente en constante evolución.

Tomás de Aquino así lo indica: **"Una vez que ha sido así establecida por el oficio del rey (de los gobernantes) una buena vida en la sociedad, es necesario que dirija sus esfuerzos a la conservación (...) el bien de la sociedad no debe establecerse sólo para determinado tiempo, sino ha de ser perpetuo, en cuanto sea posible."**[412]

---

[412] Op. cit. De Aquino, Tomás. *Opúsculo sobre el gobierno de los príncipes.*, p. 282.

Entonces, por decreto de la humanidad, el bien de la sociedad debe ser perpetuo, independientemente de la clase política en el poder. Es decir, el bien común, debe estar por encima de las fricciones, cambios o deficiencias políticas.

Aquí nos enfrentamos a un compromiso político bastante complejo. El bienestar de la humanidad. ¿Cómo lograr el bien común a nivel mundial? ¿Cómo aplicar una política tomista a escala mundial, cuando en la actualidad existen enormes diferencias humanas como lo hemos considerado?

¿Para qué, crear un Consejo Político Mundial?

Donde las personas más capaces formen parte de dicho Consejo. Precisamente porque, en la actualidad no hay esa organización a nivel planetario, con poder real, capaz de garantizar y de influir en el bienestar de la humanidad.

Volvemos al principio, es necesario que exista un cuerpo político encargado de garantizar la paz en el mundo, la búsqueda del bien y la garantía de las personas en su desarrollo y crecimiento integral.

Un Consejo Político Mundial que atienda y garantice:

- La paz mundial.
- El bien obrar.
- El bienestar de la humanidad. (Crecimiento y desarrollo permanente).

Con estas líneas de política y su aplicación a nivel mundial, garantizadas y legitimizadas por un Consejo Político Mundial, la seguridad y bienestar de la humanidad pueden ser aseguradas por encima de los conflictos nacionales o postnacionales.

Tomás de Aquino refiere que:

"... el bien de la sociedad no debe establecerse sólo para determinado tiempo, sino ha de ser perpetuo, en cuanto sea posible."

Ya hemos mencionado que para mantener la conservación del Estado político, es necesario la paz interna y externa en un país y en el mundo con la finalidad de que, a partir de esta seguridad planetaria, se busque la unificación humana del bien; es decir, del bien hacer para conseguir la felicidad que es el máximo objetivo al que aspira una persona preocupada por la humanidad.

3.9   EL CONSEJO POLÍTICO MUNDIAL.

A partir del cumplimiento de estas premisas políticas, es posible garantizar el bien común de la humanidad.

Por lo tanto, el compromiso de los gobernantes es garantizar el bienestar de los gobernados; para ello se necesitan implementar políticas mundiales que puedan sustentar el bienestar de la humanidad, por eso, hemos propuesto la creación de un Consejo Político Mundial para que, por encima de los intereses nacionalistas o estatales, destaque el bien común universal.

Un Consejo Político Mundial integrado por las mejores personas aptas en materia de política, justicia y administración de los bienes materiales y espirituales con la intención de garantizar la paz, la seguridad y la trascendencia humana por encima de los intereses particulares así como la paz perpetua como lo refiere Emanuel Kant.

Por lo tanto, que haya una estructura política con capacidad de decisión y respuesta en los problemas mundiales. Con decisiones bilaterales, multilaterales, regionales, entre otras, en la búsqueda del bien común.

En este sentido Tomás de Aquino refiere: **"La vara de la disciplina, que todos tenemos, y el rigor de la justicia, son necesarias para el gobierno del mundo, porque por ellas se rige mejor el pueblo y la multitud ignorante."**[413]

Pero, ¿cuál es esa disciplina y el rigor de la justicia en el santo padre?

Aquí podemos unificar las siguientes ideas: disciplina, justicia y gobierno mundial, las cuales son manejadas por Tomás de Aquino. Intentaremos, por medio de las mismas ideas constituir una hipótesis para dar una respuesta a las demandas de política mundial contemporánea.

Primero. La disciplina es fundamental para la persona en forma individual y colectiva. ¿Pero qué significa disciplina?

---

[413]   Op. cit.. De Aquino, Tomás. *Opúsculo sobre el gobierno de los príncipes.*, p. 296.

En términos generales es, el conjunto y observancia de las leyes, según el diccionario de la lengua española, pero esforcémonos por ir más allá de esta idea.

En esta línea de pensamiento diremos que la disciplina, no sólo compromete a las instituciones o personas morales; para ser eficientes, se necesita partir de los actos personales, es decir, del comportamiento individual.

Veamos: ser disciplinado no significa hacer lo imposible por mantener una vida ecuánime, por lo contrario, es hacer lo que te gusta en la mejor forma posible, con la finalidad de que no existan deficiencias en dicho actuar. Esa es una forma de ser disciplinado. Hacer las cosas de la mejor forma posible. No afectar a las personas que te rodean y buscar el bien sobre el mal, como lo diría San Agustín[414], Santo Tomás, y otras personas que se han preocupado por la felicidad de la humanidad, ser impecable en tus actos cotidianos afirmaría el doctor Carlos Castaneda[415].

Luego entonces, ser disciplinado es hacer las cosas de la mejor forma posible, en forma eficiente y con gusto. Claro está que hacer las cosas, implica un acto de decisión personal y, un acto de decisión compromete tu inteligencia a través de tu razón y voluntad. Por lo tanto, un acto personal, no sólo es actuar por actuar,[416] sino imprimir el rigor de la inteligencia para que sea un acto a propósito. De nada sirve actuar por simple compromiso o capricho, es necesario utilizar ese calor de la voluntad y la razón para que sea un acto por excelencia.

En consecuencia, actuar en forma disciplinada es la mejor forma de actuar. Precisamente porque en los actos va implícita la inteligencia individual. En tal sentido, mientras mayor inteligibilidad de la realidad se tenga, las respuestas en la vida serán más plenas y creadoras de felicidad. Esto en el fondo significa

---

[414] Cf. San Agustín. *Confesiones.* Porrúa, México, colección "Sepan cuantos...". No. 142, 2003.
Cf. ---------------------. *La ciudad de Dios.* Porrúa, México. Colección "Sepan cuantos...". No. 59, 2002.

[415] Op. cit. Castaneda, Carlos. *La rueda del tiempo.*

[416] Aquí Carlos Castaneda refiere que: **"Un guerrero acepta la responsabilidad de sus actos, hasta el más trivial de sus actos. El hombre corriente actúa según sus pensamientos y nunca asume la responsabilidad por lo que hace."** Ibid., p. 62.

que es necesario cultivarse como persona racional, con el propósito de que los actos de vida sean de nivel intensos y agradables. En otras palabras, que los actos de vida sean demasiado humanos, elegantes y cultos. Un simple acto ordinario, muchas veces denigra la majestuosidad y potencialidad humana, por ende, es necesario el cultivo intelectual para que existan actos refinados y por lo tanto, la vida sea placentera en su máxima potencialidad y actualidad.

Para enriquecer la idea de los actos de conocimiento, regresamos con la doctora Luz García Alonso, quien nos ilumina con sus aportaciones al conocimiento.

Para ella, dos son las facultades racionales humanas:

a) El intelecto (el pensar, el construir, el criticar, el proponer, el enjuiciar) y b) La voluntad (el querer. El objeto de la voluntad es el bien conocido intelectualmente: el Bien absoluto. "La voluntad es la facultad apetitiva racional del hombre.")[417] Ambas constituyen el actuar humano. Asimismo, mientras que el objeto de los sentidos es limitado: las cualidades sensibles, el intelecto es ilimitado, tan amplio como el ser.

Con esta idea se fortalece la hipótesis anterior en el entendido de que en cuanto mayor información de calidad en la mente se tenga, más eficientes, agradables y exquisitas serán los actos y respuestas humanas.

Asimismo, se considera que lo sensible tiene límites, mientras que los actos intelectuales, no tienen límite. De donde se razona que una persona es creadora de conocimiento sin limitaciones, hasta su muerte.

Con este antecedente, nos damos cuenta que el intelecto y la voluntad, son las armas más complejas y elevadas de las personas. Por lo tanto, es necesario saber usarlas y cultivarlas en forma eficiente con el propósito de que los actos humanos sean excelentes y, en especial, el cultivo por aquellas personas que tienen capacidad o atribuciones para tomar decisiones políticas.

---

[417] Cf. García Alonso, Luz. *El hombre: su conocimiento y libertad.* Miguel Angel Porrúa- Universidad Anáhuac del Sur. México, 2000., p. 16.

La doctora Luz García, considera que el hombre está dotado de conocimiento sensible y de conocimiento intelectual, asimismo, la imagen es el producto último del conocimiento sensible, mientras que el concepto es del intelectual.

De esto se intuye que de imágenes viven muchos animales, mientras que las personas han inventado el lenguaje para formar conceptos y, por medio de ellos efectuar comunicación para ponerse de acuerdo y construir realidades mentales, así como acuerdos humanos.[418]

La doctora Luz García Alonso, divide los niveles de conocimiento en la siguiente forma:

- **Conocimiento Vulgar.**- Es el conocimiento común y corriente.
- **Conocimiento empírico o de experiencia.**- Es el que le confiere a un hombre el trato diario con otras personas. Implica tener experiencia.
- **Conocimiento artístico o técnico.**- Es el que sirve para transformar las cosas. Es el saber hacer.
- **Conocimiento prudencial.**- Es el que cultiva a las personas para dirigir moralmente sus actos.
- **Conocimiento científico.**- Capacita a las personas para la ciencia.
- **Conocimiento sapiencial.**- Cultiva a las personas para emitir juicios sapienciales.

A grandes, rasgos, con estas ideas, podemos valorar los niveles de conocimiento que son susceptibles de ser adoptados por las personas.

El nivel de conocimiento en el que intentamos desarrollarnos está a nuestra disposición. El lograrlo es un reto. Un reto que en el fondo es la disciplina. Disciplina para la forma de vida que deseamos para nosotros y el lugar donde nos desarrollamos.

Luego entonces, la disciplina de Tomás de Aquino, implica todo un compromiso existencial. Para gobernantes y gobernados debe ser un hábito permanente. Con disciplina se puede avanzar en la solución de los grandes problemas personales y sociales. Por lo tanto un gobernante, debe ser plenamente disciplinado para

---

[418] Cf. Habermas, Jürgen. *El discurso filosófico de la modernidad.* Taurus, España, 1989.

llevar a cabo una política certera por el bien común, en beneficio de todos los habitantes y por lo tanto de la humanidad.

En suma, considero que para que haya felicidad en un estado político y por ende a nivel mundial, es necesario que utilicemos la disciplina en nuestra vida con la intención de encontrar las mejores soluciones a nuestra existencia y en consecuencia enfrentar los problemas que se van presentando. En este sentido, para ir afinando las ideas y la vida, se necesita disciplina personal, familiar, común y mundial.

Precisamente porque el principal generador de problemas a nivel mundial, es la persona humana. Justamente porque en su vida personal es donde se detectan las deficiencias: educación, abandono a los compromisos de vida social; la tendencia obsesiva a los bienes materiales y, por ende, al dinero, los vicios, la corrupción y la vida superficial. Esta forma de vida, se refleja en los hijos, en la vida jurídica-política y, por lo tanto, se convierte en un problema nacional y, en consecuencia mundial.

Si esta idea la elevamos a una concepción mundial, nos damos cuenta de que los grandes problemas planetarios son: la corrupción, las drogas, la sobrepoblación, la pobreza, la ignorancia y la pérdida de la responsabilidad de vivir como lo diría Karl Popper.[419]

De tal forma que, la disciplina hay que asumirla para que los actos personales y sociales sean para beneficio personal y colectivo. Los gobernantes, tendrán que ser más disciplinados en la búsqueda y toma de decisiones para bien de la humanidad. Recuérdese que el compromiso más importante de un gobierno es la búsqueda del bien común; con disciplina, seguramente se logrará avanzar para bien de todos.

Por su parte la justicia que maneja Tomás de Aquino, también lleva implícito una fuerte dosis de reflexión filosófica.

Una justicia que en el fondo se observa como justicia política y social. Una justicia política y social, que busca el bienestar de las personas. Ya hemos considerado antes, las grandes desigualdades sociales que prevalecen a nivel

---

[419] Op. cit. Popper, Karl R. *La responsabilidad de vivir*. Paidós, España, 1995.

mundial, el moderarlas y posteriormente descartarlas de la existencia humana es un compromiso político y social que se debe ir afinando y solucionando.

Con "disciplina" y "justicia", según Tomás de Aquino, podemos solucionar los problemas políticos contemporáneos y buscar un gobierno mundial que garantice el bienestar de todos los habitantes del planeta.

Ya lo mencionó Norberto Bobbio, J. Habermas, K. Popper. Hans Kelsen[420] y Tomás de Aquino en su tiempo, entre otras personalidades, de la implementación del Gobierno o Consejo Político Mundial por el bien de las personas, su trascendencia y su permanencia en el planeta.

Lo hemos considerado en esta investigación, a través de la constitución, por lo menos, de un Consejo Político Mundial que garantice la estabilidad, trascendencia y felicidad de las personas.

Entonces, con disciplina y con justicia, será posible avanzar en la solución de los problemas locales y mundiales con el compromiso de atender las demandas humanas y controlar y solucionar o, por lo menos moderar, las grandes diferencias sociales, con el propósito de cubrir un objetivo: el bien común para lograr la felicidad humana.

En este sentido, lo que se necesita es, además del esfuerzo racional por encontrar respuestas concretas, la disciplina y la justicia política que acertadamente maneja Gabriel Chalmeta en su obra titulada "La justicia política en Tomás de Aquino. Una interpretación del bien común político."[421]

En ella destaca que la función del Estado y, por ende, del derecho, es reconocer, tutelar y favorecer la actitud de estos sujetos sociales (personas), realizando, al mismo tiempo, un trabajo de coordinación de modo que la solidaridad que ellos producen llegue a tener alcance universal. Cabe destacar, que este filósofo, también está hablando de un Estado de Derecho Universal.

---

[420] Op. cit. Kelsen, Hans. *Teoría pura del derecho.* Una de las tesis centrales de Kelsen es, que la teoría pura del derecho crea una condición esencial para lograr la unidad política mundial con una organización jurídica centralizada. Usar la ciencia y tecnología para garantizar la convivencia mundial.

[421] Op. cit. Chalmeta, Gabriel. *La justicia política en Tomás de Aquino.*

Pensar en la humanidad, como podemos apreciar, es la prioridad.

En suma, en la cita anterior con referencia a Tomás de Aquino, da un paso cuantitativo y cualitativo en su pensamiento político al elevar su concepción de la política local a nivel mundial. Es éste el santo, el poeta, el filósofo, el jurista; el político: el humanista.

Su pensamiento y gobierno universal está en Dios, pero también en el microcosmos político del ser humano.

La referencia es: **"... en la naturaleza encontramos un gobierno universal y otro particular: el universal es el régimen de Dios, que gobierna todas las cosas en su providencia; el particular el del hombre, a quien llamamos microcosmos porque en él encontramos la forma del orden universal."**[422]

Tomás de Aquino es una persona que se preocupa por el buen gobierno, pero también por su trascendencia, conservación y perpetuidad a través del bien hacer. Para ello, reflexiona sobre las deficiencias de los gobernantes, en especial de los gobiernos tiranos. Y se preocupa porque la administración pública este constituida por personas que no tienen problemas de avaricia, corrupción, mentira e indiferencia.

Esa es la verdadera política: el arte del buen gobierno. En este sentido, Tomás de Aquino considera que entre todas las artes la más amplia y superior es "**el arte de vivir y de gobernar.**"[423]

Entonces, si vivir y gobernar es un arte, los que se encuentran en la posición de gobernantes tendrán que hacerlo con suma delicadeza, pero con la más aguda visión inteligente. Precisamente porque la inteligencia nos permite aclarar aquellos vacíos existenciales de las comunidades políticas, donde se encuentran deficiencias en el poder político.

Esos vacíos de poder, con razón, arte y voluntad son posibles de cubrir. Gobernar naturalezas racionales, es el arte de artes; no es lo mismo, el que cuida de los animales inferiores o, los que se preocupan por la cientificidad de la realidad; evidentemente son parte del mundo humano, tanto la ciencia, como

---

[422] Op. cit. De Aquino, Tomás. *Opúsculo sobre el gobierno de los príncipes.*, p. 277
[423] Ibid., p. 303.

la tecnología, pero están al servicio de las personas; mientras que gobernar, es una disciplina racional bastante difícil y compleja, pero no imposible de dominar; donde lo más importante es la persona y su relación con los demás en una comunidad política mundial.

En suma, el arte de gobernar requiere primero, que la persona sea íntegra, es decir que sus facultades humanas (razón y voluntad) sean estimuladas permanentemente por su inteligencia y con el objetivo específico del bien común; que sea culta, que tenga conocimientos completos de lo que es la política; que su inteligencia este activa cada vez que tome una decisión filosófica; que su pensamiento sea universal, en otras palabras, que abarque los problemas humanos como un reflejo de un problema mundial; en otras palabras, que su mente esté abierta a la búsqueda del bienestar de la humanidad.

Respecto al excelente gobernante, Tomás de Aquino refiere que: " **... se elija a un experto que pueda y sepa gobernar y dirigir a los súbditos hacia la virtud; porque si se elige uno poco valioso y sin amor a la república, se corrompe la política.**"[424]

Para lograr el perfil idóneo en los gobernantes, Tomás de Aquino sugiere que sean moderados pertenecientes a la clase media, con la idea de que por pertenecer a un punto medio existencial, no habrá tendencia hacia algún extremo político, es decir, la actividad política será neutral y con propuesta.

Su idea es que: "**... los más idóneos son los de clase media: ni demasiado poderosos de modo que fácilmente caigan en la tiranía, ni de condición demasiado baja, que inmediatamente quieran democratizarlo todo. Pues cuando se ven en alto, olvidándose de donde provienen, e ignorando cómo se gobierna, caen en el error abismal o bien de descuidar a los súbditos, o de lanzarse con presuntuosa audacia a oprimirlos, de donde la república se inquieta y corrompe...**"[425]

Por lo tanto, es importante que los gobernantes estén convencidos de entregarse completamente al servicio de los demás, en el entendido de que la política es una ciencia y un arte que consiste en dar lo mejor a las personas con la finalidad de que se cumpla su desarrollo integral como seres inteligentes y mortales.

---

[424] Op. cit. De Aquino, Tomás. *Opúsculo sobre el gobierno de los príncipes.*, p. 360.
[425] Ibid., p. 361.

Para ello, los gobernantes cuentan con la estructura jurídico-política, para satisfacer las necesidades humanas. Para eso existen las leyes, la economía, la ciencia y tecnología, para buscar siempre el bien común y, por ende, la felicidad de las personas a escala mundial.

Finalmente Tomás de Aquino considera el cuerpo de **seguridad pública**, los cuales en un primer momento eran los guerreros, posteriormente los militares y en la actualidad los policías.

Sus palabras son: **"... el guerrero es necesario para la república, y una parte principal en la política; porque su oficio es asistir al príncipe en la ejecución de la justicia (...) y luchar fiel y constantemente contra los enemigos, para conservar su patria."**[426]

De donde obtenemos que la importancia del "guerrero" en la república es compleja y de influencia directa en la estructura del principado (Estado político en la actualidad), ya que su trabajo es: a) ser consejero del príncipe, b) participar en los actos de justicia, c) luchar contra los enemigos internos y externos de la patria y d) mantener la soberanía del principado defendiéndola de los extranjeros que atenten contra su integridad.

En este sentido, el guerrero es una persona del Estado al servicio de los gobernantes y su máxima función es mantener la estabilidad social de la comunidad política.

Estos guerreros son respetables y admirados, precisamente porque están dispuestos a dar todo por la conservación de la patria. En ese sentido, Tomás de Aquino, reconoce que se necesitan guerreros en la república en todo tiempo, tanto para conservar la paz entre los ciudadanos como para evitar los ataques de los enemigos; por ello **"siempre se conceden los más altos honores entre los ciudadanos, considerando el fruto que producen, a quienes son más necesarios para conservar la república y por el peligro al que deben exponerse por la patria."**[427]

Aquí está la importancia de las personas que integraban los cuerpos de seguridad interna y externa de una comunidad política. Se procuraba que

---

[426] Ibid., p. 386.
[427] Ibid., p. 387

fueran personas excelentes, primero los guerreros, posteriormente militares y, en la actualidad policías.

Algunas características que debían poseer las personas que se dedicaban a la seguridad eran las siguientes:

1. Ser los mejores.
2. De sangre más noble.
3. Más instruidos en las letras.[428]

Por lo tanto, los guerreros-militares, por su labor respetable, tendrían mayores garantías en su vida, en sus testamentos, donaciones y en cualquier otro negocio, señala Tomás de Aquino.[429]

En este contexto, el santo padre hace una estructura operativa respecto a las características de combate por parte de los guerreros-militares:

a) Ejército.- que viene del ejercicio o de la ejercitación.
b) Castra.- porque la multitud que se requiere ha de guardar castidad.
c) Legión.- porque los militares incluidos eran elegidos entre los más expertos.
d) Manípulo.- Eran los que atacaban de mañana al enemigo y se camuflagiaban con hierbas.
e) Los voladores.- Saltando de los caballos, fustigaban a los enemigos.
f) Acies.- llamada así por su agilidad.
g) Cúneo.- unión de guerreros unidos, apretados para la batalla (al que es fuerte y constante).
h) Trapelo.- Los destructores.[430]

---

[428] Es importante el nivel que observa Tomás de Aquino en referencia a los guerreros, los mismos que ponen de por medio su vida para salvaguardar la república y la patria. ¿Hoy, qué nivel y garantías tienen estos cuerpos de seguridad republicana? ¿Una policía profesional, científica e inteligente se podría constituir en la actualidad? ¿Una policía postmoderna con todas las necesidades básicas cubiertas (sueldos, prestaciones, calidad de trabajo y vida, entre otras), es posible? ¿En qué nivel de importancia republicana se encuentran las policías, según el pensamiento de Santo Tomás de Aquino en México? Estos y muchos más, son cuestionamientos que habrá que meditar con agudeza mental y observancia concreta.

[429] Op. cit. Tomás de Aquino. *Opúsculo sobre el gobierno de los príncipes.*, p. 387.

[430] Ibid., pp. 392 y 393.

Con estos agrupamientos de combate, según Tomás de Aquino, se formaba todo un cuerpo de guerreros que garantizaban la seguridad interna-externa de una comunidad política. Formar parte de ellos era un privilegio. Sus máximos compromisos eran dedicarse a la disciplina y responsabilidad social para mantenerse en esta corporación, precisamente porque eran los que garantizaban la seguridad general de la ciudad o Estado político.

Estos guerreros-militares, en la actualidad son los policías. Responsables de mantener la estabilidad jurídica-política y social de un Estado Democrático de Derecho. Con las mismas tendencias de los "guerreros-militares" de Tomás de Aquino, pero con mayor responsabilidad, con más trabajo y con mayor compromiso con los gobernantes y los gobernados en la búsqueda de garantizar los medios que se proyectan para intensificar el bien común. Esos son los policías contemporáneos.

En este contexto, las mejores personas, en el tiempo de Tomás de Aquino, podían formar parte de la guardia de los principados, hoy sociedades políticas.

Posteriormente, se da la militarización de los cuerpos de seguridad para enfrentar a los enemigos externos e internos que afectaban los intereses de las personas y la paz social.

Hoy, los policías con responsabilidad asumen un compromiso: custodiar que las personas vivan en armonía; que no se violente la paz social y que se garantice el Estado de Derecho.

Para actuar en contra de las personas que alteran el Estado de Derecho, es necesario contar con los conocimientos técnicos, jurídicos, psicológicos y criminales para que con el uso de las virtudes cardinales (Justicia, fortaleza, templanza y prudencia) se actúe en forma eficiente y responsable en cada acto de policía.[431]

En suma, los actos del oficial de policía, al igual que los políticos sabios de Platón, Aristóteles y Tomás de Aquino, son la garantía para el buen desarrollo de un Estado Democrático de Derecho; capaz de garantizar la seguridad jurídico-política de sus habitantes y por lo tanto, el crecimiento espiritual,

---

[431] Op. cit. Ruiz, José Luis. *Política y administración de la seguridad pública en el Distrito Federal: 1995-1997.*

económico y social de las personas, generando con esto, la felicidad permanente que es el máximo fin para los ciudadanos de una comunidad política.

Finalmente recogemos una idea política de Manuel Camacho Solís, quien ha sido una persona que se ha desempeñado en puestos públicos de primer nivel y, en su pensamiento y actuar político, encontramos algunas tesis importantes que reflejan el pensamiento de Tomás de Aquino:

"No cabe duda de que la política (...) es muy exigente. Requiere de concepción y claridad, de un <u>ejercicio razonado</u> para pensar rumbo y procedimiento y de un balance objetivo de las fuerzas. Requiere de sensibilidad para reconocer lo que la gente quiere en cada momento y para ofrecer respuestas creativas a lo que le aflije. Requiere de <u>valor</u> y <u>prudencia</u> para asumir riesgos, tomar decisiones y defender los <u>valores</u> nacionales y humanos. El verdadero valor, en la política, nunca ha estado en amenazar con el uso de la fuerza o construir las razones de la exclusión, sino en tomar en cuenta y responder a la sociedad, en comprometer los cambios y <u>comprometerse con la sociedad</u> para sacarlos adelante." [432]

Este sería, primero, un discurso contemporáneo donde es clara la acción política para atender las demandas de la sociedad, no de los intereses personales y de grupo. Un discurso donde, lo importante es el bien común. Donde la política, es el instrumento capaz de garantizar la convivencia pacífica entre las personas a través del diálogo y del acuerdo.

En segundo término, éste discurso, es un ejemplo de la aplicación de los principios políticos de Tomás de Aquino, en la política nacional y, por lo tanto, un reflejo hacia la política mundial contemporánea, donde es clara, la utilización de los siguientes términos que utiliza el santo padre:

- Ejercicio razonado (uso de la razón).
- Valor y prudencia (virtudes morales básicas).
- Compromiso con la sociedad (búsqueda del bien común).

Puedo seguir ejemplificando el pensamiento del santo padre con más personas nobles y congruentes con la justicia política, sin embargo, con lo hasta aquí

---

[432] Cf. Camacho Solis, Manuel V. *Cambio sin ruptura*. Alianza Editorial. México, 1994, p. 133.

considerado, hemos demostrado que el pensamiento político de Tomás de Aquino, **sigue siendo vigente** y que aún está pendiente la consolidación de su pensamiento político mundial, es decir, la búsqueda y materialización del bien común en la humanidad.

Esperamos que esta hermenéutica de la filosofía jurídico-política de Santo Tomás de Aquino, haya sido un estimulo contundente para los políticos que se preocupan por el bien común; que les interesa la felicidad y la paz de la humanidad. Que están preocupados por el bienestar de las personas y un mejor futuro para los seres humanos que continuarán en la tierra después de nosotros.

3.10 ACTUALIDAD JURÍDICO-POLÍTICA DE SANTO TOMÁS DE AQUINO.

En esta obra, destaco algunas ideas jurídicas, políticas y policiales que manejó Tomás de Aquino hace 730 años, con el propósito de iluminar a las personas que tenían cierto poder político en su tiempo. En la actualidad, hemos rescatado algunas tesis del santo padre que evidentemente enriquecen y cultivan a los gobernantes contemporáneos a nivel local y mundial.

Por lo tanto, el pensamiento político de Tomás de Aquino no se limita al mundo teológico, sino que sacude los comportamientos y conciencias de los políticos que desean enriquecer su labor por medio de estas reflexiones.

Tomás de Aquino, en su visión política, se preocupó por el bien común, es decir, intentó dejar claro en su pensamiento, que los políticos, antes que cualquier compromiso personal, deben atender las necesidades de las mayorías.

El objetivo es lograr que las personas vivan en el planeta en forma pacífica y en permanente felicidad, lo cual es la máxima aspiración de las personas sanas y normales.

A partir de que los gobernantes logran el bien común, es posible que ese Estado trascienda y permanezca mientras la tierra siga girando. La felicidad garantizada por los gobernantes a través de su estructura jurídica y permanente crecimiento humano, logrará que los gobernados estén de acuerdo con sus dirigentes políticos, y no exista el reclamo por algún acto de injusticia o en su caso límite, manifestación de la desobediencia civil.

Mientras los gobernantes se entreguen plenamente por atender las demandas comunes, difícilmente habrá inconformidades o revueltas civiles.

El compromiso político es el bienestar de la mayoría. Lograr su pleno desarrollo como personas racionales y espirituales y buscar siempre, el bien común.

Otro de los grandes logros del santo padre, fue su visión con el gobierno a nivel mundial. Se preocupó por la humanidad, y hoy, hablar de humanidad compromete a todas las personas que habitamos el mundo. Es así como surgió la idea del Consejo Político Mundial, como un ente político a escala global, capaz de garantizar la paz y sobrevivencia de la humanidad pero no, en forma sencilla, sino buscando desarrollar las potencialidades intelectuales y volitivas de las personas, es decir, buscando la felicidad y crecimiento de las personas en forma permanente.[433]

Evidentemente que para ello, se necesita, una serie de compromisos básicos:

- Disciplina (personal, social y de gobierno)
- Justicia (política y social)
- Acuerdo político mundial, donde participen las personas capacitadas con conocimiento y voluntad por consolidar y constituir jurídicamente el Consejo Político Mundial.
- Gobierno Mundial.
- Constitución Política Mundial.

Evidentemente, el Consejo Político Mundial, sería permanente, mientras que el Gobierno Mundial, tendría que pasar por un proceso democrático con la finalidad de que la voluntad de las mayorías e inteligencia de los más aptos, en este caso los integrantes del Consejo Político Mundial, darían la aceptación o destitución de aquellas personas que siendo parte del Gobierno Mundial, no cumplieran con su compromiso de crear y mantener: paz, bienestar y crecimiento humano, lo cual, serían las leyes fundamentales de la Constitución Política Mundial.[434]

---

[433] E integrando a las personas más representativas, a nivel mundial, en este Consejo.

[434] En este sentido, encontramos que Habermas refiere que la Organización de las Naciones Unidas, ha sido superada. Su comentario es: **"... para que la Declaración Universal de los Derechos del Hombre de la ONU se sigan derechos judicialmente accionables, no basta solamente con tribunales internacionales;**

Al señalar crecimiento humano, me refiero al desarrollo biopsicosocial de las personas con la intención de que cumpla su objetivo existencial: la felicidad a través de una vida plena y de calidad.

De nada sirve la ciencia política si no es capaz de penetrar en la convivencia humana y de iluminar a las personas que ejercen el poder político en una sociedad humana. Por ende, la política, siempre será la base para encontrar respuestas a las demandas.

Al respecto, John Rawls, señala, que **"Deberíamos estar preparados a descubrir que cuanto más profundo sea el conflicto, más alto tendrá que ser el nivel de abstracción al que deberemos subir para lograr una clara visión de sus raíces."**[435]

Aquí, indirectamente Rawls nos genera todo un horizonte de reflexión filosófica. La propuesta es: "subir el nivel de abstracción" del discurso, el cual es la manifestación de la mente crítica para visualizar, contextualizar y entender las posibles salidas inteligentes ante un conflicto.

¿Filosofía política…?

Para poder comprender está propuesta, la cual la hemos utilizado como estimulo filosófico político, para observar que la reflexión no es fácil, habrá que cultivarse permanentemente para avanzar al ritmo de los movimientos e inquietudes humanos en materia de conocimiento, crítica constructiva y pensamiento complejo. Si nos quedamos con una formación profesional básica, no tendremos suficientes argumentos intelectuales para salir de las bases comunes del conocimiento.

Si una persona vive externamente bien, el reflejo en su vida interior será brillante y placentero.

éstos sólo podrán funcionar adecuadamente cuando una Organización de las Naciones Unidas, no solamente capaz de tomar resoluciones sino capaz de actuar y de <u>imponer</u>, haya puesto fin a la soberanía de los Estados nacionales particulares."Op. cit. Jürgen Habermas. *Facticidad y validez.*, p. 655. Con estas observaciones, la propuesta de Habermas rebasa los nacionalismos, las soberanías y la cerrazón política de muchos Estados-Nacionales autoritarios, limitados y represivos a la libertad y globalización contemporánea.

[435] Op. cit. Rawls, John. *El liberalismo político.*, p . 65.

Claro está que, para materializar estos principios racionales, se necesita el esfuerzo sistemático de las personas que pueden influir en la política mundial. La intención está, habrá que buscar su proyección.

Hacer uso de la política nacional, bilateral, multilateral y mundial para encontrar ese acuerdo político planetario que se necesita para constituir el "Ente Político Mundial", capaz de disciplinar y controlar la soberbia de los que tienen mayores recursos bélicos[436] y económicos para imponer su voluntad personal o de grupo, de acuerdo a sus intereses y no de la mayoría de las personas. Recuérdese que –el problema-, somos la *especie humana*, no los seres humanos de determinada zona geo-política.

En concreto, el político, el jurista y el policía, tiene un compromiso consigo mismo, cultivarse para responder en forma humana, eficiente e inteligente a las personas que han depositado su confianza y simpatía por él o ella. No hacerlo es traicionarse así mismo y a la humanidad.

Son estas ideas las que han permitido recurrir al pensamiento jurídico, político y policial de Tomás de Aquino, quien en forma trascendente nos permite reflexionar con sus aportaciones filosóficas, teológicas y jurídico-políticas en torno al bienestar de la persona humana y el reflejo en su actuar en los Estados Democráticos de Derecho.

Con estas premisas, se tendrá que enriquecer la cultura del humanismo; la no corrupción en los gobernantes y estructura burocrática del sistema político; la responsabilidad de los funcionarios públicos por efectuar en forma transparente y eficiente su trabajo, es y será, una obligación por el bien de la existencia y trascendencia humana.

---

[436] Para una idea en torno a la actividad atómica a nivel mundial, hacemos referencia al periódico "Reforma", p. 25 del 1 de agosto del 2004, donde destaca la siguiente información:

Países con mayor armas nucleares: Estados Unidos.- **7 mil 300 ojivas** estratégicas. Rusia.- **6 mil 94** ojivas estratégicas. ¿Cómo desactivar esta amenaza latente? No hay duda de que la naturaleza tardaría millones de años en acabar la vida en la tierra, sin embargo, el ser humano, en sólo unos pocos segundos. Esta realidad nuclear, es el resultado del odio, intolerancia, mezquindades, soberbia, mediocridad y animalidad de la especie humana. ¿Podemos superar este antagonismo por medio de un arma más poderosa que la inteligencia humana?

3.11 CONCLUSIONES.

Finalmente, concluimos con las grandes ideas políticas que entrarían en lo que sería el esquema de filosofía jurídico-político en Tomás de Aquino.

- **El bien común**. Es una idea que cae perfectamente en la esfera de la política. La base de toda organización política es la seguridad y el bienestar de sus habitantes. Por lo tanto, la aplicación del bien común, beneficiará a la mayoría de las personas que integran dicha comunidad. Con la aplicación de una política que tenga como imperativo el bien común, se administrará con eficiencia, la economía, la justicia y el desarrollo y crecimiento humano. Sin el bien común, en la comunidad política local, nacional o mundial, se estará hablando y viviendo en una comunidad anárquica donde no habrá una disciplina social, pues, todos buscan su interés personal, inclusive los gobernantes y sus familiares. Asimismo se estará en una comunidad primitiva donde la violencia, la manipulación, el engaño, serán las banderas sociales y políticas de las personas que en forma por demás soberbias y corruptas, manejan el poder político. Por lo tanto, la implementación del bien común en las sociedades políticas contemporáneas, moderará la opulencia y la miseria con la finalidad de mantener una forma de vida aceptable.
- **El arte de vivir.** Las personas conscientes de su existencia y, por ende, de su muerte, tienen objetivos claros a desarrollar en su vida. Los objetivos son personales, grandes o pequeños según las circunstancias y posibilidades peculiares de cada persona. Lo cierto es que esos objetivos, tienen que cumplirse o, por lo menos, intentar cumplirlos durante el transcurso de vida; lograrlos, será una satisfacción. El intentarlo permanentemente, también genera satisfacción. Pero lo importante es el camino para lograr dichos compromisos, buscar la forma placentera de cumplir con esos objetivos.[437] Si no se busca el arte en el transcurrir de la vida, será un camino difícil, aburrido y tedioso; por ende, hay que buscar el arte, el lado agradable de la

---

[437] En esta línea de conocimiento, encontramos que el tiempo es corto, por lo tanto, se abre un horizonte de posibilidades, las cuales hay que saber disfrutar mientras estés vivo. Carlos Castaneda así lo concibió: **"Un guerrero (sabio-hombre de conocimiento) debe aprender a hacer que cada acto cuente, pues va a estar aquí, en este mundo, tan sólo un tiempo breve; de hecho, demasiado breve para ser testigo de todas las maravillas que existen."** Op. cit. *La rueda del tiempo.*, p. 104.

existencia para que se llegue en forma completa a cumplir los objetivos de vida. Por lo tanto, cada actividad que se desarrolle, debe ser con responsabilidad y con gusto, lo contrario desgasta, envejece y enferma. En consecuencia, las personas que forman parte del gobierno y que poseen cierto poder en su actividad laboral, tendrán que encontrar ese arte en su trabajo. En el encuentro con las personas. En el servicio al público. En la responsabilidad de ejercer y vivir la política como paradigma para actualizar el bien.

- **Actuar debidamente.** Con esta idea Tomás de Aquino busca la responsabilidad y el bien en cada acto de su vida de las personas.[438] Por lo tanto, el rol social, personal, objetivo y subjetivo de la persona, tendrá que estar determinado con el bien obrar. Actuar con decisión y debidamente. Lo contrario sería, la falta de responsabilidad y el actuar en forma que se afecte a las personas y el bien social. En cuanto a los funcionarios públicos, ya hemos considerado que quienes no actúan debidamente se hacen acreedores a sanciones administrativas y en su caso, sanciones penales. Por ende, actuar debidamente es una obligación de los servidores públicos. Desde los puestos directivos hasta los que limpian la vía pública, por ejemplo.

- **Sabios son quienes ordenan directamente las cosas y las gobiernan bien.** Esta es una idea brillante para los gobernantes y las personas que son responsables de la acción y producción política. Con la sabiduría, los gobernantes tendrán la base cognoscitiva para entender la realidad humana-compleja y por lo tanto, sus necesidades personales y sociales. La sabiduría siempre brindará y aclarará los caminos buenos a seguir con la finalidad de satisfacer dichas demandas humanas. Una persona que gobierna sin sabiduría es fácil de ser manipulada por aquellos que se aprovechan de la ignorancia de los que no conocen. Asimismo, el no sabio, es presa fácil de llevar políticas públicas ficticias y mediocres, las cuales, finalmente llevan a la anarquía, el caos, la corrupción, la ingobernabilidad, el despotismo y la pobreza; precisamente porque no se valoró con sabiduría las demandas humanas. En suma, ser

---

[438] En este sentido el doctor Agustín Basave Fernández del Valle refiere que: **"Mientras hay tiempo –y es bien corto- hay oportunidad de perfeccionarnos."** Op. cit. *Metafísica de la muerte.*, p. 34.

sabio, no es un capricho o necesidad, es una obligación ética para los gobernantes, los juristas y los policías.[439]

- **El hombre es un animal social y político.** Aquí Tomás de Aquino, fortalece la tesis de Aristóteles, en el sentido de considerar que el hombre es un animal político (social)[440]. A partir de esta posición Aristotélica-Tomista, se fortalece la política como arte, como ciencia y filosofía política. Evidentemente la política es una ciencia, pero también un arte y mucho más una filosofía. Es así como se puede apreciar y valorar la importancia de la política y, por ende, el buen funcionamiento de la misma con tendencia a la aplicación del bien común. Ser político es una responsabilidad humana; el influir en la constitución política es de los sabios, sin embargo, existen personas que deterioran la excelencia política por su propia ignorancia, por la improvisación y por el no conocer de la política real. En suma, formar parte e influir en las actividades políticas no es nada fácil, está de por medio el bienestar de las personas.

- **El hombre necesita quien lo guíe hacia el fin.** Evidentemente, todas las personas necesitan un guía, desde los padres hasta el maestro y guía espiritual. Un hombre sin un guía efectivo, tiende a llevar una vida ordinaria, sin mayor trascendencia que lo que le marca su naturaleza humana. Es decir, su vida estará concretizada por el ciclo básico de vida animal: alimentarse, reproducirse y morir. Desarrollará sus facultades racionales y volitivas de acuerdo a la limitación de sus percepciones ordinarias. Mientras que las personas que cuentan con guías sabios, científicos o excelentes experimentados, podrán gozar de una vida más

---

[439] Manuel Kant destaca la importancia de los filósofos como consejeros políticos para garantizar la paz y la justicia política. Esta es la referencia: **"Pero si los reyes o los pueblos príncipes –pueblos que se rigen por leyes de igualdad- no permiten que la clase de los filósofos desaparezcan; si les dejan hablar públicamente, obtendrán en el estudio de sus asuntos unas aclaraciones y precisiones de las que no se pueden prescindir."** Op. cit. *La paz perpetua.*, p. 269.

[440] Las palabras de Tomás de Aquino son: **"El hombre es naturalmente un animal político y social. Esto resulta evidente por el hecho de que un hombre no se basta él solo para vivir, ya que la naturaleza lo ha provisto de muy pocas capacidades suficientes, y en cambio le ha concedido la razón por la que puede prepararse todo lo necesario para la vida, como el alimento, vestido, etc.; pero un hombre no es suficiente para producir todo ello; de donde la misma naturaleza dio el hombre el impulso para vivir en sociedad."** Op cit. *Suma contra los gentiles.*, p. 415.

interesante y agradable. Llena de conocimiento y arte. De sabiduría y energía. De intensidad e inteligibilidad. En consecuencia, el guía, en términos generales, es un ente fundamental para enriquecer la vida de los seres humanos.[441]

- **Todo gobernante ha de buscar el bien de la comunidad que dirige.** Esta tesis tomista es fundamental para todos los gobernantes del mundo. El bien de la comunidad. Un gobernante que no tiene como imperativo esta tesis, debe renunciar o no asumir la responsabilidad de gobernar. Precisamente porque la verdadera política es la que se encarga de procurar el bien de las personas. Que existan acuerdos y avances en la consolidación de políticas que beneficien a los ciudadanos. Un gobernante que es congruente con esta tesis tendrá siempre una satisfacción personal por haber atendido las demandas del bien común. Entonces para que se de el bien común, se tendrá que encontrar y dar respuestas eficientes a las necesidades humanas. Esa es la esencia de la política.

- **El bien de toda multitud asociada es el conservar la unidad, de donde resulta la paz.** Una comunidad humana sin unidad efectiva, tendrá problemas en todo el aspecto social, es decir, no habrá avances en beneficio de la propia comunidad. Se manifiesta la anarquía, el despotismo, la pobreza, la soberbia y la ignorancia. Por lo tanto, si

---

[441] Cada persona tiene su guía personal. Su luz; su camino; su objetivo. Sin embargo, cuando entramos al mundo de la filosofía, las posibilidades se intensifican en grandes proporciones. Así tenemos por ejemplo, que para nuestro filósofo político Tomás de Aquino, su objetivo-guía política es el generar, aplicar, trascender y mantener el ejercicio público del bien común. Para Jürgen Habermas, la comunicación como paradigma para la evolución e inteligibilidad humana. En Martín Heidegger encontramos como prioridad de su pensamiento el ser, el tiempo y la muerte; podemos continuar, sin embargo, paramos y decimos que hay que buscar el conocimiento que nos humanice, conmueva y genere felicidad. Para no intensificar más esta observación, nos limitaremos a tres citas: 1. El universo se rige por los impulsos y energía internas de su ser, que nos revelan un orden, que no es sino la manifestación de un plan universal. Op. cit. Carlos Ignacio González en, Tomás de Aquino. *Tratado de la ley. Tratado de la justicia y Opúsculo sobre el gobierno de los príncipes.*, p. XXXIX. Del estudio introductorio. 2. Habiendo percibido lo verdaderamente grande, las cosas humanas parecen insípidas a los filósofos, Platón, Op. cit. *La república* y; 3. El poder reside en el tipo de conocimiento que uno posee. ¿Qué sentido tiene conocer cosas inútiles? Eso no nos prepara para nuestro inevitable encuentro con lo desconocido. Op. cit. Carlos Castaneda. *La rueda del tiempo.*, p. 23.

se genera una comunidad, tendrá que procurar el bien común para que sus habitantes tengan los bienes necesarios para desarrollar sus facultades y peculiaridades como personas inteligentes. Una comunidad unida, estará impregnada de actos pacíficos.[442] Asimismo, la unidad humana es vital para la trascendencia, fortalecimiento y bienestar de la humanidad.

- **Si no hay paz, termina toda utilidad de la vida social.** La paz es la demanda más importante para la unión de las personas en comunidad, sin la paz la realidad se manifiesta en caos y, la persona más fuerte y más salvaje[443] se convierte en el amo y señor de los más débiles, es decir, las personas manifiestan su animalidad como forma de existencia. Esto, evidentemente denigra la dignidad humana marginando la inteligencia de las personas. Por lo tanto, las personas que tienden por la guerra, el desorden y el caos, hoy tendrán que ser marginados y controlados, pues la humanidad ya ha sufrido demasiada violencia para continuar con esa debilidad ya superada.

- **La sociedad dividida resulta gravosa para sí misma.** En esta tesis Tomás de Aquino vuelve a reforzar la idea de la unión humana con la finalidad de vivir y desarrollarse plenamente como personas racionales. Una sociedad dividida, siempre tendrá problemas agudos respecto a la satisfacción de sus necesidades básicas. Se tendrá que buscar las alternativas políticas con la intención de moderar las diferencias sociales y por ende, de las divisiones existenciales.

- **Un gobierno será útil en cuanto tenga éxito en conservar la unidad de la paz.** En esta tesis Tomás de Aquino, destaca la importancia de la paz como realidad política para garantizar la utilidad de un gobierno. Sin embargo, para lograr la paz en un Estado político, no es fácil. Se necesitan implementar diversas políticas que garanticen la estabilidad socio-económica y, por lo tanto, la paz. Por ello, para

---

[442] Aquí encontramos una referencia de Kant, en relación al salvajismo humano, la cual es la siguiente: **"... el apego que tienen los salvajes a su libertad sin ley, prefiriendo la continua lucha mejor que someterse a una fuerza legal constituida por ellos mismos, prefiriendo una libertad insensata a la libertad racional ..."** Op. cit. Manuel Kant. *La paz perpetua.,* p. 256.

[443] Cf. Berns Laurence, refiere que **"El temor a la muerte, el deseo de comodidad y la esperanza de lograrla por medio de su laboriosidad inclinan a los hombres a la paz. La razón actuando junto con estas pasiones –temor, deseo y esperanza-, sugiere reglas para vivir pacíficamente en común."** Op. cit. Leo Strauss y Cropsey, Joseph. *Historia de la filosofía política.,* pp. 381-382.

que se dé un auténtico ambiente de paz, es necesario satisfacer las necesidades fundamentales de las personas con la intención de que esté garantizada su existencia y trascendencia como ser pensante. La paz no sólo es el no uso de las armas, sino también madurez intelectual y, para que no se de el choque brutal de culturas, creencias religiosas, entre otras. En este sentido, podemos apreciar que la paz implica por parte de los gobernantes: garantizar el desarrollo biopsicosocial de las personas, educación científica, tecnológica y humanística, con el propósito de incrementar y desarrollar las potencialidades humanas. A partir de la satisfacción de estos postulados, no habrá motivo para usar la economía en la inversión armamentista y sí, en la formación integral de las personas.

- **Se necesita el acuerdo de los gobernantes para gobernar.** Otro punto del pensamiento político en Santo Tomás de Aquino consiste en que, para el buen desarrollo y operatividad de la política, son necesarios los acuerdos políticos fundamentales para avanzar en las democracias participativas.[444] Es decir, buscar siempre la inclusión en los debates políticos con la idea de llegar a acuerdos que beneficien a las personas en general. No dividir, ni mucho menos excluir los discursos por más lejanos que parezcan de la realidad, para eso es el debate, para ubicar a las personas que tienden a dispararse de la realidad socio-política.

---

[444] Para fundamentar esta idea, hemos acudido, una vez más al filósofo político John Rawls y su liberalismo político, mismo que es de los más explícitos en la actualidad. En este sentido, encontramos que es necesario el acuerdo para las construcciones políticas y así, avanzar en la gobernabilidad. Las hipótesis son las siguientes: Primera.- Los principios de la justicia política (*contenido*) pueden representarse como el resultado de un procedimiento de construcción (*estructura*). En este procedimiento, los agentes racionales, en su papel de representantes de ciudadanos y sujetos a condiciones razonables, seleccionan los principios para regular la estructura básica de la sociedad. Segunda.- El procedimiento de construcción se funda esencialmente en la razón práctica, y no en la razón teórica. Tercera.- Utiliza una concepción bastante compleja de la persona y de la sociedad para dar forma y estructura a su construcción. Cuarta.- Especifica una idea de lo razonable y aplica esta idea a varios sujetos: concepciones y principios, juicios y fundamentos, personas e instituciones. Op. cit. *Liberalismo político.*, p. 104. Todo esto con la tendencia de garantizar estabilidad jurídico-política y crecimiento humano utilizando la ciencia y tecnología para lograr calidad en la vida de los seres humanos.

Aquí viene al caso la sabiduría política[445] de los gobernantes para no caer en debates superficiales o dogmáticos.

- **El hombre despojado de la razón se convierte en bestia.** La razón es el arma por excelencia de las personas: su razón de existencia.[446] Sin embargo, hay niveles pragmáticos en el uso de la razón, es decir, al referirme a la acción racional, es necesario recurrir al conocimiento. A los diferentes niveles de conocimiento para poder entender las potencialidades y limitaciones de una persona. Esto significa que las personas con mayor conocimiento, tendrán mayor campo de acción para razonar en torno a un problema que se presente. En otras palabras y a manera de ejemplo: una persona titular del poder ejecutivo en un Estado Democrático de Derecho, ha llegado a su posición por el resultado del voto popular. Las personas han creído en él. Para llegar a dicha posición, el titular del ejecutivo ha sido apoyado por los medios de difusión masiva, por los grupos de poder; sin embargo, es una persona que no ha tenido la visión política de la responsabilidad que

---

[445] Sabiduría política son dos horizontes culturales independientes que sin embargo, con el esfuerzo inteligente de las personas es posible unirlos para generar sabiduría en su máxima intensidad. Ese es el pensamiento de Tomás de Aquino. Al referirse a la aplicación del bien común en la vida socio-política de las personas, está garantizando la paz, la libertad, la felicidad y trascendencia humana. Con esta filosofía política, seguramente no habrá motivos para inconformidades, guerras, enfermedades, debilidades y locuras humanas.

[446] En este sentido encontramos que la persona es, porque existe; asimismo piensa, porque es, de lo contrario sin existencia no es. Por ende, para pensar hay que ser. Sin embargo, hay niveles de pensamiento como se ha indicado, en este sentido, encontramos que mientras haya mayor calidad en la información, la persona será más consciente de sus actos de ser y, por ende, sus propuestas estarán más llenas de racionalidad. Menos naturaleza, para más espiritualidad racional en beneficio de la persona. En esta idea, encontramos la posición del doctor Manuel Ocampo, haciendo referencia al doctor Alberto Caturelli, quien considera: **"El acto del espíritu por el cual la persona creada se descubre como ser y descubre el ser en el mismo acto, es fundamental, aclarando siempre que la persona creada no es porque piensa sino piensa porque es. El ser personal creado tiene conciencia de ser y, por eso, del ser, y simultáneamente tiene conciencia del pensar."** Op. cit. Manuel Ocampo Ponce. *Las dimensiones del hombre.*, p. 63. Entonces, la persona es responsable de actuar como ser humano en potencia de actualizar sus pensamientos y deseos o, como ser humano con una naturaleza racional limitada por ignorancia. En cada persona está la potencialidad racional, hay que buscar el horizonte cultural para alimentar ese espacio ilimitado de conocimiento. El no hacerlo, nos minimiza como animales racionales.

significa la administración pública. Se va a auxiliar de personas ajenas a su círculo de confianza laboral. Va a ser asesorado por personas ajenas a su filosofía política, si la tiene. Estas asesorías podrán se reales o, en su defecto, acordes con lo que el titular del ejecutivo quiera escuchar. El resultado es una mala administración y una visión política sin objetivos claros. Se carece de capacidad y visión política. Por ende, el Estado político, se torna y consolida en la incertidumbre y, por lo tanto, es reflejo de inestabilidad hacia el exterior, es decir, las relaciones multilaterales se opacan en el sentido de que las personas que tienen visión y criterio político amplio, han detectado esa deficiencia política. Ahí está el problema de una persona que razona, pero su espacio de posibilidades racionales está limitado, precisamente porque ese político esta limitado en conocimiento, en ciencia y filosofía política. Entonces será una buena persona, con excelentes intenciones de crear las condiciones económicas y sociales suficientes para garantizar la felicidad entre los ciudadanos. Sin embargo, será una administración pública limitada. No hay como aquél animal político, como lo diría Aristóteles, bien preparado en conocimiento empírico, científico y sapiencial para asumir la responsabilidad de la buena administración y la visión política para llevar por buen camino la convivencia de las personas y el crecimiento del país en su estructura económica, jurídica y política con el fin de garantizar el desarrollo potencial de las personas. En consecuencia, se está hablando de una persona con lucidez mental de primer nivel. Con la suficiente preparación cognoscitiva para tomar decisiones racionales certeras y en beneficio de las personas que integran un Estado Democrático de Derecho.

Es así como Tomás de Aquino destaca la importancia de la razón como instrumento y potencialidad humana, con el fin de buscar por parte de los gobernantes el bien común. Además de que, quien se da cuenta de la importancia y ejercitación de la razón, tiene las bases de conocimiento necesarias para hacer de la política, toda una filosofía que busca en el fondo, el bienestar de las personas.

- **Un gobierno dividido genera anarquía en los gobernados (súbditos).**
No debe existir motivo para que un gobierno se encuentre dividido, para ello debe responder el responsable, el líder, el titular quien es la

persona central y paradigmática de la política a seguir.[447] En resumen, hay un denominador común, que en términos de Tomás de Aquino tiene la potencialidad de unificar criterios en los gobernantes: **el bien común**. A partir de la práctica de esta filosofía tomista, difícilmente las personas en el poder político, podrán desviar su acción hacia otras tendencias; precisamente porque la unificación del bien común como filosofía pragmática, unifica criterios en los políticos responsables; para ello es necesario que antes de asumir un cargo de alta responsabilidad, se haga una reflexión personal para valorar la posibilidad de asumir dicho cargo o simplemente dejarlo a personas que sean capaces de asumir dicho compromiso. Asimismo, con esta tesis de Tomás de Aquino, se entiende que los máximos representantes o funcionarios públicos, tendrán que estar bien capacitados para poder controlar a los miembros de su gobierno por medio de una planificación administrativa y política que no proporcione espacios para la incertidumbre, o **corrupción** y deficiencia política. Luego entonces, los titulares de los poderes en una democracia política, son los responsables de la unificación de los funcionarios públicos de los diferentes niveles en la administración pública. En suma, un buen gobernante tendrá un gobierno unido por la excelente capacidad de actuación política; con la aplicación de políticas públicas claras y en beneficio de las personas que constituyen dicho Estado político. Lo contrario será la anarquía y la corrupción; el despotismo y la mediocridad. Estas personas tendrán que ser movidas lo más pronto posible del cargo para no afectar la integridad, credibilidad y estabilidad de un Estado político.

---

[447] Por la aplicación de la división en los Estados políticos se ha logrado colar la tiranía, aprovechándose de dicha situación. Por lo tanto, un Estado unido, consciente de la política incluyente, automáticamente se torna fuerte y con la estructura básica para desarrollarse y mantenerse como Estado Democrático de Derecho diría Habermas (*Facticidad y validez*). Uno de los principios por los cuales es posible mantener unido un Estado político, es por medio de la aplicación y reconocimiento de la justicia, la cual, la fundamentamos en la propuesta de Rawls: 1) Cada cual acepta y sabe que los demás aceptan los mismos principios de justicia, y 2) las instituciones sociales básicas satisfacen generalmente estos principios y se sabe generalmente que lo hacen. (John Rawls, *Teoría de la justicia.*, p. 18.) Por ende, para que no se de ese divisionismo entre los gobernados, es necesario respetar, asumir y promover el sentido de justicia social. El bien común, en el fondo, es el que determinará la cohesión o anarquía de una comunidad política.

- **El pueblo controle las políticas y a los gobernantes.**[448] Esta tesis es realmente la esencia de las democracias políticas. El poder mover a un gobierno del poder político con el voto, con la finalidad de que este gobierno no continué afectando los intereses generales de los ciudadanos. Es decir, con esta participación política, los ciudadanos tienen el poder de controlar a los representantes políticos siempre que afecten sus intereses, por lo tanto, las democracias políticas son las formas de gobierno donde los ciudadanos están pendientes de que los gobernantes respondan a las necesidades sociales de los votantes. Cuando el pueblo no tiene la capacidad de ese control político, se está hablando de un régimen autoritario, déspota y, en consecuencia anarquista. Donde el imperativo común, en la clase gobernante, es la violencia y la injusticia social. Por lo tanto, hay una gran diferencia entre los gobiernos democráticos y el gobierno de los dictadores. Por la democracia tenemos el voto como instrumento político para el control del poder, mientras que en las dictaduras encontramos la violencia, la sumisión, el control absoluto de las personas. En suma, Tomás de Aquino, con esta tesis, destaca la importancia de la democracia participativa como una alternativa para controlar a los gobernantes.
- **La ambición ha forzado a muchos hombres a la hipocresía.** Ciertamente la ambición ha sido causa de muchas deficiencias en el mundo político. Cuando se busca el poder político por ambición, se está creando un ente defectuoso que va a crear un ambiente político deficiente. Por tal motivo, la ambición como instrumento para ganar el poder, permanecer en el mismo y buscar su trascendencia, ha creado Estados políticos conflictivos, precisamente porque las personas que se encuentran en el poder lo hacen por ambición y no por pasión y entrega racional y comprometida. De ahí vienen los gobiernos autoritarios y despóticos; los gobiernos mediocres, corruptos y simplistas. Por ende, desaparecer de la mente de los políticos esta deficiencia humana es un rasgo característico de los sabios políticos.
- **Ecuanimidad en el ejercicio del poder político.** Con esta tesis Tomás de Aquino intenta devolver la humildad a los políticos contemporáneos.

---

[448] Ya hemos considerado toda una estructura jurídico-política mexicana donde se establece el control de los gobernantes; los servidores públicos y la posibilidad de la desobediencia civil cuando se violenta la estabilidad y confort humano. Cf. Capítulo tercero de la presente obra, así como, los fundamentos jurídico-sociales para la aplicación de la desobediencia civil. (John Rawls, *Teoría de la justicia.*, pp. 306-355.)

Es decir, no dejarse llevar por la soberbia, la cual es resultado de la falta de humildad y claridad racional en las decisiones políticas donde está de por medio el bien común. Por lo tanto, la ecuanimidad es ser humilde e inteligente ante los compromisos políticos. Finalmente es buscar hacer el bien por todos los medios posibles. No perder la inteligencia cuando se está en el ejercicio del poder, por lo contrario, darnos cuenta que el poder es temporal, no es absoluto y que todo tiene un fin.[449]

- **Quien tiene riqueza aún desea más.** Esta reflexión tomista, es válida para aquellas personas que se preocupan por engrandecer su riqueza personal; sin embargo, también es aplicable en el ámbito político, precisamente porque la riqueza fortalece a los Estados y, por lo mismo a sus habitantes. Sin embargo, esa riqueza hay que buscarla sin obsesión, sin afectar a personas y, sobretodo, desde el punto de vista político con miras a la búsqueda del bien común. De nada sirve una búsqueda de riqueza, si esta sólo va a beneficiar a unos pocos. Por ende, sí a la riqueza, pero de las mayorías. No a la riqueza que se obtiene por medio de los fraudes, robos o estrategias delictivas. Esta tesis, ciertamente la consideró Tomás de Aquino con respecto a las personas avaras, y mezquinas que sólo buscan su interés personal.
- **Todas las cosas terrenas son inferiores a la mente humana.**[450] Ciertamente lo material es básico para llevar una vida sin presiones

---

[449] Si vamos a morir y es un hecho real, objetivo y contundente-total, no vale la pena perderse con el ejercicio del poder, por lo contrario, ser humildes en los actos humanos públicos y privados; en la implementación de políticas públicas que beneficien a las mayorías, en el ejercicio sano del poder político, es una buena forma de hacer el bien. Tomás de Aquino en este contexto refiere sobre la muerte: **"El hombre naturalmente huye de la muerte y se entristece por ella no sólo cuando la siente presente y trata de rehuirla, sino también cuando piensa en ella. Pero en esta vida no puede lograrse la inmunidad de la muerte..."** Op. cit. Tomás de Aquino. *Suma contra los gentiles.*, p. 355. Esta idea también Max Scheler la maneja: **"Si tuviéramos siempre presente la muerte y el corto tiempo que vamos a morar aquí, no tomaríamos de seguro tan acaloradamente e importantemente (...) los asuntos del día, nuestro trabajo, nuestras ocupaciones terrenas y con ello todo lo que sirve para la conservación y desenvolvimiento de nuestra vida individual."** Op. cit. Max Scheler. *Muerte y supervivencia.*, pp. 34-35. De tal forma que, si vamos a morir, es menester hacer las cosas con inteligencia, cualquiera que estas sean.

[450] Op. cit. En la Biblia de Jerusalén observamos la siguiente reflexión: Proverb 3:12 "Bienaventurado el hombre que halla la sabiduría, y que obtiene la inteligencia;

y desesperaciones; sin embargo, es necesario controlar esta tendencia hacia la materia con la intención de no deteriorar nuestra máxima expresión humana: la inteligibilidad y minimizarla por lo material. Hay que aprender a controlar la materia, pues es causa de la mayor parte de los conflictos existenciales. Por ende, hay que ser materialistas, pues nuestro cuerpo es materia, pero no obsesionarse en demasía; por lo contrario, canalizar nuestra energía al crecimiento espiritual, a nuestro crecimiento como personas mortales. De ésta forma, buscar el bien espiritual, por encima de los bienes materiales. Por lo tanto, Tomás de Aquino reconoce en esta tesis que, una persona vale más por su capital humano: su espiritualidad. Precisamente porque en él, se encuentra la inteligibilidad humana con mayor intensidad; mientras que las cosas materiales, además de servir a las personas, quedan limitadas por lo que son.

- **Se requiere mayor virtud para regir todo un reino. (o Estado político).** Evidentemente las virtudes son fundamentales para un político, precisamente porque ellas son las que imprimen ecuanimidad, humildad, inteligibilidad y felicidad humana. Por medio de las virtudes y, en especial las cardinales (fortaleza, templanza, prudencia y justicia), es posible tomar decisiones políticas que busquen el bien común y en consecuencia, la satisfacción política para los gobernantes y los gobernados. Un gobernante sin virtudes o virtudes deficientes, guiará al Estado político a la ingobernabilidad y en su lado oscuro hacia la tiranía. Por ende, ser un gobernante virtuoso, es hablar de actos de gobierno dignos por excelencia.

- **Es más valioso y divino el bien común, que el particular.**[451] Sin duda, cuando se busca el bienestar de la humanidad; cuando se tiene una tendencia política verdadera por el bien común, se está hablando de un gran político. Del político sabio, del político humanista: del político verdadero. Donde la búsqueda permanente por el bien común,

---

porque su ganancia es mejor que la ganancia de la plata, y sus frutos más que el oro fino. Más preciosa es que las piedras preciosas; y todo lo que puedes desear, no se puede comparar a ella." De donde concluimos que la sabiduría rompe y trasciende esquemas.

[451] Cabe destacar que el bien común se desprende de la concepción de Dios como máximo Ser del Universo. En este sentido encontramos una referencia de Ángel Luis González: **"Dios es el Bien común máximo de todas las criaturas. Dios es el Bien Sumo, bien de todo bien. Por eso es el bien común de todo el universo y de todas sus partes; (...)** Op. cit. *Teología natural.,* p. 167.

es la filosofía política de todos los días. Ese es el político valioso, el que se busca para gobernar cualquier Estado político. El que se preocupa por las personas por encima de sus intereses personales o de grupo. Para lograr este nivel político, es necesaria la sabiduría, el conocimiento político, la entrega hacia el compromiso sin mayor condición que el ejercicio de la libertad por el bien de la humanidad.

- **Quienes han sido llamados al oficio de gobernar, han de comportarse como reyes, no como tiranos.**[452] Esta tesis debería ser el compromiso de todos los gobernantes del mundo, seguramente porque el actuar como gobernante, implica la mayor responsabilidad civil. Precisamente porque se ha depositado la confianza, voluntad y razón de las personas en el gobernante. El que los gobernantes actúan como reyes (sabios políticos en su oportunidad), es un compromiso fundamental para llevar a cabo una política sana y eficiente con respecto a las necesidades humanas. Cumplir con las demandas sociales, es la tarea y acción política real. Escuchar y acordar respuestas a las necesidades políticas de las personas, es la política efectiva. El esquivar el compromiso político o dar respuestas vacías sin cumplir acuerdos, simplemente perfilan a los gobernantes como unos auténticos tiranos. Son personas que hoy, no tienen razón de ser y hacer, en la vida política. De tal forma, comportarse como auténticos servidores públicos, al servicio

---

[452] Una vez más manejamos la impecabilidad como el mejor acto inteligente de las personas en cuanto a su responsabilidad de vida y la coparticipación excelente con los entes que influyen en él; pero sobre todo, en el buen actuar para no violentar la política efectiva y convertirse en un gobierno tirano, lo cual afecta el bien común y, por ende, la buena obra pública. De la tiranía, es necesario tener en cuanta, las siguientes argumentaciones de algunos filósofos, por ejemplo: Platón, la monarquía se distingue de la tiranía. La tiranía no se preocupa por el bien común. Aristóteles, el reinado es la forma correcta de gobierno de un solo hombre, o monárquico, **la tiranía es la forma desviada**. Alfarabi, el régimen de la dominación (tiranía), cuyos ciudadanos aspiran a dominar y someter a los demás. Tomás de Aquino, si teóricamente la monarquía absoluta es la mejor de los regímenes justos, también es el que extraña los mayores peligros. Por los vastos poderes de que está imbestido el rey, a menos que sea hombre insólitamente virtuoso, puede corromperse y su gobierno degenerar con facilidad en **tiranía** que, siendo iguales en otras cosas, es el **peor de todos los gobiernos ya que por su naturaleza misma es el que más se aleja del bien común.** Con estas fundamentaciones es posible entender la posición política respecto a la excelencia del rey-monarca de Tomás de Aquino y, su lado débil cuando no se preocupa por el bien común: la tiranía. Op. cit. Leo Strauss y Joseph Cropsey. *Historia de la filosofía política.*, pp. 82, 91-92; 143, 210 y 251.

de la humanidad y, en la búsqueda permanente del bien común, es la verdadera filosofía política considerada por Tomás de Aquino.

- **El bien de la sociedad no debe establecerse sólo para determinado tiempo, sino ha de ser perpetuo.**[453] El bien en la humanidad, las relaciones humanas, políticas, económicas, culturales, etc., debe ser permanente y absoluto mientras siga existiendo la especie humana. El mal, genera guerras, violencia, racismos, idealismos destructivos, corrupción, enfermedad y muerte. Por lo tanto, el bien debe opacar al mal. La inteligencia es aliada del bien, mientras que la mediocridad esta en permanente contacto con el mal. En otras palabras, la razón debe prevalecer sobre la mentira, la soberbia, la deficiencia humana. En suma, con la búsqueda permanente y actualidad contemporánea del bien, en su máxima expresión, será posible mejorar los niveles de vida de toda la humanidad; asimismo, lograr que la razón supere las ideas y acciones de las personas que buscan el bienestar material y personal, a costa de las mayorías.

- **La vara de la disciplina y el rigor de la justicia son necesarias para el gobierno del mundo.**[454] Para que exista gobernabilidad a nivel

---

[453] El bien de la sociedad debe ser percibido para la eternidad, no para un aquí y ahora, pues el bien es el reflejo de la existencia de Dios en la implementación de las estructuras sociales en la tierra para el bien de la humanidad. De ésta forma, el bien es una cualidad de Dios. La argumentación es la siguiente: 1. El bien no se distingue realmente del ser. Bien y Ser en realidad son una misma cosa y únicamente son distintos en nuestro entendimiento. 2. Dios es bueno por esencia. Es Suprema Bondad subsistente porque es *Esse per essentia* o Ser subsistente, por lo que, los seres son buenos en cuanto son perfectos. La perfección se cumple en una triple linealidad: en el Ser, en el obrar y en el fin. Op. cit. Ángel Luis González. *Teología natural.*, pp. 165-168. Con estas ideas, es posible entender que Dios, es el bien por ser el creador de todo cuanto existe.

[454] Con disciplina se logrará una justicia a nivel mundial, es decir, habrá la imposición de una justicia política para el bien de las personas por medio de las leyes, como máxima expresión para mantener la disciplina en todo el mundo. Sin esta disciplina, convertida en legalidad, todas las naciones se desbordan y dejan, en su caso, que criterios limitados marquen el rumbo de sus destinos políticos. En este sentido, encontramos que la disciplina es la fundamentación para consolidar una justicia política que beneficie a la humanidad. Hoy es una prioridad pues existe un caos a nivel mundial. No hay una persona o grupo de personas que garantice e integre la libertad, justicia, democracia, igualdad y crecimiento humano en todo el planeta. Por ende, la disciplina, convertida en actos jurídicos emanados de los acuerdos, será la base para beneficiar a la humanidad. Hace ya más de 664 años Marsilio de Padua había considerado algunos problemas que impedían la creación

mundial, se necesita que, los gobernantes, sean primero, virtuosos, lo cual, les permitirá ser humildes, eficientes y sabios. Segundo, que estas virtudes les permitan ser disciplinados y responsables; que busquen el bien común y por ende, fortalezcan la felicidad humana. Tercero, que el manejo de las virtudes les sirvan para ser justos en sus actos sociales y políticos, con el propósito de intensificar el bien por encima del mal. Asimismo, que la aplicación de la justicia, sea una responsabilidad inteligente para la toma de decisiones. Con estas peculiaridades en los gobernantes, será posible rebasar esquemas políticos tradicionales, donde la violencia, la soberbia, la mediocridad y la corrupción, son posibilidades latentes. Por lo tanto, disciplina y justicia, son básicas para llevar a cabo la gobernabilidad del mundo a través del bien común. Del bien hacer: del buen obrar.

- **En la naturaleza hay dos gobiernos: el de Dios, el cual es el universal y el particular del hombre, el microcosmos.**[455] Hemos señalado que el gobierno humano necesita de la aplicación de las virtudes cardinales para mantener la ecuanimidad y gobernabilidad. Para que el bien supere al mal. Asimismo, hemos referido que la disciplina y responsabilidad, siempre lograrán actos políticos justos. Esta acción con tendencia al bien común, generará la seguridad y trascendencia de la especie humana. Lo contrario será el caos, el mal, la soberbia, la corrupción y la mediocridad; sin embargo, hasta ahora ha sido posible, en términos generales, mantener el bien sobre el mal. Lamentablemente existen posibilidades de que el mal se asome al control político y pueda alterar la viabilidad humana. Por ende, el reto de las personas que tienen compromiso social, es buscar que el bien predomine sobre el mal. Encontrar los espacios para dar oportunidad al bien en aquellas circunstancias donde el mal se esté apoderando de la

---

de un Estado Universal: **"Alude a las dificultades que obstruyen el gobierno universal y que son causadas por la distancia y la falta de comunicación entre las diversas partes del mundo, así cono por las diferencias de lenguajes y las extremas diferencias de costumbres."** Op. cit Leo Strauss. *Historia de la filosofía política.*, p. 282. Hoy, la ciencia y tecnología nos une para encontrar respuestas a nuestros problemas. Cf. Habermas, Jürgen. *Ciencia y técnica como ideología.* Tecnos, España, 1989.

[455] En esta idea encontramos que Tomás de Aquino reconoce que Dios es el fin de todas las cosas y su gobierno es el universal en cuanto dirige todas las cosas, y su gobierno particular, es el dirigido por las creaturas intelectuales. Op. cit. *Suma contra los gentiles.*, p. 291.

inteligencia humana. Esa es la tarea del "animal político" y, en especial de aquellas personas que ejercen el poder real. (económico, político, espiritual y racional). La búsqueda permanente del bien por encima del mal. Ese es el mundo humano. El de todos los días, el construido por las personas, mientras que Dios, es el gobernante universal, diría Tomás de Aquino. Para darnos cuenta de esta idea, simplemente hay que pensar en que no somos eternos, en que somos mortales y que, para la creación del universo tuvo que existir, primero, un Ser eterno. Ese es el gobierno de Dios; el universo en general: la eternidad.[456]

- **El arte de vivir y de gobernar.** El arte de vivir es una peculiaridad que se logra dominar con voluntad y razón, es decir, con inteligencia; misma que es "la facultad cognoscitiva por la cual se capta el sentido o significado de los entes."[457]Por lo tanto, en este concepto de inteligencia encontramos que todos los entes influyen en nuestra percepción con la intención de ir formando nuestro mundo subjetivo, para posteriormente, a través del lenguaje hablado o escrito darle objetividad a ese mundo interno.[458] En consecuencia, mientras mayor calidad de entes prevalezcan en nuestro mundo, mayor será la posibilidad de dar respuestas eficientes y agradables a nosotros, primero y, posteriormente a las personas que comparten el tiempo con nosotros. En dicho contexto, mientras más refinadas sean las ideas que formulemos, como consecuencia de una percepción agradable de la realidad natural y artificial creada por la inteligencia humana, más rica será la acción humana y de mayor calidad. De ésta forma, el vivir es un arte, dice Tomás de Aquino, precisamente porque la persona humana, durante su existencia, va buscando y encontrando aquellos entes que le permitan una vida cómoda, placentera y feliz. En términos generales, esta sería la idea de aprehensión de conocimiento para enriquecer la vida y lograr en consecuencia, una existencia feliz. Habrá, personas que se enfrascan en hacer el mal, es decir, obrar

---

[456] Op. cit. Stein, Edith. *Ser finito y ser eterno*. Para fundamentar esta conclusión traemos dos observaciones de esta filósofa. 1. El ser eterno posee la plenitud de la inteligencia, y no puede tomar más que de sí mismo la inteligencia de la que cada criatura fue colmada cuando fue llamada al ser y, 2. Es el ser eterno mismo quien edifica las formas eternas en sí mismo (no un devenir temporal), y según ellas crea el mundo en el tiempo y con el tiempo., p. 123.

[457] Cf. Gutiérrez Sáenz, Raúl. *Introducción a la filosofía*. Esfinge. México, 2003., p. 325.

[458] Op. cit. Popper, K. R. *La responsabilidad de vivir*.

fuera de las condiciones existenciales normales. Luego entonces, el arte de vivir, es buscar el lado agradable del mundo que nos rodea y que construimos todos los días. Una vida sin arte, sería presa fácil del caos, el conflicto, la contradicción: la mediocridad. En suma, el existir es arte, magia, misterio y complejidad pero, habrá personas que enfatizarán y fortalecerán esa sensación de disponibilidad artesanal y creativa,[459] lo cual engrandece el espíritu y, por ende, le proporcionan mayor colorido y calidad a la vida. Si esta apreciación del arte del vivir, la elevamos a la esfera política, los entes y sus circunstancias se vuelven más comprometidos; con mayor responsabilidad y claridad mental. Por ende, una persona comprometida políticamente, tiene la obligación de buscar y encontrar el arte de gobernar, precisamente porque el gobernar además de ser una ciencia en términos profesionales, es un arte en general. Un arte porque sensibiliza con mayor agudeza la percepción de los gobernantes; justamente porque ellos se dan cuenta de los bienes y males que prevalecen en una comunidad política. Esos encuentros con el lado negativo de las personas, le brindan mayor información a los gobernantes y, en consecuencia, su percepción de la realidad humana es más amplia y densa. Luego entonces, tendrán que hacer uso de todas las posibilidades y circunstancias que le proporcionen las herramientas para gobernar con arte y en forma eficiente por el bien común. Finalmente, vivir es un arte. Gobernar es un arte con mayor intensidad pues, en forma subjetiva y objetiva se lleva el compromiso de buscar la felicidad de las personas y, esto hay que hacerlo con exquisitez; lo contrario sería gobernar con soberbia y mediocridad. Por lo tanto, el arte será una herramienta para buscar el lado agradable de las acciones humanas para enriquecer su espíritu y, su existencia en beneficio de la humanidad.

- **Se debe elegir a un experto para gobernar.** Esta es una tesis central de Tomás de Aquino para sacudir de la mediocridad política a todas las personas que accidentalmente y sin una cultura política bien fundamentada, se encuentran en un puesto político de vital importancia en un país. Una persona sin experiencia política, evidentemente no tendrá el control, la disciplina, ecuanimidad y la justicia para llevar a cabo las demandas y necesidades de las personas. Por ende, será fácil de ser manipulado y crear una atmósfera de ingobernabilidad; por lo tanto, dar oportunidad a los tiranos para que se apoderen del

---

[459] Cf. García Alonso, Luz. *Filosofía de las bellas artes.* Jus, México, 1975.

poder en forma indirecta. En consecuencia, un gobernante experto, tendrá el equipo profesional y eficiente para dar resultados efectivos a la sociedad. Por tal motivo, es una obligación política, ética y humana que las personas que elijan a un gobernante lo hagan con responsabilidad y con pleno conocimiento de que el gobernar no es un trabajo ordinario, implica compromiso y entrega total por el bien común. Si se ignoran estas propuestas, simplemente la política queda marginada.

- **Los poco virtuosos corrompen la política.** Es por medio de los improvisados, los que no tienen una preparación política; los hombres falsos en el poder, como se corrompe la política, es decir, crean Estados políticos corruptos, deficientes y sin programas efectivos de gobierno. Se vive en un ambiente de ingobernabilidad; no hay credibilidad en la justicia y se duda en la inversión económica; en otras palabras, no hay crecimiento humano, se da la marginación, la ignorancia, la pobreza, la enfermedad y la muerte. No hay esperanza de vida.

- **La policía es necesaria para mantener la estabilidad interna y externa de un estado político.** Aquí nos enfrentamos ante un problema contemporáneo de vital importancia. Es tan importante, precisamente porque la seguridad física, material y mental de las personas fue una de las condiciones primarias para ir consolidando a las comunidades políticas, para posteriormente formar los Estados nacionales y finalmente los Estados Democráticos de Derecho. Por lo tanto, ha sido una premisa básica, la seguridad humana, en su máxima comprensión y complejidad, en los diferentes momentos de organización política. Sin embargo, la seguridad eficiente, implica el llevar a cabo políticas efectivas que van desde la educación, la salud y el bienestar, hasta el control de la natalidad. En este sentido, la inseguridad en los Estados políticos contemporáneos, es un problema que tiene sus orígenes en las deficiencias políticas y sociales de los gobiernos. Evidentemente que en las sociedades con índices de desarrollo humano bajo, la criminalidad se manifiesta con mayor intensidad y violencia, precisamente porque los grados de desesperación existencial por ignorancia, corrupción y hambre, están latentes en las personas; mientras que en las sociedades con alto grado de desarrollo humano, la criminalidad es poca y menos violenta, precisamente porque la mayoría de las personas llevan un ritmo y nivel de vida cómodo y confortable. De tal manera que el problema de criminalidad y su especialidad, estará determinado por los índices de desarrollo humano; si a esto se le agrega la eficiencia o no, de políticas efectivas, los resultados son variables. En consecuencia, lo ideal para mantener la criminalidad controlada es la aplicación de políticas eficientes para que las personas vivan en forma tranquila y agradable. Detrás de toda esta estructura social, se encuentra una organización humana, que se encarga de mantener el orden y que se cumplan las leyes: la policía.[460] También la eficiencia de este cuerpo coercitivo, estará determinada por el grado de desarrollo humano que prevalece en el país en que trabaja.[461] Un Estado político con problemas de crecimiento humano, tendrá una policía empírica y susceptible de ser corrupta y manipulada por la delincuencia; mientras que la policía de países con desarrollo humano aceptable, se inclinará más por la cientificidad y profesionalismo; la paz y la productividad, el desarrollo y crecimiento humano del país. Por lo tanto, la policía será más respetada y profesional en su trabajo. Luego entonces, estamos ante una realidad policial que estará determinada por su grado de desarrollo humano, tecnológico y científico. Asimismo, al referirme a los países con buen nivel de desarrollo humano, evidentemente estoy hablando análogamente de un gobierno legítimo y eficiente; mientras que los países con desarrollo humano bajo, las políticas del gobierno se tornan inciertas por la falta de fortalecimiento político, económico y social. En consecuencia, para moderar estas deficiencias, es necesario el control social, para que a partir del mismo, se empiecen a consolidar políticas que permitan el crecimiento humano. Por tal motivo, el trabajo y la acción de las policías preventivas, investigadoras,

---

[460] El doctor Jesús Martínez Garnelo refiere que la policía es un ente profesional que en aras del servicio entrega su vida. Cf. Martínez Garmelo, Jesús. *Policía nacional investigadora del delito.* Porrúa. México, 2003. Ciertamente la policía es el cuerpo coercitivo que garantiza la estabilidad jurídico-política de un país, una región o varios países (INTERPOL). Sus atribuciones son las de prevención e investigación de los actos que violen el Estado Democrático de Derecho. Asimismo, Yánez Romero, José Arturo. *El modelo institucional de la policía federal investigadora de México.* INACIPE, México, 2006.

[461] A manera de ejemplo. Imaginemos la responsabilidad policial de los policías en los siguientes países, donde se aprecia el grado de desarrollo humano, lo cual es un reflejo para la operatividad de su trabajo. Alemania, con un Producto Interno Bruto per cápita de $ 27. 756 dólares en el 2003. México $ 9. 168 y Etiopía $ 711 dólares al año per cápita. ¿Qué nivel de profesionalismo tendrá la policía de estos tres países? ¿Será una policía de inteligencia y profesional o preventiva represiva? Op. cit. Organización de las Naciones Unidas. Informe Sobre Desarrollo Humano, 2005., pp. 243-246.

administrativas, judiciales, entre otras, están determinadas primero, por los niveles de desarrollo humano y segundo, por la eficiencia del gobierno en función. Luego entonces, **una policía eficiente** será el resultado de una administración sana y un gobierno que se preocupa por el bien común. En suma, hay mucho trabajo para este milenio en materia de política, seguridad y bienestar humano. Con la elección de gobernantes eficaces y la implementación de políticas reales y aplicables, es decir, que beneficien a las personas en general, se puede ir moderando las grandes diferencias que existen con respecto a los índices de crecimiento humano y por ende, lograr, mejores niveles de felicidad. Por lo tanto, el problema de inseguridad tendrá que adecuarse con los niveles de desarrollo humano. Los cuerpos de policía ya no tendrán demasiada demanda, habrá necesidad de mayores policías para la investigación que para la prevención, precisamente porque en sociedades avanzadas, el crimen organizado y profesional, utiliza menos violencia y más inteligencia; de donde se observa que, será necesaria **una policía inteligente y profesional más que preventiva o represiva.** Con la apertura de fronteras en la lucha contra el crimen organizado, las policías nacionalistas, junto con sus gobiernos tendrán que abrirse a las nuevas tecnologías y necesidades políticas, económicas, jurídicas y sociales. En este contexto, una policía va a ser eficiente por su inteligencia y profesionalismo en la investigación. El policía improvisado, empírico, corrupto, será substituido por el policía profesional y especializado. En suma, el reto es el control y planificación de las políticas públicas con el fin de elevar los niveles de vida de las personas y, así controlar el mundo criminal para que haya mayores garantías de seguridad pública. Recordemos, una policía improvisada y empírica, será susceptible de ser cohechada en alto grado por los violadores de la ley. Mientras que el policía bien educado, bien pagado y entrenado; con el uso de tecnología de primer nivel; con recursos y medios suficientes para su trabajo; con garantías y derechos cubiertos, no tendrán otra alternativa que hacer su trabajo profesional y buscar el bien común, utilizando las leyes como fundamento de su actuar policial. Ese es, y será, el policía del nuevo siglo. Un policía profesional, inteligente, especializado y demasiado humano.

- **Se deben conceder los más altos honores a los militares (Policías hoy).**[462] En este contexto, el policía moderno, tendrá que ser bien remunerado. Sus resultados en el trabajo, será la llave para su legitimidad y honorabilidad social. Este tiempo, por lo tanto será para los policías mejor preparados. ¿Y los militares de Tomás de Aquino? Simplemente tendrán que incorporarse a la atención de los problemas de la inseguridad interna y externa de los Estados políticos que, poco a poco, irán abriéndose a las nuevas tecnologías e influencias mundiales y, entonces, surge la siguiente pregunta: ¿Se necesitan militares o policías, para atender los problemas de seguridad contemporáneos, donde la ciencia y tecnología, va rompiendo nacionalismos, esquemas culturales, lenguajes y sistemas sociales en general, donde el crimen organizado es el que tiene realmente en jaque a algunos Estados políticos?

Con esta pregunta damos por terminada este breve paso por el pensamiento jurídico-político y social de Tomás de Aquino, el cual, como hemos visto, es actual y permite reflexionar a los políticos, intelectuales y ciudadanos en general, que se preocupan por el bienestar de las personas y de la humanidad en su conjunto.

Son tesis concretas del santo padre, que tendrán vigencia y aplicación mientras existan desigualdades políticas, sociales y corruptas en cualquier parte del mundo.

Asimismo, con estas tesis que acabamos de revisar, se fortalece la lucha contra los gobernantes, servidores públicos y policías corruptos. Se hace énfasis en la formación de valores y se destacan las virtudes morales como base para responsabilizar de sus actos a los servidores públicos. Por lo que, consideramos que hemos demostrado que el pensamiento de Tomás de Aquino fortalece el

---

[462] Honor a quien honor merece, se ha dicho. Ciertamente para lograr esta consideración es necesario ganarlo con trabajo excelente. Ser policía es complejo. Ganarse un nivel de confianza entre la población difícil. Sin embargo, Tomás de Aquino reconoció esta noble labor de cuidar el bien interno-externo en su tiempo, para garantizar el buen gobierno; hoy, garantizar el Estado Democrático de Derecho es el nuevo compromiso, con una línea de operatividad: lograr el bien por encima del mal.

espíritu humano y estimula a los gobernantes para que, siempre, busquen el bien común en los sistemas jurídico- políticos en beneficio de la humanidad.

Hoy, el pensamiento político de Tomás de Aquino es un estímulo para los gobernantes que no tienen una idea clara de lo que es la responsabilidad y eficiencia política: **el bien común y la sabiduría política**.

CONCLUSIONES GENERALES.

❖ Quiero dejar constancia que este trabajo es el resultado del estudio generoso de la obra de Tomás de Aquino (1225-1274). En especial del "Tratado de la Ley" que se encuentra en la segunda parte de la "Suma Teológica" (Prima secundae) y también el "Tratado de la justicia" (Secundae secundae) así como el "Opúsculo sobre el gobierno de los príncipes". Estas tres lecturas, son las que finalmente han hecho posible la creación de la presente obra. Las propuestas tomistas, parecen ser escritas para la actualidad. Por tal motivo, hemos hecho referencia a las mismas y, en especial a la persona de Santo Tomás de Aquino, quien es un santo padre inmortal. Con estas reflexiones, hacemos justicia a su lado político y jurídico.

❖ La justicia, las leyes y la política van a tener un marco común, el cual les permitirá trascender como instrumentos al servicio de las personas en sociedad. Siendo el bien común, esa base para la construcción de las formas e instituciones sociales, es necesario mantenerlo presente con la finalidad de que, a través de la ejercitación y actualización del mismo, se logre establecer la felicidad en la comunidad política.

❖ En este sentido encontramos que en la presente obra, hemos demostrado que santo Tomás de Aquino no separa esa interacción entre la justicia, el derecho y la política, creando con ello, un fenómeno humano de gran consideración: la justicia política como paradigma permanente para que las personas puedan desarrollarse en forma integral durante su existencia. Esta justicia política cobra mayor presencia en aquellos Estados Democráticos de Derecho donde no ha sido posible moderar la pobreza y las desigualdades humanas. Por ende, una nación mientras más desarrollada este en relación al crecimiento integral de las personas, aunado a una economía sana y fuerte, además de la integración en su sistema social de la ciencia y tecnología como estímulo permanente para el bienestar humano, la justicia política, realmente tendrá poca actividad pues, uno de sus objetivos, el cual es la felicidad humana, ha sido cubierto en gran proporción por la excelente administración del Estado político; por parte de servidores públicos que tienen un objetivo básico: crear, alimentar, fortalecer y actualizar el bien común. Mientras que en los países con índices de desarrollo medio y bajo, la justicia política tomista tendrá que asumir otras responsabilidades más directas con dichos servidores públicos y en general, con una cultura humanista que presione permanentemente a las personas para que hagan el bien. Entonces tenemos la justicia política tomista a disposición de las personas que busquen una solución a los conflictos sociales. Esta justicia política para ser eficiente tendrá que tomar en consideración primero, el respeto a los derechos y garantías básicas. Segundo, presionar permanentemente para que el Estado político por medio de los gobernantes se preocupen permanentemente por buscar el bienestar de las personas y ejercer la estructura jurídica en forma profesional con el propósito de garantizar credibilidad entre las personas, entre gobernantes y gobernados y en relación con los países que integran el mundo humano. Con la praxis de esta justicia política, habrá oportunidades para que la humanidad se desarrolle en forma conjunta para el bienestar de la misma.

❖ En esta línea de conocimiento, la presente aportación tiene como objetivo principal, canalizar los principios jurídico-políticos de Santo Tomás de Aquino en México y aplicarlos en la vida política, precisamente porque es un país que entendería y aceptaría la introducción de ese bien común para contribuir a neutralizar y moderar: la lucha política; sus grandes desigualdades sociales y el fortalecimiento de una cultura del derecho, el acuerdo político y el uso riguroso de la inteligencia para crecer como personas, como país y como humanidad.

❖ Finalmente el santo padre Tomás de Aquino, tenía en la mente un solo objetivo en el aspecto jurídico-político: la aplicación del bien común para que a partir de esa base, se fortaleciera y garantizara el crecimiento humano.

❖ En suma, Tomás de Aquino fue un estadista capaz de visualizar los grandes problemas nacionales e internacionales. Su visión del gobierno del mundo como reflejo de la existencia de Dios en el universo, ciertamente le ayudó a la propuesta del gobierno mundial, manejado por los humanos, pues Dios es el causante de todo cuanto existe. Con esta argumentación le dio entrada a la ley natural, la ley humana y la ley eterna; asimismo la justicia conmutativa, la justicia distributiva y la justicia política, la cual es la base filosófica de esta aportación intelectual.

❖ Por último queremos dejar consignado que, la presente obra es demasiado limitada y parcial. Superficial y con muchos abismos tomistas, pues lamentablemente no somos especialistas en él; sin embargo, hemos hecho el gran esfuerzo por rescatar ese lado político y jurídico del santo padre, que se unifican en un solo acto: el bien común. Ciertamente, será la base para seguir explorando el lado político del Doctor *humanitatis* a pesar de que gran parte de su obra es el resultado del estudio sistematizado de Aristóteles; ello no implica superficialidad en la aportación tomista, sino que es un gran avance en el conocimiento socio-político pues, en cada una de sus hipótesis, lleva implícito un rasgo de teología, de la presencia de Dios en la humanidad (antropo-teología) y, por ende, una oportunidad para que la teología política contemporánea, atienda las necesidades espirituales y racionales en lo posible, cuando las personas busquen una respuesta a aquellas incógnitas que su inteligencia no alcance a percibir pues, afortunadamente los seres humanos no solamente somos razón, somos inteligencia, debilidad, contradicción, complejidad y en algunos casos, personas densas, no por el peso corporal, sino por el peso de sus ideas y procesos mentales, y esto es lo que nos estimula para continuar perfeccionándonos todos los días y lanzarnos por el camino de la excelencia y calidad humana. En suma, somos un misterio en la eternidad. Limitarnos a seres ordinarios, normales, mecanizados, es defraudar nuestra magia, potencialidad y condición explosiva, de nuestra constitución humana.

❖ Espero que este libro, haya demostrado que el pensamiento jurídico-político de Tomás de Aquino, sigue vigente, no sólo en México, sino en todos los países del mundo. Asimismo, es una invitación a su lectura y reflexión para funcionarios públicos, empresarios, intelectuales, líderes espirituales y, en general, para las personas que buscan soluciones a los problemas políticos contemporáneos, desde una posición más humana y más inteligente. En suma, va para los servidores públicos que tienen un mínimo de responsabilidad en los Estados Democráticos de Derecho, para que consideren que **el bien común**, es una línea fundamental que garantiza la permanencia de los Estados políticos de derecho; lo contrario, nos arroja al mundo de la incertidumbre, desesperacón y desestabilidad social. Por último, es importante reconocer el ejercicio del bien común, para generar felicidad en la población con justicia económica, política y social.

Ignorar el bien común como premisa fundamental para el fortalecimiento y construcción de las configuraciones sociales, es una forma de ser egoístas consigo mismos, con los seres que nos acompañan todos los días y con el Ser eterno que llevamos en nuestra existencia, en el silencio, en la entrega y el pensamiento crítico y propositivo que nos distingue como seres pensantes, como seres trascendentes y como seres que algún día, tendremos que dejar de ser.

BIBLIOGRAFÍA.

FUENTES PRIMARIAS.

* ❖ Aristóteles. *Metafísica. Ética*. Edimat, Obras selectas. España, 2001.
* ❖ --------. *Política I y II*. Obras Fundamentales de Filosofía. Folio, España, 2000.
* ❖ De Aquino, Tomás. *Tratado de la ley. Tratado de la Justicia. Gobierno de los Príncipes*. Porrúa, México, 2000, No. 301.
* ❖ ---------------------. *Suma contra los gentiles*. Porrúa, México, 1998. No. 317.
* ❖ ---------------------. *La monarquía*. Tecnos. España, 2002.
* ❖ De Aquino, Tomás y De Alvernia, Pedro. *Comentario a la política de Aristóteles*. Colección de pensamiento medieval y renacentista, No. 22. Eunsa, España, 2001.

FUENTES SECUNDARIAS.

* ❖ Copleston, F.C. *El pensamiento de Santo Tomás*. FCE, México, 1999.
* ❖ Cruz Prados, Alfredo. *Historia de la filosofía contemporánea*. Eunsa, España, 1991.
* ❖ Chalmeta, Gabriel. *La justicia política en Tomás de Aquino. Una interpretación del bien común político*. Eunsa, España, 2002.
* ❖ Dirección del Instituto Social León XIII. *La doctrina política de Santo Tomás*. España, 1951.
* ❖ Eco, Humberto. *Elogio de Santo Tomás*. En Revista "Nexos", México, marzo de 1998, pp. 73-78.
* ❖ Hugon, Eduardo. *Las veinticuatro tesis tomistas*. Porrúa, México. Colección "Sepan cuantos..." Num. 274.
* ❖ Kramski Steinpress, Carlos. *Apuntes de filosofía. Antropología filosófica tomista*. Ediciones Académicas Clavería, México, 1989.
* ❖ Ocampo Ponce, Manuel. *El concepto de naturaleza en Santo Tomás de Aquino*. Universidad Anáhuac del Sur, México, 1998.

❖ --------------------------. *Las dimensiones del hombre. Un estudio sobre la persona humana a la luz del pensamiento filosófico de Santo Tomás de Aquino.* Edicep, España, 2002.

❖ Stein, Edith. *Ser finito y ser eterno. Ensayo de una ascensión al sentido del ser.* FCE, México, 2004.

FUENTES GENERALES

❖ Alighieri, Dante. *La monarquía.* Lozada. Buenos Aires, 2004.

❖ American Psychiatric Association. *Manual Diagnóstico y estadístico de los transtornos mentales.* Masson, España, 1988.

❖ Arendt, Hannah. *The Human Condition.* The University Chicago Press, USA, 1958.

❖ Baltazar Samoyoa, Salomón y García Beltrán, Germán. *Casos penales.* Porrúa. México, 2006.

❖ Baptist, Metz, Johan. *Dios y tiempo. Nueva teología política.* Trotta, España, 2002.

❖ Basave Fernández del Valle, Agustín. *Metafísica de la muerte.* Limusa, México, 1983.

❖ ---. *Meditación sobre la pena de muerte.* FCE-Comisión Estatal de Derechos Humanos. Nuevo León, México, 1998.

❖ Bautista L, Erasmo. *Los fundamentos del conocimiento humano.* Universidad Pontificia de México, 2000.

❖ Beuchot, Mauricio. *Filosofía política.* Editorial Torres, México, 2006.

❖ --------------------- . *Hermenéutica, analogía y símbolo.* Herder. México, 2004.

❖ Biblia de Jerusalén. Porrúa, México, 1988.

❖ Bobbio, Norberto. *Hobbes.* FCE, México.

❖ ---------------------. *Estado, gobierno y sociedad. Por una teoría general de la política.* FCE, México, 1989.

❖ ---------------------. *Liberalismo y democracia.* FCE, México, 1992.

❖ ---------------------. *La teoría de las formas de gobierno en la historia del pensamiento político.* FCE, México, 1999.

❖ ---------------------. *El futuro de la democracia.* FCE, México, 1999.

❖ Buscaglia, Edgardo y González Ruiz, Samuel. *Reflexiones en torno a la delincuencia organizada.* Instituto Tecnológico Autónomo de México-INACIPE, México, 2005.

❖ C.J., Friedrich. *La filosofía del derecho.* FCE, México, 2002.

❖ Camacho Solis, V. Manuel. *Cambio sin ruptura*. Alianza Editorial, México, 1994.

❖ Canetti, Elías. *Masa y poder.* Alianza Editorial, España, 2002.

❖ Castaneda, Carlos. *El conocimiento silencioso.* Emecé, México, 1988.

❖ ---------------------. *El lado activo del infinito.* Ediciones B, España, 1999.

❖ ---------------------. *La rueda del tiempo.* Plaza & Janés, México, 1999.

❖ Carpizo, Jorge. *El presidencialismo mexicano.* Siglo XXI, México, 1979.

❖ Cassirer, Ernst. *El mito del estado.* FCE, México, 1997.

❖ Código Penal del Distrito Federal. Porrúa, México, 2006.

❖ Código Penal Federal, Porrúa, México, 2006.

❖ Constitución Política de los Estados Unidos Mexicanos, Porrúa, México, 2006.

❖ Cruz Prados, Alfredo. *Historia de la filosofía contemporánea.* Eunsa, España, 1991.

❖ De Spinoza, Baruch. *Tratado teológico político, en The Chief Woks of Benedict Espinoza.* Dover, New York, 1951.

❖ Descartes, René. *Los principios de la filosofía.* Alianza Editorial, España, 2002.

❖ Eco, Humberto y Martín Carlo, María. *¿En qué creen los que no creen?* Taurus, España, 2002.

❖ Fernández Santillán, José F. *Hobbes y Rousseau. Entre la autocracia y la democracia.* FCE, México, 1988.

❖ -------------------------------. *Norberto Bobbio: el filósofo y la política.* FCE, México, 2002.

❖ Foucault, Michael. *Microfísica del poder.* Las Ediciones de la Piqueta, España, 1988.

❖ Fukuyama, Francis. *El fin de la historia y el último hombre.* Planeta, México, 1992.

❖ García Alonso, Luz. *Repertorio de casos y nociones de ética.* Ediciones Eficiencia, México, 1991.

❖ ----------------------. *El hombre: su conocimiento y libertad.* Miguel Ángel Porrúa-Universidad Anáhuac del Sur. México, 2000.

❖ ---------------------. *Filosofía de las bellas artes.* Jus, México, 1975.

❖ Gadamer, Hans-Georg. *Verdad y método I y II.* Sígueme, España, 2002.

❖ García Ramírez, Sergio. *Delincuencia organizada. Antecedentes y regulación penal en México.* Porrúa-UNAM, México, 2005.

❖ Gasparotto, Pedro. *Introducción a la cultura y a la filosofía de Grecia antigua.* Universidad Pontificia de México. México, 1993.

❖ Gilson, Étienne. *La unidad de la experiencia filosófica.* Rialp, España, 1998.

❖ González Ángel, Luis. *Teología natural.* Eunsa, España, 2000.

❖ Gordon Childe, V. *Los orígenes de la civilización.* FCE, México, 1981.

❖ Gutiérrez Saenz, Raúl. *Introducción a la filosofía.* Esfinge, México, 2003.

❖ Habermas, Jürgen. *Teoría de la acción comunicativa, I. Racionalidad de la acción y racionalización social.* Taurus, España, 1998.

❖ Habermas, Jürgen. *Teoría de la acción comunicativa, II. Crítica de la razón funcionalista.* Taurus, España, 1998.

❖ ---------------------. *Pensamiento postmetafísico.* Taurus, México, 1990.

❖ ---------------------. *El discurso filosófico de la modernidad.* Taurus, España, 1989.

❖ ---------------------. *La constelación posnacional.* Paidós, España, 2000.

❖ ---------------------. *La inclusión del otro. Estudios de teoría política.* Paidós, España, 1999.

❖ ---------------------. *Ensayos políticos.* Península, España, 2000.

❖ ---------------------. *Identidades nacionales y postnacionales.* Tecnos, España, 1989.

❖ ---------------------. *Ciencia y técnica como ideología.* Tecnos, España, 1989.

❖ ---------------------. *Escritos sobre moralidad y eticidad.* Paidós, España, 1998.

❖ ---------------------. *Facticidad y validez. Sobre el derecho y el estado democrático de derecho en términos de teoría del discurso.* Trotta, España, 1998.

❖ ---------------------. *Fragmentos filosófico-teológicos. De la impresión sensible a la expresión simbólica.* Trotta, España, 1999.

❖ Hegel, G.W.F. *Lecciones sobre la historia de la filosofía III.* FCE, México, 1997.

❖ Heidegger, Martín. *El ser y el tiempo.* FCE, México, 2000.

❖ Herder. *Diccionario de filosofía en cd-rom.* España.

❖ Hernández Franco, Juan Abelardo. *La racionalidad en Marshall McLuhan y la escuela de Toronto. Un estudio sobre los medios de comunicación y su influencia en la Grecia clásica.* Tesis doctoral. Universidad Panamericana, México, 2004.

❖ Hervada, Javier. *Introducción crítica al derecho natural.* Editora de revistas. S. A. De C. V., México, 1985.

❖ Hobbes, Thomas. *Leviatán. O la materia, forma y poder de una república eclesiástica y civil.* FCE, México, 1984.

❖ --------------------. *Leviatán I y II.* Biblioteca de los grandes pensadores. RBA Coleccionables, España, 2002.

❖ Huerta Ochoa, Carla. *Mecanismos constitucionales para el control del poder político.* UNAM, México, 2001.

❖ Informe sobre el Desarrollo Humano, 2005. Organización de Naciones Unidas.

❖ Jaspers, Karl. *La filosofía.* FCE, México, 1996.

❖ ---------------. *Psicopatología general.* FCE, México, 2001.

❖ Kant, Manuel. *Crítica de la razón pura.* Porrúa, México, 2003, No. 203.

❖ ----------------. *Fundamentación de la metafísica de las costumbres. Crítica de la razón práctica. La paz perpetua.* Porrúa, México, 2003, No. 212.

❖ ----------------. *"Filosofía de la historia."* FCE, México, 1999.

❖ Kelsen, Hans. *Teoría pura del derecho.* Ediciones Peña, México, 2001.

❖ Kierkegaard, Sören. *Tratado de la desesperación.* Grupo Editorial Tomo, S.A. de C.V., México, 2002.

❖ Kuhn, T.S. *La estructura de las revoluciones científicas.* FCE, México, 1986.

❖ Lenin, V.I. *¿Qué hacer? Problemas candentes de nuestro movimiento.* Ediciones de lenguas extranjeras, Pekin, 1975.

❖ Linz, Juan J. *La quiebra de las democracias.* Alianza Universidad, España, 1996.

❖ López Portillo y Pacheco, José. *Génesis y teoría general del estado moderno.* Porrúa. Colección textos universitarios, México, 1982.

❖ Macedo de la Concha, Rafael. *Delincuencia organizada.* INACIPE, México, 2004.

❖ Maestre, Agapito. *La escritura de la política.* Cepcom, México, 2000.

❖ Maritain, Jacques. *Humanismo integral.* Lohlé-Lumen. Argentina, 1996.

❖ Mc. Intosh, Mary. *La organización del crimen.* Siglo XXI, México, 1981.

❖ McLuhan Marshall, H. *The Gutenberg Galaxy.* Toronto. University Of Toronto Press, 1962.

❖ ----------------------- & B.R. *La aldea global.* Gedisa, España, 1996.

❖ Melendo, Tomás. *Introducción a la filosofía.* Eunsa, España, 2001.

❖ Millán Puelles, Antonio. *Fundamentos de filosofía*. Rialp, España, 1981.

❖ Monreal Maldonado, Sarah. *Ontología fundamental.* México, Universidad Pontificia de México, 1995.

❖ Montesquieu. *Del espíritu de las leyes.* Porrúa, México, 1985.

❖ Mosca, Gaetano. *La clase política.* FCE, México, 1984.

❖ Organización de Naciones Unidas. *Informe sobre desarrollo humano.* 2005.

❖ Ortega y Gasset, José. *¿Qué es filosofía?* Unas lecciones de metafísica. Porrúa, México, 1998, No. 499.

❖ Otto Apel, Karl. *Ética del discurso.* Paidós, Barcelona, 1991.

❖ Platón. *Las leyes. Epinomis. El político.* Porrúa, México, 1998, No. 139.

❖ -------. *El banquete. Fedon. Fedro.* Folio. Obras Fundamentales de la Filosofía, España, 1999.

❖ -------. *La república. Diálogos (Górgias, Fedon y el banquete).* Edimat, Obras selectas, España, 2000.

❖ Popper, Karl R. *La miseria del historicismo.* Alianza, España, 1987.

❖ -----------------. *La sociedad abierta y sus enemigos.* Paidós, España, 1992.

❖ -----------------. *La responsabilidad de vivir. Escritos sobre política, historia y conocimiento.* Paidós, España, 1995.

❖ -----------------. *El cuerpo y la mente.* Paidós, España, 1994.

❖ Ramírez R. Efrén. *Los derechos humanos en la formación de la policía judicial.* Procuraduría General de Justicia del Distrito Federal-INACIPE, México, 2006.

❖ Rawls, John. *Liberalismo Político.* FCE, México, 2003.

❖ --------------. *Teoría de la justicia.* FCE, México, 2000.

❖ Reale, Giovanni y Antiseri, Dario. *Historia del Pensamiento filosófico y científico III. Del romanticismo hasta hoy.* Herder, España, 1995.

❖ Reyes Heroles, Federico. *Ensayo sobre los fundamentos políticos del estado contemporáneo.* UNAM, México, 1989.

❖ Reyes Heroles, Jesús. *El liberalismo mexicano. Tres tomos.* FCE, México, 1988.

❖ Ricoeur, Paul. *Tiempo y narración III.* Siglo XXI, México, 2003.

❖ Ruiz, José Luis. *Política y administración de la seguridad pública en el Distrito Federal: 1995-1997.* Tesina de licenciatura en ciencia política UNAM-FCPyS, México, 1998.

❖ Sabine, H. George. *Historia de la teoría política.* FCE, México, 1984.

❖ Sanz Santacruz, Víctor. Historia de la filosofía moderna. Eunsa, España, 1998.
❖ Sarayana, José Ignacio. *"Historia de la filosofía medieval."* Eunsa, España, 1989.
❖ San Agustín. *Confesiones.* Porrúa, México, 2003, No. 142.
❖ --------------. *La ciudad de Dios.* Porrúa, México, 2002, No. 59.
❖ Sartori, Giovanni. *La tierra explota.* Taurus. México, 2003.
❖ --------------------. *Ingeniería constitucional comparada.* FCE, México, 1999.
❖ --------------------. *Teoría de la democracia. 1. El debate contemporáneo.* Alianza Universidad, España, 1995.
❖ --------------------. *Homo videns. La sociedad teledirigida.* Punto de lectura, España, 2002.
❖ Scheler, Max. *Muerte y supervivencia.* Ediciones Encuentro, España, 2001.
❖ Schmitter, Philippe C y O´ Donnell Guillermo. *Transiciones desde un gobierno autoritario.* Paidós, España, 1994.
❖ Schopenhauer, Arturo. *El mundo como voluntad y representación.* FCE, México, 2003.
❖ Settala, Ludovico. *La razón de estado.* FCE, España, 1988.
❖ Spinoza, Baruch. *Tratado teológico-político. Tratado político.* Tecnos. España, 1996.
❖ Strauss, Leo y Cropsey, Joseph. *Historia de la filosofía política.* FCE, México, 2004.
❖ Trapé, Agostino. *San Agustín. El hombre, el pastor, el místico.* Porrúa, México, 2002, No. 550.
❖ Valadez, Diego. *El control del poder.* UNAM-Porrúa, México, 2000.
❖ Vattimo, Gianni. *La secularización de la filosofía. Hermenéutica y posmodernidad.* Gedisa, España, 1998.
❖ Verneaux, R. *Filosofía del hombre.* Herder, España, 1997.
❖ Weber, Max. *Economía y sociedad.* FCE, México, 1974.
❖ Yarza, Iñaki. *Historia de la filosofía antigua.* Eunsa, España, 2000.
❖ Yepes Stork, Ricardo y Aranguren Echevarría, Javier. *Fundamentos de antropología. Un ideal de la excelencia humana.* Eunsa, España, 1999.